Das bietet Ihnen die CD-ROM

D1670668

- **Kalkulationstools und Businessplaner**
- **Musterverträge und Gesetze**
- **Rechtssichere Musterbriefe für Mahnungen**

Fallen rund ums Geld
Excel-Tabellen: Erlösplanung, Strukturkosten, Marketingkosten, Liquiditätsplanung, Deckungsbeitragsrechnung
Checkliste: So muss Ihre Rechnung aussehen
Checkliste: Was bringt mir im Alter Geld?
Checkliste: Handlungsmöglichkeiten im Worst Case

Fallen in der strategischen Planung
Checkliste: Fragen zur Strategieentwicklung
Tabelle: Maßnahmenplanung
Tabelle: Zielkategorien

Fallen rund um mein Angebot
Checkliste: Welchen Nutzen hat der Kunde von meiner Leistung?
Tabelle: Qualitätsmerkmale aus Kundensicht
Tabelle: Kundennutzenprofil

Fallen rund um den Preis
Tabelle: Stundensatzberechnung
Tabelle: Modellrechnung Preiskalkulation
Tabelle: Arbeitsstunden gesamt

Fallen bei der Kundensuche
Checkliste: Marketingaktivitäten – Was will ich?
Checkliste: Werbeagentur
Checkliste: Wichtige allgemeine und jährlich erscheinende Markt-Media-Analysen
Checkliste: Mehr über den Kunden erfahren
Checkliste: Welche Daten brauche ich?

Fallen im Umgang mit Mitarbeitern
Tabelle: Beschäftigtenzahl
Checkliste: Wachstum oder nicht?
Test: Was erschwert Ihnen das Delegieren?
Checkliste: Delegieren und Teamwork leicht gemacht
Tabelle: Personalnebenkosten

Überall, wo Sie das Icon sehen, finden Sie die Texte vollständig im DIN A4-Format auf der CD-ROM – direkt zum Übernehmen in Ihre Textverarbeitung.

Bibliografische Information Der Deutschen Bibliothek

Die Deutsche Bibliothek verzeichnet diese Publikation in der Deutschen Nationalbibliografie; detaillierte bibliografische Daten sind im Internet über http://dnb.ddb.de abrufbar.

ISBN 3-448-06214-6 Bestell-Nr. 00151-0001

© 2004, Rudolf Haufe Verlag GmbH & Co. KG, Niederlassung München
Redaktionsanschrift: Postfach 13 63, 82142 Planegg
Hausanschrift: Fraunhoferstraße 5, 82152 Planegg
Telefon (089) 8 95 17-0, Telefax (089) 8 95 17-2 50
Internet: http://haufe.de, E-Mail: erste-hilfe@haufe.de
Lektorat: Jasmin Jallad

Alle Rechte, auch die des auszugsweisen Nachdrucks, der fotomechanischen Wiedergabe (einschließlich Mikrokopie) sowie der Auswertung durch Datenbanken oder ähnliche Einrichtungen, vorbehalten.

Idee & Konzeption: Dr. Matthias Nöllke, Textbüro Nöllke München
Umschlaggestaltung: Luxus Medien – Daniel Gunia, 86836 Graben
Lektorat und DTP: Text+Design Jutta Cram, 86391 Stadtbergen, www.textplusdesign.de
Druck: Schätzl Druck, 86609 Donauwörth

Cordula Nussbaum
Gerhard Grubbe

Die 100 häufigsten Fallen nach der

Existenzgründung

Inhalt

Vorwort

Liebe Unternehmerin, lieber Unternehmer,

aus welchen Gründen haben Sie vor einiger Zeit den Sprung ins wilde Wasser des Unternehmertums gewagt? Vielleicht war es eine geniale Geschäftsidee. Vielleicht war es der einfachste Weg, aus der Arbeitslosigkeit heraus einen Job zu finden. Vielleicht ärgerten Sie sich über Ihren Chef und haben sich gesagt: „Was der kann, kann ich schon lange!". Oder vielleicht hatten Sie einfach Lust, mit eigenen Händen etwas aufzubauen.

Und jetzt wollen Sie das Beste aus Ihrer Firma machen. Sie wollen verhindern, dass es Ihnen so geht wie rund 50 Prozent aller neu gegründeten Unternehmen, die in den ersten ein bis zwei Jahren wieder dicht machen. Sie wollen wissen, wie Sie es anstellen müssen, dass Sie zur anderen Hälfte gehören und sich auch in den Folgejahren erfolgreich im Markt behaupten. Dabei möchten wir Ihnen helfen. Dieses Buch ist geschrieben von Praktikern für Praktiker und soll Ihnen sofort umsetzbare Tipps für Ihren Alltag geben. Sie erfahren hier – frei von umständlichen Theorien oder unverständlicher Fachsprache –, was Sie wissen müssen, um erfolgreich zu sein. Natürlich werden wir wichtige Fachbegriffe erläutern und Ihnen erklären, warum diese für Ihr Unternehmen wichtig sind. Komplexe Analysen jedoch suchen Sie hier vergeblich.

Denn wenn ein Unternehmen scheitert, dann hat das meist ganz banale Gründe. Es liegt nicht daran, dass irgendeine neumodische Unternehmensstrategie oder eine ultimative Führungstheorie nicht richtig umgesetzt wurden, sondern daran, dass viele kleine Fallstricke Sie ins Stolpern bringen können. Es gibt kein Patentrezept, das Ihr Unternehmen zum Erfolg führt. Aber es gibt ein fundiertes Handwerkszeug, das – unter der Voraussetzung, dass Sie es konsequent einsetzen – jedes von Ihnen gestartete Projekt erfolgreich machen kann. In kleinen Schritten können Sie ändern oder verhindern, was anderen Unternehmern das Leben schwer gemacht hat. Sofort. Und ohne viel Aufwand.

Wenn Sie dieses Buch gelesen haben, dann werden Sie verstehen, dass Pleitiers nicht, wie es immer so schön heißt, „das Geld ausgegangen ist". Denn

die finanzielle Not ist meist nur das letzte Glied in einer Kette von Fehlern, die diese Unternehmer sehr gut hätten vermeiden können. Dass die Banken den Hahn zudrehen oder die Erbtante nicht mehr bereit ist, in das Projekt zu investieren, ist nicht der Grund für die Pleite, sondern die Folge zahlreicher Fehltaten oder Versäumnisse. Und die gilt es zu vermeiden.
Dennoch haben wir das Thema „Geld“ an den Anfang dieses Buches gestellt. Einfach, weil wir wissen, dass die Angst junger Unternehmer, ihnen könne das Geld ausgehen, zugleich das größte Problem ist, mit dem sie sich herumschlagen. Lesen Sie also zunächst die „Fallen rund ums Geld“, damit Sie diese Angst beruhigt verabschieden können und den Freiraum schaffen, an Ihrer Firma zu arbeiten. Und damit Sie offen sind für die vielen anderen Tipps, mit denen Sie Ihr Leben als Unternehmer schöner, reicher und zufriedener machen.
Auf dem Weg durch die einzelnen Bereiche begleiten Sie einige Kleinunternehmer, die in der geschilderten Form real existieren. Um deren Persönlichkeitsrechte zu wahren, haben wie jedoch ihre Namen geändert. Lediglich bei bekannten Marken nennen wir die Namen offen. Außerdem haben wir der Lesbarkeit halber darauf verzichtet, jedes Mal die weibliche und die männliche Form der Unternehmerinnen und Unternehmer zu strapazieren. Wir wissen, dass fast die Hälfte der Jungunternehmer Frauen sind, und hoffen, sie finden sich in der neutralen Anrede genauso wieder.

Wir wünschen Ihnen viel Spaß beim Lesen und viel Erfolg beim Umsetzen der Tipps.

München, im Juli 2004

Cordula Nussbaum, www.Erfolg-Reich-Frei.de
Gerhard Grubbe, www.grubbemedia.de

Fallen rund ums Geld

Was hat es Sie gekostet, Ihr eigenes Business zu starten? Je nachdem, ob Sie heute einen Coffee-Shop bewirtschaften, maschinell Lebkuchen backen, Kommoden schreinern oder Ihr Know-how als Berater vermarkten – einige hundert bis einige tausend Euro haben Sie in jedem Fall investiert. Mit diesem Kapital arbeiten Sie jetzt und natürlich wollen Sie – in nicht allzu ferner Zukunft – von den Früchten Ihrer Investition leben.

Selbstständige müssen die Zahlen im Griff haben

Doch rund um das Thema Geld lauern Gefahren, die ihr Kapital verschlingen und denen Sie nur begegnen können, wenn Sie ihnen in die Augen blicken. Viele kluge Köpfe haben über die Jahrzehnte Methoden und Kennzahlen entwickelt, um die gefährlichsten Fallen sichtbar zu machen und zu entschärfen. Leider nehmen nur wenige Kleinunternehmer diese ausgefeilten Hilfen an, die ihnen sagen könnten, wie gesund ihr Unternehmen ist. In vielen Fällen liegt der Grund darin, dass ihnen Zahlen und Auswertungen „zu trocken" sind oder sie seit ihrer Schulzeit „mit Zahlen auf Kriegsfuß stehen". Als Selbstständiger können Sie sich das aber nicht leisten. Viele Schwächen können Sie mit Stärken auf anderen Gebieten kompensieren. Diese nicht.

Falle 1: Kein Überblick über die Zahlen

Buchhaltung – ein „böhmisches Dorf"?

Hans Neumaier ist ein kreativer Kopf, verfügt über fundiertes Fachwissen und kann gut mit Kunden und seinen drei Mitarbeitern umgehen. Das Geschäft seiner Werbe- und Marketing-Agentur *Kreaword* läuft ordentlich, zumindest was die Auftragslage und die Kapazitätsauslastung betrifft. Doch Dinge wie Buchhaltung, Rechnungswesen und Controlling sind böhmische Dörfer für ihn. Die Kontoauszüge der Bank und die monatlichen betriebswirtschaftlichen Auswertungen des Steuerberaters lässt er seine Assistentin ungelesen abheften und wundert sich, wenn Überweisungen „platzen", weil die Konten leer bzw. die Kreditlinien überschritten sind.

Wenn ein Unternehmen Pleite geht, dann liegt es nicht an Fehlern im Umgang mit konkreten Kennzahlen. Es liegt daran, dass es in den meisten Firmen überhaupt keinen Umgang mit diesen Zahlen gibt. Die Chefs interessieren sich schlichtweg nicht für die „trockene" Seite des Geschäfts und verschaffen sich keinen Überblick, oftmals mit der Ausrede: „Keine Zeit!". Die einen ermitteln Umsatz und Gewinn gar nicht – außer am Jahresende für die Steuererklärung. Die anderen geben den „Zahlenkram" an einen Steuerberater und denken, damit sei der Fall vom Tisch. Die Aufstellungen des Fachmanns versenken sie – wie Hans Neumaier – ungelesen in die Tiefen des Schrankes.

Zahlen sind Botschafter

Dabei müssen Sie gar kein Finanzprofi sein, um aus den wichtigsten Zahlen zu sehen, wo es gut läuft und wo Sie etwas tun können. Betrachten Sie Kennzahlen doch einmal als Botschafter, die Ihnen sagen, wie gesund Ihr Unternehmen ist.

Halten Sie Ihr Unternehmen fit, indem Sie die wichtigsten Parameter

1. ermitteln (lassen),
2. lesen und
3. entsprechend darauf reagieren.

Die Punkte 2 und 3 dürfen Sie nicht delegieren, sonst geben Sie die Hoheit über Ihr Reich auf. Welche Parameter aber sind die wichtigsten? Im Prinzip dreht sich alles um drei Zauberworte:

- Liquidität: Ich habe immer genug Geld in der Kasse.
- Rentabilität: Ich nehme mehr ein, als ich ausgebe.
- Stabilität: Ich tilge Schulden, investiere, schaffe Rücklagen.

Controlling als Frühwarnsystem

Um diese Parameter in den Griff zu bekommen, benötigen Sie eine funktionierende Ist-Kostenrechnung (siehe Fallen 2 und 9). Wenn Sie Ihre laufenden Kosten und Erlöse systematisch dokumentieren, dann können Sie ganz einfach Ihre aktuelle wirtschaftliche Lage beurteilen und gezielt neue Schritte planen. Ein Unternehmen hat wie ein Hochseedampfer eine sehr langsame Reaktionszeit auf einen Kurswechsel und einen langen Bremsweg. Ein gutes Controlling (to control = steuern, beherrschen, leiten) funktioniert dabei als hervorragendes Frühwarnsystem und macht Rettungsaktionen auf hoher See hinfällig.

Wenn Sie aufgrund Ihrer Rechtsform oder Ihrer Umsatzgröße zur Buchführung und zum Jahresabschluss mit Bilanz und Gewinn- und Verlustrechnung gesetzlich verpflichtet sind, haben Sie schon eine gute Basis dafür. Denn jeder finanzielle Vorgang wird auf Buchhaltungskonten gebucht und damit sind alle Zahlen für statistische Auswertungen abrufbar.

Buchführungs- und Bilanzierungspflicht

Buchführungs- und Bilanzierungspflicht besteht für

- alle Kapitalgesellschaften und im Handelsregister eingetragenen Unternehmen, unabhängig von Umsatz und Gewinn, und für
- alle Unternehmen, deren Umsatz über 350.000 Euro oder deren Gewinn über 30.000 Euro liegt, ausgenommen Freiberufler.

Wenn bei Ihnen keine Buchführungspflicht besteht und Sie mit der Einnahme-Überschussrechnung Ihren Gewinn errechnen, dann empfehlen wir, Ihre Belege nach Erlös- und Kostenarten sortiert in einer Excel-Liste zu erfassen und daraus eine regelmäßige Ergebnisrechnung zu erstellen (siehe auch Falle 9: Deckungsbeitragsrechnung). „Ich habe alles im Kopf", reicht nämlich keinesfalls aus. Nur wenn Sie die Zahlen schwarz auf weiß sehen, haben Sie ein wirkliches Problembewusstsein. Wenn Sie sich auf Ihren Kopf verlassen, dann kennen Sie meist nur grobe Annäherungswerte. Und das ist nicht genug!

Buchhaltung outsourcen

Sie können Ihre Buchhaltung auch an einen Steuerberater oder ein Buchhaltungsbüro delegieren. Die Kosten sind überschaubar, Sie sparen Zeit und Nerven und können sicher sein, dass die Buchführung den gesetzlichen Bestimmungen entspricht. Sie müssen nur Ihre Belege sammeln und einmal im Monat weitergeben. Diese werden dann verbucht und Sie erhalten eine so genannte BWA (betriebswirtschaftliche Auswertung), die Ihnen einen aktuellen Überblick zu Ihrer Erlös- und Kostenentwicklung gibt.

Diese BWA wird noch aussagekräftiger, wenn Sie gemeinsam mit Ihrer Buchhaltungsfirma den dort verwendeten Standard-Kontenplan auf Ihre individuellen Bedürfnisse anpassen.

Hilfe von außen

Suchen Sie sich eine Person Ihres Vertrauens, die Ihnen in finanziellen Fragen hilft. Das kann Ihr Steuerberater, ein Unternehmensberater oder jemand aus Ihrem privaten Umfeld mit entsprechendem fachlichen Hintergrund sein. Die Industrie- und Handelskammern bzw. die Handwerkskammern subventionieren die Kosten für Unternehmensberatung bei jungen Firmen. Vielleicht kommt auch ein „Business-Angel" in Frage. Das sind erfahrene Manager, die jungen Firmen ihr Know-how zur Verfügung stellen und sich unter Umständen auch finanziell engagieren (www.business-angels.de).

Nehmen Sie Hilfe in Anspruch, um ein Grundwissen und Verständnis in betriebswirtschaftlichen Fragen zu erwerben, aber nicht, um eine lästige Aufgabe loszuwerden. Die finanzielle Steuerung Ihres Unternehmens ist Chefsache. Es geht um Ihr Geld und Sie haben zu entscheiden. ◂

Falle 2: Planlos vor sich hin arbeiten

Haben Sie bei Ihrer Gründung einen Businessplan erstellt, um einen Kredit von der Bank, Fördermittel oder Überbrückungsgeld vom Arbeitsamt zu bekommen? Prima, dann kennen Sie den Begriff ja schon und wissen, dass Sie als Unternehmer Ihre künftigen Umsätze (und Kosten) planen müssen. Rund die Hälfte aller Gründer haben jedoch ihr Unternehmen mit eigenen Mitteln gestartet oder Geld von Freunden, Verwandten und Bekannten geliehen und waren somit nicht verpflichtet, ihre Gedanken über Umsatzmöglichkeiten und Finanzierung auf Papier zu bannen.

Finanzplan erstellen

Erstellen Sie jetzt und in regelmäßigen Abständen einen Finanzplan. Nur wenn Sie die finanzielle Entwicklung Ihres Betriebs planen, werden Sie sich zielstrebig auch andere strategische Schritte ausdenken und umsetzen können (siehe auch Kapitel „Fallen in der strategischen Planung"). Wer von der Hand in den Mund lebt und nimmt, was der Markt gerade hergibt, der kann niemals gesund wachsen. Der stellt Leute ein oder investiert, wenn Geld da ist, und im nächsten Moment moniert die Bank, dass das Konto schon wieder überzogen ist. Ein solcher Unternehmer schöpft seine Möglichkeiten mit Sicherheit nicht aus.

Businessplan hält der Realität selten stand

Ein Businessplan taugt dazu allerdings eher nicht. Meistens sieht der Gründer in der euphorischen Aufbruchsstimmung der Startphase die Welt durch eine rosarote Brille und bei der Planung ist oft der Wunsch Vater des Gedankens. Außerdem liegen keine Erfahrungswerte vor. Und schließlich: Die Planzahlen sollen doch potenzielle Kapitalgeber von der Qualität des Geschäftsmodells überzeugen. Da ist die Versuchung groß, alles etwas „geschönt“ darzustellen.

Check-up für Ihr Unternehmen

Inzwischen können Sie auf erste Erfahrungen zurückgreifen und die Zeit ist reif, Ihr Unternehmen dem ersten Check-up zu unterziehen. Wie gesund ist es heute, wie schnell soll es weiterwachsen und was darf das kosten?

Umsatz- bzw. Erlösplanung

Beginnen Sie Ihren Check-up mit einer Umsatzplanung. Notieren Sie die Erlöse, die Sie in den kommenden Monaten und Jahren machen wollen, beispielsweise in einer Excel-Tabelle in der Zeile „Plan“. Eine entsprechende Vorlage finden Sie auf Ihrer CD-Rom.

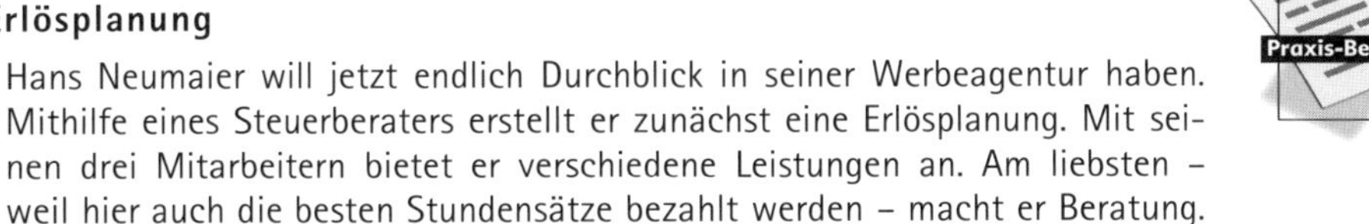

Erlösplanung

Hans Neumaier will jetzt endlich Durchblick in seiner Werbeagentur haben. Mithilfe eines Steuerberaters erstellt er zunächst eine Erlösplanung. Mit seinen drei Mitarbeitern bietet er verschiedene Leistungen an. Am liebsten – weil hier auch die besten Stundensätze bezahlt werden – macht er Beratung. Und so soll hier auch der meiste Umsatz herkommen.

Erlösplanung		Jan	Feb	Mrz	Apr	usw.
Marketingberatung	Plan	15.000	14.000	15.000	12.000	
	Ist	13.280	14.987			
Gestaltung u. Produktion Werbemittel/Displays	Plan	12.000	8.000	9.000	10.000	
	Ist	9.456	6.875			
Gestaltung u. Produktion von Anzeigen	Plan	4.000	6.000	5.000	6.000	
	Ist	3.980	4.878			
Summe real. Variante	**Plan**	31.000	28.000	29.000	28.000	
pess. Variante (./. 25 %)		23.250	21.000	21.750	21.000	
Summe	**Ist**	26.716	26.740			

Anforderungen an Ihre Planzahlen

- Seien Sie bei Ihrer Umsatz- und Kostenplanung in puncto Betrag und Zeitpunkt der Einnahme bzw. Ausgabe so genau wie möglich.
- Planen Sie nach Monaten. Quartals- oder gar Halbjahres- oder Jahrespläne reichen nicht aus, denn Sie brauchen die Monatszahlen für Ihre Liquiditätsplanung (siehe S. 21).
- Stellen Sie nach jedem Monat den Planzahlen die tatsächlichen Zahlen gegenüber (Ist).

Auflistung der Kosten

Struktur- und Produktkosten

Führen Sie den Check-up fort, indem Sie Ihre Kosten auflisten. Unterscheiden Sie dabei grundsätzlich zwischen Struktur- und Produktkosten. Strukturkosten sind äußerst tückisch – vor allem für junge Unternehmen. Denn sie fallen an, ob das Geschäft läuft oder nicht. Die größten Positionen sind in der Regel die Personal- und Mietkosten, aber auch viele kleine Einzelpositionen – vom Fachzeitschriften-Abo bis zu Versicherungsbeiträgen – addieren sich zu Summen, die erst einmal erwirtschaftet werden wollen.

Unglückliche Begriffe: Fixkosten und variable Kosten

Der üblicherweise verwendete Begriff „Fixkosten" ist etwas missverständlich. Mieten oder Gehälter können sich verändern, Ihre Telefonrechnung ist auch nicht jeden Monat gleich hoch. Wir empfehlen deshalb, das Wort „Strukturkosten" zu verwenden. Denn es handelt sich um alle Kosten, die Verwaltung, Organisation und Infrastruktur betreffen und die Betriebsbereitschaft Ihres Unternehmens sicherstellen.

Streichen Sie auch den Begriff „variable Kosten" aus Ihrem Wortschatz und ersetzen Sie ihn durch „Produktkosten". Es handelt sich nämlich um die Kosten, die eindeutig einem Produkt oder einer Dienstleistung zuzuordnen sind, also nur dann anfallen, wenn Sie eine Leistung erbringen. Mehr dazu im vierten Kapitel, in dem es um die Preiskalkulation geht.

Hans Neumaiers Strukturkosten

Folgende Strukturkosten fallen bei *Kreaword* von Hans Neumaier an:

Strukturkosten		Jan	Feb	Mrz	Apr	usw.
Gehälter	Plan	10.500	10.500	10.900	10.900	
	Ist	10.500	10.500			
Gehaltsnebenkosten	Plan	2.100	2.100	2.180	2.180	
	Ist	2.100	2.100			
Miete	Plan	1.600	1.600	1.600	1.600	
	Ist	1.600	1.600			
Mietnebenkosten	Plan	400	400	400	400	
	Ist	398	398			
Reparatur/Instand-haltung	Plan	300	300	300	300	
	Ist	112	754			
Kfz-Kosten	Plan	300	300	800	300	
	Ist	247	467			
Kommunikation/ Information	Plan	600	600	600	600	
	Ist	564	645			
Vericherungen/ Beiträge	Plan	150	500	150	150	
	Ist	250	500			
Summe	Plan	15.950	16.300	16.930	16.430	
Summe	Ist	15.771	16.964			

Die Produktkosten bei *Kreaword*:

Folgende Produktkosten entstehen bei Entwurf und Druck eines Werbe-Flyers:

Posten	Betrag
Eigener Grafiker (6 Std. á 65 €)	390
Eigener Texter (3 Std. á 50 €)	150
Bildhonorare (6 Fotos á 60 €)	360
Papier und Druckkosten	4.800
Farbausdrucke/Proofs	250
Kurierkosten	40
Summe	**5.990**

Marketing- und Vertriebskosten

Die Kosten für Marketing und Vertrieb sind ein Zwitter. Sie lassen sich teilweise dem Produkt direkt zuordnen, oft aber auch nicht oder nur mit großem Aufwand. Was sie allerdings deutlich von den Strukturkosten unterscheidet, ist die Tatsache, dass sie umsatzabhängig sind (Vertriebskosten) und sich von Ihnen stark beeinflussen lassen (Werbe- und Marketingkosten). Sie sollten sie deshalb separat planen.

Wenn Hans Neumaier für sich wirbt

Natürlich kommt auch eine Werbeagentur nicht ohne Werbung aus und so gibt Neumaier Geld für folgende Maßnahmen aus:

Planung Marketingkosten		Jan	Feb	Mrz	Apr	usw.
Werbung	Plan	1.500	2.500	5.000	1.000	
	Ist	1.348	2.679			
PR/Pressearbeit	Plan	600	600	600	600	
	Ist	546	656			
Messen	Plan	0	0	0	7.500	
	Ist	0	0			
Summe Marketing	Plan	2.100	3.100	5.600	9.100	
	Ist	1.894	3.335			

Ursachen erkennen und gegensteuern

Was sagen Ihnen all diese Zahlen? Indem Sie jeweils nach jedem abgelaufenen Monat den geplanten die tatsächlichen Umsätze und Kosten direkt gegenüberstellen, sehen Sie sofort, wo etwas nicht so läuft, wie Sie es sich gewünscht haben. Und Sie können die Ursachen erforschen und sofort gegensteuern, z. B.:

Ursachen erkennen und gegensteuern

Hinkt der Umsatz hinter Ihrem Plan her? Was ist die Ursache?

1. Ein Kunde hat seine Rechnung noch nicht bekommen. Was ist die Ursache dafür?

a) Wir hatten keine Zeit, die Rechnung zu stellen. Mögliche Maßnahme: Rechnungsstellung zu festen Terminen einplanen.

b) Die Rechnung kam wegen falscher Rechnungsdaten zurück. Mögliche Maßnahme: Künftig besser aufpassen, dass Formalien stimmen (siehe dazu Falle 6 in diesem Kapitel).

c) Es fehlen noch Rechnungen von Lieferanten, die weiterverrechnet werden müssen. Mögliche Maßnahme: Lieferanten anmahnen, dass Rechnung fehlt. Kann Kunde Zwischenrechnung bekommen?

2. Zu wenige Aufträge bekommen. Was ist die Ursache?

a) Zu wenig akquiriert. Mögliche Maßnahme: Mehr Zeit für Akquise einplanen.

b) Aus Angeboten wurde nichts. Mögliche Maßnahme: Nachfassen und herausfinden, aus welchem Grund es nichts wurde; künftig anders anbieten (siehe Kapitel 4). ◂

Von Monat zu Monat genauer

Dieser zeitnahe und direkte Vergleich zwischen Soll und Ist hat einen weiteren sehr nützlichen Effekt: Sie werden im Laufe der Zeit ein sehr gutes Gespür für Ihre Zahlen bekommen und Ihre Planungen werden von Monat zu Monat besser.

Immer zwei Szenarien planen

Herr Neumaiers Erlösplanung (s. Seite 15) enthält die Zeile „Pessimistische Variante (./. 25 %)". Dies hat folgenden Hintergrund: Umsätze über einen längeren Zeitraum vorauszuplanen ist hochspekulativ. Selbst wenn Ihr Produkt oder Ihre Leistung gut und gefragt sind und Sie bei Marketing und Akquisition alles korrekt machen, gibt es einfach zu viele Faktoren, die Sie nicht beeinflussen können: das Kaufverhalten der Kunden, die Aktivitäten der Mitbewerber, die Marktentwicklung oder die allgemeine Wirtschaftslage. Planen Sie deshalb zwei Szenarien:

- die realistische Variante: Es läuft wie geplant und Sie machen im gewünschten Zeitraum den gewünschten Umsatz;
- die pessimistische Variante: Es läuft schlechter als geplant, Ihr Umsatz bleibt hinter den Erwartungen zurück. Nehmen Sie als Rechengröße dieses Szenarios z. B. ein Minus von 25 %, d. h. Ihr Umsatz bleibt 25 % unter dem gewünschten Umsatz. Auch wenn dieser Fall eintritt, muss Ihr Modell aufgehen und es müssen z. B. Kosten gedeckt sein. Wenn die realistische Planung eintrifft, dann ist die Differenz Ihre Liquiditätsreserve.

Leider planen die meisten jungen Unternehmen viel zu euphorisch und überschätzen grandios die Ertragskraft ihres neuen Arbeitsplatzes. Seien Sie also selbstkritisch und planen Sie realistisch! Und unterschätzen Sie die Anlaufphase nicht!

Falle 3: Abhängig von einem Kunden

Kundenstamm aufbauen

Gerade zu Beginn ihrer Selbstständigkeit sind viele Jungunternehmer abhängig von einem größeren Kunden, der den meisten Umsatz bringt. Gerät dieser geschäftlich ins Straucheln oder wandert aus anderen Gründen ab, dann stehen sie vor dem Nichts. Kümmern Sie sich deshalb schon frühzeitig und konsequent um neue Kontakte. Warten Sie nicht, bis Sie dringend einen neuen Auftrag brauchen, sondern akquirieren Sie entspannt aus der sicheren Position heraus. Das bringt Ihnen mehr Erfolg als verzweifelte Akquiseversuche. Denn der Kunde spürt: „Der will mir mit seiner Leistung helfen“ anstatt: „Der braucht dringend Geld“.

Falle 4: Kein Überblick über flüssige Mittel

Immer liquide sein

Wollen Sie erfolgreich am Markt bestehen, dann muss Ihr Unternehmen jederzeit genügend Mittel haben, um Lieferantenrechnungen, Gehälter, Miete und alle anderen Verbindlichkeiten bezahlen zu können. Gelingt Ihnen das nicht, haben Sie ein Problem. Dass Banken Sie in einer solchen Situation unterstützen, können Sie vergessen. Für Beteiligungsgesellschaften sind Sie nur ab einer bestimmten Größe und mit einer außergewöhnlich innovativen Geschäftsidee interessant. Und wenn Ihnen das Geld bereits (fast) ausgegangen ist und Ihnen nur eine schnelle Finanzspritze weiterhilft, sind Sie dort sowieso an der falschen Adresse. Bleibt Ihnen nur der undankbare Weg, Familie oder Freunde um Hilfe zu bitten.
Die geniale Geschäftsidee, viele Aufträge oder gute Zukunftsperspektiven nützen Ihnen nichts, wenn die Grundvoraussetzung, – nämlich ständig liquide zu sein – nicht gegeben ist. Sichern Sie die Zahlungsfähigkeit mit einfachen, aber wirkungsvollen Kniffen (siehe Falle 5) und räumen Sie der Liquiditätsplanung allerhöchste Priorität ein. Mit der Umsatz- und Kostenplanung haben Sie dafür schon zwei wichtige Voraussetzungen.

Wie liquide ist Hans Neumaier?

Hans Neumaier schreibt am Jahresende seine für das kommende Jahr geplanten Erlöse (pessimistische Variante) und Kosten in die Tabelle Liquiditätsplanung. Er erkennt, dass es im Frühjahr wohl eng wird und seine Kreditlinie von 5.000 Euro möglicherweise nicht mehr ausreicht. Somit weiß er zur rechten Zeit, dass er Maßnahmen ergreifen muss, um seine Liquidität zu sichern oder frühzeitig frisches Geld in die Firma holen muss (Kapitalerhöhung, Kredit).

Nach jedem abgelaufenen Monat ersetzt Neumaier die Planzahlen durch die Ist-Zahlen und berücksichtigt, dass die Erlöse erst durchschnittlich vier bis sechs Wochen nach Rechnungsstellung auf seinem Konto eingehen.

Liquiditätsplanung	Jan	Feb	Mrz	Apr	usw.
Anfangsbestand Bank	2.480	2.915	4.515	1.675	
+ Nettoerlöse	22.000	26.000	23.000	22.000	
+ Steuerrückzahlungen	435	200	260	0	
+sonstige Einnahmen	0	0	0	0	
Summe Einnahmen	22.435	26.200	23.260	22.000	
./. Summe Produktkosten	3.500	5.000	6.000	6.000	
./. Summe Strukturkosten	16.000	16.300	17.000	16.400	
./. Summe Marketing	2.500	2.100	3.100	5.600	
./. Steuern/Zinsen	0	0	0	480	
./. sonst. Ausgaben	0	1.200	0	0	
Summe Ausgaben	22.000	24.600	26.100	28.480	
Endbestand Bank = Anfangbestand des Folgemonats	2.915	4.515	1.675	-4.805	

Falle 5: Permanente Liquiditätsengpässe

Liquiditätsengpässe gehören zum Alltag von Firmen, die keine finanziellen Reserven haben – was bei jungen Unternehmen eher Regel als Ausnahme ist. Fest eingeplante Aufträge kommen nicht zustande, Kunden zahlen zu spät oder gar nicht, unvorgesehene Ausgaben, zum Beispiel für Reparaturen an der Computeranlage, fallen an. Dieses Problem bekommen Sie besser in den Griff mit der eben beschriebenen Liquiditätsplanung und frühzeitigen Maßnahmen. Im Folgenden finden Sie eine Auswahl dessen, was Sie tun können, um liquide zu bleiben.

Forderungen und Verbindlichkeiten

So können Sie beispielsweise mehr flüssige Mittel in die Kassen holen, indem Sie besser mit Ihren Forderungen umgehen (siehe Falle 7). Aber auch auf der Seite Ihrer Verbindlichkeiten haben Sie Spielraum. Handeln Sie mit Ihren Lieferanten möglichst lange Zahlungsziele aus und nutzen Sie diese auch. Schreiben Sie die Überweisung nicht dann, wenn Sie gerade Zeit haben, sondern wenn die Rechnung tatsächlich fällig wird, und nutzen Sie dafür die Termin-Funktion, die viele Online-Banking-Produkte bieten. Wenn es Ihr Kontostand zulässt, zahlen Sie so schnell, dass Sie Skonto in Anspruch nehmen können. Damit sparen Sie nicht nur Geld, sondern erwerben sich auch den Ruf eines guten und verlässlichen Zahlers. Das kann Ihnen bei künftigen Preisverhandlungen Vorteile bringen und verbessert damit mittel- und langfristig Ihre Liquidität.

Leasing statt Kauf

Schonen Sie Ihre flüssigen Mittel, indem Sie Firmen-Equipement wie Maschinen, EDV, Fahrzeuge oder Räumlichkeiten nicht kaufen (auch nicht auf Kredit!), sondern leasen. Leasinggesellschaften finanzieren fast immer 100 Prozent der Anschaffungskosten. Es fällt also keine Anzahlung an und Sie bezahlen überschaubare monatliche Leasingraten, die außerdem als Betriebsaufwand Ihre Steuerlast mindern. Zusätzliche Vorteile: Sie können Serviceangebote wie Pflege und Wartung in Anspruch nehmen und nach Ablauf des Leasingvertrags Ihre Ausrüstung auf den neuesten Stand bringen. Aber es gilt auch: Sie werden für Ihre schlechte Liquidität bestraft, denn unterm Strich ist Leasing fast immer teurer als kaufen.

Teil der Einnahmen als Tagesgeld anlegen

Legen Sie einen Teil Ihrer Einnahmen regelmäßig an, um eine Liquiditätsreserve zu schaffen. Damit es schnell verfügbar ist, empfiehlt sich ein Tagesgeld-Konto. Infos über die besten Zinssätze bieten Anlegermagazine wie Finanztest oder www.focus.de.

Falle 6: Forderungen lax handhaben

Schuldner lassen sich Zeit

Ihre Liquidität erhöhen Sie auch, wenn Sie dafür sorgen, dass Ihre Kunden schnell und zuverlässig bezahlen. Derzeit hat es sich eingebürgert, dass Firmen, aber auch Verbraucher sich rund 30 bis 60 Tage Zeit lassen, bevor sie Geld überweisen. Selbst wenn Sie das einkalkulieren, bleibt das Risiko, dass Sie Ihrem Geld länger oder gar umsonst hinterherlaufen. Und viele Unternehmen kommen ernsthaft ins Trudeln, nur weil andere nicht zahlen oder sogar insolvent werden.

Reduzieren Sie diese Gefahr – und erhöhen Sie gleichzeitig Ihre eigene Zahlungsfähigkeit – mit folgenden Tipps:

- Rechnungen schnell stellen
- Konsequent mahnen
- Inkasso-Unternehmen beauftragen
- Forderungen verkaufen (Factoring)
- Bonität neuer Kunden prüfen
- Kreative Zahlungsmodi ausdenken

Rechnungen schnell stellen

Jungunternehmer berichten oft, sie hätten „keine Zeit“, ihre Leistungen abzurechnen. Ein fataler Fehler. Denn damit verzichten sie auf bares Geld, das ihnen längst zustünde, und müssen oft teuer zwischenfinanzieren. Berücksichtigen Sie, dass die meisten Kunden sich Zeit lassen, Ihre Forderungen zu bezahlen. Je später Sie dann auch noch die Rechnung verschicken, desto länger dauert es insgesamt, bis Sie Ihr Geld haben. Und Sie riskieren, dass Ihr Kunde, wenn er nach sechs Monaten eine Rechnung bekommt, gar nicht mehr existiert!

Möglichst sofort

Rechnen Sie deshalb unmittelbar nach der Leistungserbringung ab (innerhalb dreier Werktage). Machen Sie das zur Routine und organisieren Sie die Abläufe in Ihrem Betrieb entsprechend, dass es schnell geht. Stellen Sie z. B. sicher, dass sämtliche Daten direkt in das Rechnungsprogramm übernommen werden und nicht mehrfach erfasst werden müssen. Informieren Sie

sich über Rechnungsversand per Mail, das spart Arbeitszeit und Porto – im Schnitt rund 74 Prozent der Kosten im Vergleich zum Postversand.
Sorgen Sie dafür, dass die Abrechnung im Trubel des Alltags nicht „untergeht“. Das hat neben dem früheren Zahlungseingang auch den Vorteil, dass Sie auf den Kunden einen positiven Eindruck machen: Wer leistungsnah abrechnet, erscheint professionell, organisiert und kommt nicht in den Verdacht, falsche Posten nachträglich „unterjubeln“ zu wollen.

Gesetzliche Bestimmungen

Achten Sie darauf, dass Ihre Auftragsbestätigungen und Rechnungen den gesetzlichen Bestimmungen genügen, damit Sie Ihren säumigen Kunden keine „Schlupflöcher“ bieten. Seit Januar 2004 müssen Rechnungen folgenden Kriterien entsprechen, um steuerlich anerkannt zu werden:

CD-ROM

Checkliste: So muss Ihre Rechnung aussehen

Was	Bemerkungen
Vollständiger Name und vollständige Anschrift des leistenden Unternehmers und des Leistungsempfängers	
Steuernummer (vom Finanzamt erteilt) oder Umsatzsteuer-Identifikationsnummer (vom Bundesamt für Finanzen erteilt)	
Ausstellungsdatum	
Fortlaufende Rechnungsnummer mit einer oder mehreren Zahlenreihen	
Menge und Art der gelieferten Gegenstände oder Umfang und Art der sonstigen Leistungen	
Zeitpunkt der Lieferungen oder sonstigen Leistung oder Zeitpunkt der Vereinnahmung des Entgelts	
Nach Steuersätzen und einzelnen Steuerbefreiungen aufgeschlüsseltes Entgelt für die Lieferung oder sonstige Leistung sowie jede im Voraus vereinbarte Minderung des Entgelts, sofern nicht bereits im Entgelt berücksichtigt	
Anzuwendender Steuersatz sowie der auf das Entgelt entfallende Steuerbetrag oder im Fall einer Steuerbefreiung einen Hinweis darauf, dass für die Lieferung oder sonstige Leistung eine Steuerbefreiung gilt	

Vollständiger Name und vollständige Anschrift des leistenden Unternehmers	
Ausstellungsdatum	
Menge und Art der gelieferten Gegenstände oder Umfang und Art der sonstigen Leistungen	
Anzuwendender Steuersatz sowie der auf das Entgelt entfallende Steuerbetrag oder im Fall einer Steuerbefreiung einen Hinweis darauf, dass für die Lieferung oder sonstige Leistung eine Steuerbefreiung gilt	

Konsequent mahnen

Viele Kunden warten bis zur 3. Mahnung

Die Zahlungsmoral hat in den letzten Jahren kontinuierlich abgenommen. Es ist üblich, dass Kunden bis zur dritten Mahnung nicht zahlen und somit ihre eigene Liquidität schonen. Mahnen Sie deshalb konsequent, sobald das Fälligkeitsdatum überschritten ist.

Wenn Sie eine überschaubare Zahl von Kunden haben, ist das persönliche Nachhaken am wirkungsvollsten. Ansonsten sollten Sie regelmäßige „Mahnläufe“ durchführen und Serienbriefe an säumige Kunden schicken. Auf Ihrer CD-ROM finden Sie Formbriefe für die erste, zweite und dritte Mahnstufe.

Mahnverfahren betreiben

Bleiben Ihre Bemühungen ergebnislos, besorgen Sie sich im Schreibwarenhandel einen amtlichen Vordruck für das (maschinelle oder nichtmaschinelle) Mahnverfahren und schicken Sie ihn ausgefüllt an Ihr zuständiges Amtsgericht. Von dort erhält der Schuldner einen Mahnbescheid. Legt der Gegner keinen Widerspruch ein und zahlt aber auch nicht innerhalb von 14 Tagen, dann schickt das Gericht auf Ihren besonderen Antrag hin einen Vollstreckungsbescheid, mit dem Sie die Zwangsversteigerung einleiten können. Mit diesem „Titel“ kann der Gerichtsvollzieher eine Pfändung durchführen. Legt der Schuldner jetzt Widerspruch ein, geht das Verfahren an das für den Schuldner zuständige Gericht und mündet in einen Rechtsstreit.

Mehr Informationen, wie Sie richtig mahnen, enthält das Buch „Inkasso. So treiben Sie Außenstände ein“ von Peter David (Haufe Verlag).

Das Gesetz ist auf Ihrer Seite

Im Umgang zwischen Geschäftsleuten tritt seit der Gültigkeit des „Gesetzes zur Beschleunigung fälliger Zahlungen" (1999, geändert 2002, Text finden Sie auf der CD-ROM) automatisch 30 Tage nach Fälligkeit und Zugang einer Rechnung der Verzug ein, ob Sie gemahnt haben oder nicht. Im Umgang mit Verbrauchern müssen Sie darauf ausdrücklich auf der Rechnung hinweisen. Das ermächtigt Sie dazu, nach 30 Tagen Verzugszinsen zu fordern. Diese liegen bei Privatleuten um fünf Prozent über dem Basiszinssatz nach § 247 BGB (Info unter www.bundesbank.de). Unternehmer zahlen acht Prozentpunkte über dem Basiszinssatz. Liegen unwesentliche Mängel bei Ihrer Werkleistung vor, darf nicht einfach Geld zurückgehalten werden. Zumindest Teilbeträge sind unverzüglich fällig.

Zu dem beschriebenen Procedere des Mahnverfahrens gibt es zwei Alternativen:

- Sie beauftragen ein Inkasso-Unternehmen oder
- Sie verkaufen Ihre Forderungen an eine Factoring-Gesellschaft.

Inkasso-Unternehmen beauftragen

Mehr als nur Geldeintreiber

Inkasso-Unternehmen nehmen Ihnen das regelmäßige Mahnen und den Forderungseinzug ab. Sie treiben im Namen Ihrer Firma telefonisch und schriftlich die Schulden ein. Gute Inkasso-Büros beschränken sich aber nicht nur auf das Mahnen, Einziehen und Klagen, sondern suchen gemeinsam mit Ihnen und dem Schuldner nach kreativen Lösungen für Zahlungsprobleme, zum Beispiel Raten- und Abschlagszahlungen oder Stundung. Die Kosten für die Dienstleistung richten sich nach der Höhe der Forderung. Informieren können Sie sich beim Bundesverband deutscher Inkasso-Unternehmen (www.bdiu.de).

Forderungen verkaufen (Factoring)

Factoring bringt schnelles Geld

Schon seit 1958 erhöhen zahlreiche Unternehmen in Deutschland ihren finanziellen und zeitlichen Handlungsspielraum, indem sie Verträge mit Factoring-Gesellschaften abschließen. Im Rahmen dieses Vertrags verkaufen sie Forderungen gegenüber gewerblichen Kunden und bekommen vom Factor sofort maximal 90 Prozent der Forderungssumme ausbezahlt. Den Rest überweist die Gesellschaft, wenn der Kunde tatsächlich bezahlt hat. Zahlt der Kunde nicht, trägt der Factor das Ausfallrisiko.
Meist übernimmt die Factoring-Gesellschaft auch die gesamte Debitorenbuchhaltung (= Kundenbuchhaltung). Dafür berechnet sie dem Unternehmen, das die Forderungen verkauft, zwischen 0,8 und sechs Prozent der Brutto-Rechnungssumme (je nach Bonität des Schuldners und Arbeitsaufwand). Außerdem zahlt der Unternehmer für die Vorfinanzierung (also bis zu dem Zeitpunkt, an dem der Schuldner zahlt) den marktüblichen Kontokorrentzins. Aus Gründen der Rentabilität verlangen die Gesellschaften in der Regel vom Factoringkunden einen Jahresumsatz von über einer Million Euro. Mehr Infos unter: Deutscher Factoring-Verband (www.factoring.de) oder Bundesverband Factoring für den Mittelstand (www.bfm-verband.de).

Wägen Sie ab

Mit Factoring oder einem Inkasso-Büro verbessern Sie Ihre Liquidität und reduzieren Ihren Verwaltungsaufwand. Dadurch amortisieren sich die Kosten für diese Dienstleistungen. Doch vergessen Sie nicht: Es geht auch um die Beziehung zu Ihren Kunden! Und hier ist nichts wichtiger als der persönliche Kontakt. Aus einem vermeintlich unangenehmen Gespräch wegen Zahlungsrückständen kann ein konstruktiver Austausch entstehen und Sie können den Grundstein für den nächsten Auftrag legen.

Bonität neuer Kunden prüfen

Notorische Schlechtzahler enttarnen

Prüfen Sie bei neuen, noch unbekannten Auftraggebern deren Zahlungswillen und -fähigkeit. Damit reduzieren Sie das Risiko, Ihrem Geld (umsonst) hinterherlaufen zu müssen. Es gibt mehrere Möglichkeiten, an Informationen zur Bonität neuer Kunden zu kommen. Fragen Sie Freunde oder Bekannte, die in Ihrer Branche arbeiten. Notorische Schlechtzahler sind in der Regel allgemein bekannt. Oder kaufen Sie Informationen bei einer Auskunftei oder bei Inkasso-Unternehmen ein.

Hier finden Sie Auskunfteien

Zu den größten Auskunfteien in Deutschland zählen die Vereinte Creditreform (www.creditreform.de), die Vereinigten Auskunfteien Bürgel (www.buergel.de) und der Kreditschutzverein für Industrie, Handel und Dienstleistungen (IHD) (www.ihd.de). Darüber hinaus gibt es eine Vielzahl kleinerer Auskunfteien und Brancheninformationsdienste, die Sie im Internet oder in den Branchenbüchern finden.

Kreative Zahlungsmodi ausdenken

Lassen Sie sich etwas einfallen, um Ihre Kunden so früh wie möglich bezahlen zu lassen. Gewähren Sie Skonti als Anreiz oder denken Sie sich neue Wege aus. Halten Sie Augen und Ohren offen, wie es andere Firmen machen, und übertragen Sie clevere Ideen auf Ihre Situation. Hier einige Beispiele

So fließt das Geld schneller und sicherer

Zahlung vorab: Eine Reinigung bietet ihren Kunden ein Reinigungspaket an. Der Kunde bezahlt zehnmal Reinigen im Voraus und spart gegenüber der Einzelwäsche 20 Prozent.

Bankeinzug: Die Kunden eines Büromaterialhändlers ermächtigen zum Bankeinzug und erhalten dafür drei statt der üblichen zwei Prozent Skonto.

Abo: Zahnbürsten, Socken, Toilettenpapier – alle Produkte des täglichen Gebrauchs vertreibt eine Drogerie im Internet per Abo.

Falle 7: Steuern stürzen Sie in die Liquiditätskrise

Liegt es an der Blauäugigkeit oder am hektischen Alltag – viele Jungunternehmer vergessen, dass im Hintergrund jemand zuschaut, wie das Geschäft läuft, und regelmäßig die Hand aufhält: das Finanzamt.

Umsatz-, Einkommen-, Körperschaft- und Gewerbesteuer

Besonders die Umsatzsteuer übersehen viele Chefs bei der Liquiditätsplanung. Oft glauben sie, sie hätten genug Einnahmen in der Kasse, und verschwitzen, dass die an den Kunden als Durchlaufposten verrechnete Umsatzsteuer monatlich oder quartalsweise ans Finanzamt abgeführt werden muss. Spätestens wenn Sie Ihren „Turnaround" geschafft haben – also den Zeitpunkt, ab dem Ihre Einnahmen höher sind als Ihre Ausgaben –, kommen Einkommen- bzw. Körperschaftsteuer und Gewerbesteuer hinzu. Für die Einkommensteuer setzt das Finanzamt Vorauszahlungen fest, die sich nach der Höhe des prognostizierten Einkommens richten und vierteljährlich zu leisten sind. Die Körperschaft- und Gewerbesteuer wird nur einmal im Jahr fällig. Schaffen Sie Polster dafür – das Finanzamt ist bei Zahlungsverzug nicht sehr geduldig und verlangt schon bei Verspätungen von mehr als fünf Tagen Säumniszuschlage.

Steuerlast reduzieren

Sparen Sie von Anfang an Steuern, indem Sie bewusst investieren und „Geschenke" vom Staat nutzen. Klären Sie rechtzeitig vor Ende des Steuerjahres mit Ihrem Steuerberater, wo Sie die Steuerlast drücken können. Beispielsweise mit vorgezogenen Investitionen, Sonderabschreibungen (z. B. auf Waren, Vorräte oder Forderungen) oder mit einer Ansparrücklage für Investitionen, die in den nächsten Jahren anstehen. Sammeln Sie konsequent alle Belege.

Falle 8: Umsatz als Wachstumsindikator nehmen

„Wachstum ist gesund, wenn die Produktivität steigt, es führt zu Fettleibigkeit, wenn die Produktivität stagniert, und zu Krebs, wenn die Produktivität sinkt", warnen Managementexperten wie Fredmund Malik vom Managementzentrum St. Gallen.

Umsatz keine brauchbare Messgröße

Dieses drastische Bild macht deutlich, dass die Umsatzentwicklung eines Unternehmens als Messgröße für wirtschaftlichen Erfolg völlig unbrauchbar ist. Und dennoch berichten viele Unternehmer mit vor Stolz geschwellter Brust von ihren tollen Umsatzsteigerungen. Die Frage ist: Wie teuer wurde dieser Umsatz erkauft? Um das festzustellen, gibt es zwei einfache, aber sehr aussagekräftige Methoden:

- die Deckungsbeitragsrechnung und
- betriebswirtschaftliche Kennzahlen.

Die Deckungsbeitragsrechnung

Einsatz als Erfolgsrechnung

Was der Kunde Ihnen für Ihre Leistung bezahlt, ist – abzüglich der Umsatzsteuer – Ihr Nettoerlös. Ziehen Sie davon alle Produktkosten ab, erhalten Sie den Deckungsbeitrag. Der heißt so, weil dieser Betrag zur Deckung der Strukturkosten und Marketing-/Vertriebskosten zur Verfügung steht. Das Schöne an der Deckungsbeitragsrechnung ist nicht nur, dass sie sehr einfach ist, sondern Sie können sie als Erfolgsrechnung für das einzelne Produkt, eine Produktgruppe oder das ganze Unternehmen einsetzen.

Deckungsbeitragsrechnung für Herrn Neumaiers Werbeflyer

So sieht Hans Neumaiers Deckungsbeitragsrechnung für seinen Werbeflyer aus:

Deckungsbeitragsrechnung	Prozent vom Umsatz	Werbeflyer Auflage 30.000 Ex.
Umsatzerlös	100,0	15.000
./. Produktkosten	36,3	5.450[1]
Deckungsbeitrag	63,7	9.550
./. Marketingkosten[2]	7,0	1.050
./. Strukturkosten[2]	53,0	7.950
Ergebnis	3,7	550

[1] Diese Zahl entspricht nicht der Produktkostenkalkulation von S. 17. Weil Neumaier diese Leistung nämlich mit seinen Angestellten erbracht hat, sind die Stundensätze dort nur ein kalkulatorischer Posten. Sie sind mit dem Ge-

halt der Angestellten abgedeckt und kommen in der Deckungsbeitragsrechnung im Zuschlag für die Strukturkosten dazu. Hätte Neumaier mit freien Grafikern und Textern gearbeitet, bekäme er deren Leistung in Rechnung gestellt und hätte sie als „echte Produktkosten" in die Deckungsbeitragsrechnung mit aufgenommen.

[2] Da die Struktur- und die Marketingkosten nicht einem Produkt oder einer Produktgruppe direkt zugeordnet werden können, müssen Sie den prozentualen Anteil dieser Kosten am Gesamtumsatz errechnen. Hans Neumaier macht 360.000 Euro Jahresumsatz und hat insgesamt 192.000 Euro Strukturkosten (53 % vom Umsatz) und 25.000 Euro Marketingkosten (6,9 % vom Umsatz). Also kann er von jedem Umsatz diese Prozentzahl ansetzen, um die Kosten im richtigen Verhältnis zuzuordnen. ◂

Das Prinzip von Kennzahlen

Statistische Werte in Relation zueinander stellen

Sie können weitere Kennzahlen einsetzen, die Ihnen zeigen, wie gesund Ihre Firma wächst und wie fit sie ist. Diese Zahlen stellen verschiedene statistische Werte Ihres Unternehmens zueinander in Relation, haben jedoch für sich gesehen wenig Aussagekraft. Erst wenn Sie Kennzahlen über einen längeren Zeitraum erfassen und/oder Ihnen Kennziffern aus vergleichbaren Firmen vorliegen, können Sie damit etwas über die Entwicklung, die aktuelle Situation und den Wert Ihres Unternehmens erfahren. Sprechen Sie Ihre Analyse mit einem Fachmann durch. Denn nur wenn Sie die Zahlen richtig interpretieren und daraus die notwendigen Maßnahmen ableiten, macht der Aufwand wirklich Sinn.

Wählen Sie spezielle Größen aus Ihrem Gewerbe aus. Wenn Sie im Handel tätig sind, kann das der Umsatz pro Quadratmeter Verkaufsfläche sein. Im produzierenden Gewerbe sind Dinge wie Maschinenauslastung oder produzierte Einheiten pro Stunde relevant. Und ermitteln Sie in jedem Fall die gängigsten Kennzahlen wie Cashflow, Kapitalstruktur, Liquidität und Rentabilität. Auf Ihrer CD-ROM finden Sie eine Excel-Tabelle, in der Sie diese übersichtlich eintragen können.

Cashflow

Als Cashflow bezeichnet man die Differenz zwischen Einnahmen und Ausgaben, bereinigt um nicht zahlungswirksame Aufwendungen und Erträge (Abschreibungen, Rückstellungen, Auflösung von Rückstellungen). Er zeigt die Kraft eines Unternehmens, aus dem operativen Geschäft Liquidität zu generieren.

	Jahresüberschuss (Bilanzgewinn)
+	nicht zahlungswirksame Aufwendungen
./.	nicht zahlungswirksame Erträge
=	Cashflow

Kapitalstruktur

Die Kennzahlen der Kapitalstruktur errechnen sich wie folgt:

Eigenkapitalquote und Verschuldungsgrad

$$\text{Eigenkapitalquote} = \frac{\text{Eigenkapital}}{\text{Bilanzsumme}} \times 100$$

$$\text{Verschuldungsgrad} = \frac{\text{Fremdkapital}}{\text{Eigenkapital}} \times 100$$

Eigenkapitalquote verbessern

Gerade einmal ein Fünftel aller deutschen Betriebe sind mit einer Quote von mindestens 30 Prozent ausreichend mit Eigenkapital ausgestattet. Ein knappes Drittel verfügt über weniger als zehn Prozent und ist damit unterkapitalisiert. Doch gerade auf diese Kennzahl schauen Banken oder Investoren zuerst, wenn sie sich ein schnelles Bild von der Stabilität Ihrer Firma machen wollen. Sorgen Sie also für eine ordentliche Eigenkapitalquote, indem Sie zum Beispiel Gewinne nicht ausschütten, sondern in der Firma belassen oder eine Kapitalerhöhung durchführen – mit Mitteln aus Ihrem Privatvermögen oder durch Aufnahme neuer Gesellschafter. Ein anderer Weg, die Quote zu verbessern, ist die Reduzierung der Bilanzsumme, z. B. durch Leasing statt Kauf von Equipment auf Kredit.

Liquiditätskennzahlen

Ihre wichtigste Liquiditätskennzahl im Tagesgeschäft ist natürlich der aktuelle Kontostand in Verbindung mit Ihrer Liquiditätsplanung (siehe Falle 5). Ziel der unten stehenden Kennzahlen ist es, Aussagen und Schlussfolgerungen zu Ihrer zukünftigen Zahlungsfähigkeit treffen zu können.

$$\text{Liquidität 1. Grades} = \frac{\text{Zahlungsmittel}}{\text{kurzfristiges Fremdkapital}} \times 100$$

Liquidität 1., 2. und 3. Grades

$$\text{Liquidität 2. Grades} = \frac{\text{Zahlungsmittel} + \text{Forderungen}}{\text{kurzfristiges Fremdkapital}} \times 100$$

$$\text{Liquidität 3. Grades} = \frac{\text{Umlaufvermögen}}{\text{kurzfristiges Fremdkapital}} \times 100$$

Rentabilitätskennzahlen

Umsatzrendite

Die Umsatzrendite zeigt Ihnen, wie erfolgreich Sie im operativen Geschäft gearbeitet haben, also beim Verkauf Ihrer Produkte oder Leistungen.

$$\text{Umsatzrendite} = \frac{\text{Gewinn + Zinsen für Fremdkapital}}{\text{Umsatz}} \times 100$$

Eigenkapitalrendite

Die Eigenkapitalrendite ist für die Gesellschafter des Unternehmens eine wichtige Größe, denn sie zeigt, wie sich deren eingesetztes Kapital verzinst hat.

$$\text{Eigenkapitalrendite} = \frac{\text{Bilanzgewinn}}{\text{Eigenkapital}} \times 100$$

Gesamtkapitalrendite

Aussagekräftiger für die Beurteilung des Unternehmens ist allerdings die Gesamtkapitalrendite, da sie die Verzinsung des gesamten im Unternehmen investierten Kapitals (Bilanzsumme) angibt.

$$\text{Geamtkapitalrendite} = \frac{\text{Gewinn + Zinsen für Fremdkapital}}{\text{Gesamtkapital}} \times 100$$

Falle 9: Kosten laufen unbemerkt aus dem Ruder

Kostenmanagement

Zu Beginn dieses Kapitels (Falle 1) haben wir beschrieben, wie wichtig es ist, dass Sie Ihre laufenden Kosten akkurat und systematisch erfassen. Sie brauchen diese Transparenz nicht nur, um die zuvor beschriebene Deckungsbeitragsrechnung zu erstellen, sondern auch, um jederzeit korrigierend eingreifen zu können, wenn die Kosten aus dem Ruder laufen. Kostenmanagement bedeutet, dass Sie jede einzelne Position regelmäßig überprüfen und versuchen, sie zu optimieren. Dazu sind die absoluten Zahlen wenig geeignet. Aussagekräftiger ist das prozentuale Verhältnis von Umsatz zu Kosten:

Hans Neumaiers Kostenmanagement

Hans Neumaier hat seine Erlöse und Kosten ausgerechnet, und übersichtlich in einer Tabelle notiert:

	2003	% vom Umsatz	2004	% vom Umsatz
Umsatz (Nettoerlös)	300.000	100,0	360.000	100,0
./. Produktkosten	105.000	35,0	145.000	40,3
Deckungsbeitrag	195.000	65,0	215.000	59,7
./. Marketing-/Vertriebsk.	16.000	5,3	25.000	6,9
./. Strukturkosten	172.000	57,3	192.000	53,3
Ergebnis	7.000	2,3	-2.000	-0,6

Was ist hier passiert? Trotz einer deutlichen Umsatzsteigerung wird ein negatives Ergebnis ausgewiesen. Die Gründe sind eindeutig: Die Produkt- und die Marketing-/Vertriebskosten sind überproportional gestiegen, Die Strukturkosten sind zwar auch gestiegen, aber das Verhältnis zum Umsatz hat sich verbessert. Neumaier kann also sofort erkennen, welche Kostenbereiche er genau überprüfen muss, um Ansätze für eine Ergebnisverbesserung zu finden, ohne dass er gleich den Preis erhöhen müsste. ◂

Falle 10: Preis ist nicht kostendeckend

Was will und kann ich verlangen?

Warum arbeiten so viele Kleinunternehmer mit einem Preis, der nicht einmal ihre Kosten deckt? Nach wie vor legen viele kleine Betriebe ihre Preise „Pi mal Daumen" fest oder übernehmen einfach den Preis des Mitbewerbers. Und das betrifft beileibe nicht nur die Start-ups! Nein, auch eingeses-

sene Familienunternehmen scheinen hier den Taschenrechner weggeworfen zu haben. Warum? Weil sie nicht einmal ihre eigenen Kosten pro Auftrag kennen und entsprechend nicht kalkulieren können.
Wenn Sie langfristig erfolgreich sein wollen, müssen die Preise, die Sie für Ihre Produkte oder Leistungen verlangen, drei Voraussetzungen erfüllen. Sie müssen

Preise müssen ...

1. die Kosten decken,
2. eine Gewinnmarge lassen und
3. vom Kunden akzeptiert werden, also marktgerecht sein.

Weil der Preis, den ein Kunde für eine Leistung zu zahlen bereit ist, stark vom „gefühlten Nutzen" des Produktes abhängt, widmen wir uns diesem Thema ausführlich, wenn es um das Thema Preisfindung geht. Nehmen Sie zunächst die Erkenntnis mit, dass Sie dafür Ihre Produkt- und Strukturkosten genau kennen und die Funktion der Deckungsbeitragsrechnung verstanden haben müssen.

Falle 11: Naiv auf Finanzspritzen hoffen

Banken empfangen Sie nicht mit offenen Armen

Privatpersonen bekommen sehr schnell einen Kredit von der Bank. Deshalb sind viele Unternehmer überrascht, mit wie viel skeptischer Distanz die Geldhäuser Geschäftskunden – und besonders Start-ups – gegenübertreten. Nach dem Dotcom-Schock, als viele Banken ihre Firmenkredite abschreiben mussten, sind sie vorsichtig geworden und verlangen detaillierte Informationen, Sicherheiten oder Bürgen, bevor sie Geld genehmigen. Je besser Sie alles vorbereiten, desto eher bekommen Sie Unterstützung.

Überzeugend auftreten

Ihr Ansprechpartner in der Bank hat in der Regel weder die Zeit noch die nötigen Branchenkenntnisse, um Ihr Unternehmen gründlich zu analysieren und angemessen einzuschätzen. Wenn es also nicht um ganz große Kreditsummen geht, wird er sich auf das konzentrieren, was er schnell einschätzen kann. Das ist auf der sachlichen Ebene das, was er aus dem ihm vorgelegten Zahlenmaterial über die Situation Ihrer Firma herauslesen kann. Auf psychologischer Ebene wird es eine Rolle spielen, in welcher Form Sie die Zahlen aufbereitet haben und wie überzeugend Sie als Person auftreten. Drei Schritte bringen Sie zum Erfolg:

Drei Schritte zum Erfolg

1. Stellen Sie Ihr Zahlenmaterial zusammen:
   - Jahresabschlüsse (falls noch nicht vorhanden: Summen- und Saldenliste und BWA),
   - Übersichtblatt Kennzahlenanalyse,
   - bisherige Umsatz- und Kostenzahlen in Form der Deckungsbeitragsrechnung
   - Rentabilitätsvorschau für die nächsten drei Jahre.
2. Bringen Sie alles in eine übersichtliche Form, so dass Ihr Banker schnell das findet, was er sucht.
3. Lesen Sie im Kapitel „Fallen im Dialog“, wie Sie überzeugend auftreten.

Basel II und Rating

Ab 2007 tritt ein neues Regelwerk – unter dem Namen „Basel II“ in aller Munde – in Kraft, das den Banken neue Pflichten bei der Vergabe von Firmenkrediten auferlegt. Unter anderem müssen Unternehmen vor Kreditvergabe nach bestimmten Kriterien geprüft und bewertet werden. Man spricht hier von „Rating“, was nichts anderes ist als eine Benotung der Bonität, Substanz und des Zukunftspotenzials einer Firma. Je schlechter diese Benotung ausfällt, desto teurer wird der Kredit für den Kunden, wenn er denn überhaupt einen bekommt.

Die Banken arbeiten derzeit mit Hochdruck daran, Ratingsysteme einzuführen und ihre Mitarbeiter zu schulen. Einige haben Basel II schon vorweggenommen und führen bereits jetzt bei jedem Firmenkredit zuvor ein Rating durch. Wenn Sie also vorhaben, in nächster Zeit mit Ihrer Bank über einen Kredit zu verhandeln, sollten Sie vorher herausfinden, inwieweit Ihre Bank die Basel-II-Kriterien bereits umsetzt und welche konkreten Informationen und Unterlagen von Ihnen erwartet werden. ◂

Fördermittel

Bevor Sie jedoch vorschnell einen Kredit beantragen, prüfen Sie, ob Sie Fördermittel von Staat, Ländern oder Kommunen bekommen können. Einige dieser Programme bieten auch Darlehen für wachsende Unternehmen. Infos finden Sie in der Förderdatenbank des Bundesministeriums für Arbeit (www.bmwi.de) oder bei Ihrer IHK, Handwerkskammer oder Ihrem Einzelhandelsverband. Der Weg zu diesen Fördergeldern führt allerdings auch über Ihre Bank, denn dort müssen Sie die entsprechenden Anträge stellen.

Venture Capital: Beteiligungsgesellschaften

Wenn Sie eine Beteiligung suchen, um langfristig zu wachsen, und statt Fremdkapital neues Eigenkapital in das Unternehmen bringen wollen, dann kann eine Beteiligungsgesellschaft für Sie interessant sein. Diese Häuser – oft Tochterunternehmen großer Banken – kaufen Anteile an Unternehmen mit dem klaren Ziel, diese nach fünf bis sieben Jahren Gewinn bringend zu verkaufen. Aus diesem Grund sind für sie nur Firmen interessant, die sich in mindestens sieben- bis achtstelligen Umsatzgrößenordnungen bewegen und mit einem innovativen Angebot in einem Wachstumsmarkt hohe Erfolgschancen haben. Zählen Sie sich dazu? Dann können Sie sich beim Bundesverband Deutscher Kapitalbeteiligungsgesellschaften Adressen und weitere Informationen besorgen (www.bvk-ev.de).

Falle 12: Vernachlässigung der privaten Absicherung

Der Weg in die Selbstständigkeit bedeutet für viele erst einmal Selbstausbeutung. Die meisten Gründer stecken alles, was sie haben, in ihren neuen Lebensinhalt – Geld, Zeit, Motivation. Viele vernachlässigen dabei sich selbst und ihre Familien und vergessen, dass sie in diesem Tempo niemals bis ins hohe Alter ackern können. Sie blenden regelrecht aus, was „später mal ist", und landen damit oftmals beim Sozialamt.

Lebenshaltungskosten, Versicherungen

Achten Sie von Anfang an darauf, dass Ihre Lebenshaltungskosten, die Altersvorsorge und Ihre Absicherung bei Krankheit und Erwerbsunfähigkeit gedeckt sind. Zahlen Sie sich ein Gehalt, das Ihrem Lebensstandard entspricht und Ihnen Spielraum für den privaten Vermögensaufbau gibt. Natürlich muss es in Relation zu Ihren Umsätzen stehen!

Nicht alles in die Firma stecken

Machen Sie nicht den Fehler, alles Geld in die Firma zu stecken. Besorgen Sie sich für Investitionen, wenn nötig, Fremdkapital und bauen Sie ein privates Vermögen neben der Firma auf. Dieses Privatvermögen können Sie durchaus auch als Sicherheit für Fremdkapitalgeber einsetzen. Dieser Tipp hat übrigens keine finanzmathematischen Gründe, sondern rein psychologische. Es kann sehr frustrierend sein, wenn Sie in der ersten Zeit nach der Firmengründung feststellen, dass Ihre Firma noch mehr Ausgaben als Einnahmen verzeichnet und gleichzeitig das private finanzielle Polster immer mehr dahinschmilzt.

Strikte Trennung zwischen privat und geschäftlich

Wenn Sie bilanzpflichtig sind, müssen Sie private und geschäftliche Ausgaben sowieso strikt trennen. Tun Sie das aber auch, wenn Sie mit der Einnahme-Überschussrechnung arbeiten. Richten Sie sich neben Ihrem privaten Konto ein Geschäftskonto ein und überweisen Sie sich monatlich von Ihrem Geschäftskonto ein festes Gehalt auf Ihr Privatkonto.

Altersvorsorge

Machen Sie sich privat unabhängig vom Wohl oder Wehe Ihrer Firma. Wenn Sie später so erfolgreich werden, dass Sie sich ein dickes finanzielles Polster zulegen können oder die Firma zu einem tollen Preis verkaufen könnten – prima. Doch das ist der Idealfall, auf den Sie sich zum jetzigen Zeitpunkt nicht verlassen können. Machen Sie eine Bestandsaufnahme. Auf was können Sie im Alter zurückgreifen und wie hoch wird voraussichtlich der Wert sein, wenn Sie 65 sind? Wenn Sie Zweifel haben, dass Sie mit Ihrer Altersvorsorge auf dem richtigen Weg sind, erarbeiten Sie mithilfe eines professionellen Beraters Ihren individuellen Vorsorgeplan.

Die folgende Checkliste finden Sie wie alle Checklisten in diesem Buch auch auf Ihrer CD-ROM, direkt zum Übernehmen in Ihre Datenverbeitung bzw. zum Ausdrucken.

Was bringt mir im Alter Geld?	Wie viel?
Gesetzliche Rente/ggf. Betriebsrente	
Lebensversicherungen/private Rentenversicherung	
Immobilienbesitz	
Sparpläne	
Wertpapieranlagen	
Sonstiges	

Kranken-versicherung

Als Selbstständiger können Sie wählen, ob Sie sich in der gesetzlichen Krankenversicherung, in der privaten oder gar nicht versichern lassen wollen. Die letztgenannte Möglichkeit sollten Sie erst gar nicht in Betracht ziehen, auch wenn die hohen monatlichen Beiträge schmerzlich sind, solange die Einnahmen noch spärlich fließen. Ob die gesetzliche oder die private Krankenversicherung für Sie besser ist, hängt von vielen Komponenten ab: Alter, Familienstand, Einkommen etc. Machen Sie sich die Mühe und holen Sie individuelle Angebote ein. Ein besonders wichtiger Aspekt dabei ist das Krankentagegeld. Denn als Selbstständiger gibt es ja keine Lohnfortzahlung im Krankheitsfall. Also ist es für Sie sehr wichtig, ab wann und in welcher Höhe Krankentagegeld gezahlt wird.

Berufs-unfähigkeits-versicherung

Solange Sie Beiträge in die gesetzliche Rentenversicherung einbezahlen, haben Sie auch einen Anspruch auf Rente bei Berufunfähigkeit. Informieren Sie sich, wie hoch dieser Anspruch ist und welche genauen Bedingungen erfüllt sein müssen, um diese Rente zu erhalten. Dann können Sie entscheiden, ob der Schutz ausreichend ist oder Sie noch eine Zusatzversicherung gegen Berufsunfähigkeit abschließen sollten.

Wenn Sie jedoch von der Sozialversicherungspflicht befreit sind (als beherrschender Geschäftsführer der eigenen GmbH – also mit mehr als 50 Prozent der Anteile) und keine freiwilligen Beiträge in die gesetzliche Rentenversicherung einzahlen, erlischt Ihr Anspruch auf eine Rente bei voller oder teilweiser Berufsunfähigkeit. Das bedeutet, Sie müssen aktiv werden und eine entsprechende Versicherung abschließen.

Berufsunfähigkeitsversicherung als Direktversicherung

Wenn Sie als Chef einer GmbH z. B. das Risiko der Berufsunfähigkeit als Direktversicherung über die Firma absichern lassen, können Sie einen Monatsbeitrag bis 146 Euro als Betriebsausgabe geltend machen.

Für den Fall der Fälle: Ausstiegskonzept planen

Falls Sie es nicht bereits bei der Gründung gemacht haben, dann planen Sie jetzt noch ein Ausstiegskonzept. Viele Unternehmer wissen nicht, wie viel sie in die Firma stecken können, ohne die private Existenz aufs Spiel zu setzen. Schreiben Sie auf, ab welchem Schuldenstand oder ab welchem Monat „Herumkrebsen" ohne Aussicht auf den durchschlagenden Erfolg Sie einen Schlussstrich ziehen. Ein klares Ausstiegskonzept hilft – ähnlich wie bei Aktienspekulationen –, den Verlust in Grenzen zu halten und wirklich den Absprung zu schaffen, wenn Ihr Unternehmen aussichtslos ist.

Falle 13: Augen zu, wenn es eng wird

Mit offenen Augen der Gefahr begegnen

Kunden springen ab, die Banken machen Druck, Geld für die fälligen Rechnungen ist nicht in Sicht. Wenn es so weit ist, seien Sie ehrlich zu sich selbst: Sie stecken in einer Krise.

Die meisten Unternehmer spielen jetzt Maulwurf: Augen zu, in Deckung gehen, weiterbuddeln wie bisher und hoffen, dass es irgendwie gut geht. Doch oftmals geht es nicht gut. Etwa die Hälfte aller Unternehmen machen in den ersten Geschäftsjahren wieder dicht. Und das nur, weil sie sich den Problemen nicht gestellt haben, kein Worst-Case-Szenario hatten oder – aufgrund fehlender Kennzahlen – die Krise nicht frühzeitig erkannt haben.

Worst-Case-Szenario

Doch alles, was Sie planen können, können Sie auch meistern. Und deshalb führt kein Weg daran vorbei, Sie müssen für Ihre Firma ein „Worst-Case-Szenario" entwerfen. Es ist klar, dass Sie alles dafür tun, diese Situation erst gar nicht eintreten zu lassen. Seien Sie trotzdem darauf vorbereitet.

Sie haben in Falle 2 bereits eine pessimistische Variante der Planung durchgespielt. Doch was passiert, wenn auch die pessimistische Prognose noch zu optimistisch war? Wenn Sie kaum Umsatz machen oder die Kosten explodieren? Spielen Sie in Ihrer Liquiditätsplanung die Möglichkeiten und deren Auswirkungen auf dem Papier durch. So finden Sie heraus, ab wann Sie vom Worst Case ausgehen müssen, und können bereits vorab festlegen, wie Sie in diesem Fall reagieren, und Notfallmaßnahmen formulieren.

Zeichnet sich der Worst-Case ab, stehen zwei Fragen im Vordergrund:

- Wie kann ich kurzfristig meine Ausgaben reduzieren?
- Woher bekomme ich kurzfristig Geld?

Dazu einige Anregungen, die Sie auch auf Ihrer CD-ROM finden, direkt zum Übernehmen in Ihre Textverarbeitung:

Checkliste: Handlungsmöglichkeiten im Worst Case

Was	Bemerkungen
Verkaufen Sie Anlagevermögen, das Sie zur Leistungserstellung nicht benötigen (z. B. der überwiegend privat genutzte Firmenwagen, eine nicht selbst genutzte Immobilie etc.)	
Für Anlagegegenstände, die Sie zur Leistungserstellung benötigen (und deren Eigentümer Sie sind) kommt das Sales-and-Lease-back-Verfahren in Frage. Sie verkaufen z. B. die EDV-Anlage an den Hersteller oder eine Leasinggesellschaft und leasen sie zurück. Damit verlieren Sie unterm Strich natürlich Geld, aber der Verkaufserlös schafft Luft.	
Ziehen Sie in kleinere Räume um, um die Mietkosten zu reduzieren. Wie ist die Kündigungsfrist in Ihrem Mietvertrag bzw. ist Ihr Vermieter bereit, Sie vorzeitig aus dem Mietvertrag zu entlassen – unter welchen Bedingungen? Oder können Sie eine günstigere Miete aushandeln?	
Verkaufen Sie Ihre Forderungen an ein Factoring-Unternehmen.	
Können Gesellschafter, Familie oder Freunde ein Darlehen gewähren?	
Entlassen Sie Mitarbeiter. Zuerst die, die noch in der Probezeit sind, dann die mit befristeten Arbeitsverträgen und schließlich die mit normalen Arbeitsverträgen.	

Insolvenz als Chance

Wenn Sie sich in einer ernsthaften Krisensituation befinden, deren Ausweg Sie noch nicht erkennen können, müssen Sie rechtzeitig der Möglichkeit der Insolvenz ins Auge sehen. Die Insolvenzordnung von 1999 (siehe CD-ROM) bietet unter dem Motto „Sanieren statt Liquidieren" einige interessante, eventuell „lebensrettende" Ansätze, die es zuvor nicht gab. Informieren Sie sich bei Ihrer IHK bzw. Handwerkskammer. Dort kann man Ihnen auch spezialisierte Berater nennen, die Sie in dieser schwierigen Phase unterstützen. ◂

Falle 14: Scheidung führt zu Firmenkrise

Ehevertrag bringt Sicherheit

Haben Sie mit Ihrem Ehepartner geregelt, wie bei einer Scheidung das Vermögen aufzuteilen ist? Nur jeder dritte Chef hat einen Ehevertrag. Alle anderen bringen ihre Firma in unnötige Gefahr. Denn ohne Ehevertrag gilt der Zugewinnausgleich. Das heißt, wer während der Ehe den höheren Vermögenszuwachs erzielt, hat dem Partner die Hälfte der Differenz zu dem Vermögen, das bei Beginn der Ehe bestand, zu zahlen.

Wenn Ihre Firma während Ihrer Ehe gegründet wurde, steht Ihrem Ehepartner also die Hälfte des Firmenwerts zu. Das bedeutet Streit, wenn es darum geht, den Wert der Firma zu beziffern. Und dann gibt es natürlich Liquiditätsprobleme, wenn Sie Ihren Ex-Partner auszahlen müssen.

Mit einem Ehevertrag kann Ihnen das nicht passieren. Sie können dort den Zugewinnausgleich ganz ausschließen (Gütertrennung) oder aber einzelne Vermögenswerte, etwa die Firma, außen vor lassen.

Fallen in der strategischen Planung

Welches Ziel wollen Sie mit Ihrem Unternehmen erreichen? Haben Sie darüber schon einmal nachgedacht? Mit Sicherheit, als Sie Ihre Firma gegründet haben. Und vielleicht lautete damals Ihre Antwort: möglichst schnell Kunden finden und Umsatz machen. Das ist jedoch kein Ziel, sondern die Grundvoraussetzung, aus den Startlöchern zu kommen. Ein unternehmerisches Ziel bedeutet, eine klare Vorstellung davon zu haben, wo Sie in ein paar Jahren stehen wollen und was genau Ihre Firma machen soll. Wenn Sie das nicht wissen, werden Sie den Weg nicht finden und Ihr Ziel niemals erreichen.

Wer sein Ziel nicht kennt, findet den Weg nicht

Erfahren Sie im folgenden Kapitel, in welche Fallen rund um das Thema Strategie die meisten Unternehmer tappen. Nehmen Sie von hier jedoch schon einmal die Quintessenz – und das Geheimrezept erfolgreicher Unternehmer – mit. Denn das ist so einfach, dass wir gar nicht lange darüber reden müssen:

- Ich weiß, wohin ich will.
- Ich weiß, wo ich heute stehe.
- Ich weiß, was zu tun ist, um mein Ziel zu erreichen.
- Ich tue es.

„Geheimrezept" erfolgreicher Unternehmer

Stellen Sie sich einen Viermaster vor, der zu einer großen Reise aufbricht. Bevor der Kapitän die Crew anheuern, Proviant und Treibstoff an Bord nehmen und den Kurs berechnen kann, muss er wissen, wo die Reise hingehen soll. Ist er einmal unterwegs, dann muss er den Kurs ständig überprüfen. Er muss reagieren, wenn die Crew krank wird, und einen Plan in der Tasche haben, falls ein Motor ausfällt. Sind Sie dafür bereit?

Falle 1: Navigationshilfen nicht erneuern

Meistens kommt es anders als geplant

Vor der Gründung ihrer Softwarefirma S+K Software GmbH haben Jürgen Schneider, Softwareentwickler, und Kurt Klinger, Kaufmann und Autoverkäufer, einen Businessplan erstellt, der nicht nur die Kapitalgeber überzeugte, sondern auch sie selbst darin bestärkte, über ein tolles Geschäftsmodell zu verfügen. Ihrer Zielgruppe Autohäuser bieten sie eine Marketingdatenbank zur zielgenauen Kundenbetreuung und eine Lagerverwaltungssoftware für eine effiziente Bewirtschaftung des Ersatzteillagers an.

Doch schon nach wenigen Monaten stellt sich heraus, dass viele Annahmen nicht eintreffen. Potenzielle Kunden, die ihnen im Vorfeld Mut gemacht und Aufträge in Aussicht gestellt haben, sind auf einmal zögerlich. Die Mitbewerber haben sie unterschätzt, denn die haben auf den neuen Konkurrenten gleich mit eigenen Marketingaktionen und Preisangeboten reagiert. Und wo bleibt der wirtschaftliche Aufschwung, der von den Experten seit zwei Jahren angekündigt wird? Schneider und Klinger sind irritiert, ihr anfänglicher Tatendrang und Optimismus werden überschattet von ersten Selbstzweifeln und einer gewissen Ratlosigkeit, wie es weitergehen soll. ◂

Wir gehen davon aus, dass kein Gründer sich völlig ohne Plan und Strategie ins wilde Wasser geworfen hat. Doch selbst wenn sie einen hervorragenden Businessplan gemacht hatten, stehen die meisten Jungunternehmer wenige Wochen oder Monate nach dem Startschuss im Prinzip ohne Navigationshilfe da. Denn die im Praxisbeispiel beschriebene Situation, dass Erwartungen nicht eintreffen, ist nicht die Ausnahme, sondern die Regel. Und wenn sich alles ändert, dann wird selbst der schönste Businessplan Makulatur.

- Im Eingangskapitel haben wir bereits erwähnt, dass die rosarote Brille des euphorisierten Firmengründers sowie die fehlende Erfahrung geradezu ein zu positives Bild fördern.
- Hinzu kommt der Faktor Zeit. Man kann es als gesicherten Erfahrungswert betrachten, das es vom Markteintritt bis zur Etablierung am Markt länger dauert als geplant – und dass es mehr kostet. Davon können auch große Konzerne, die mit neuen Produkten oder Dienstleistungen an den Markt gehen, ein Lied singen.

- Und drittens: In dem Moment, in dem Sie Ihr Schiff zu Wasser lassen, schlagen Sie Wellen und beeinflussen damit alles, was sich sonst noch so in Ihren Gewässern tummelt. Und umgekehrt. Sobald Sie Fahrt aufnehmen, sind Sie vielen Einflüssen von außen ausgesetzt, die Sie gar nicht in der Hand haben.

Wer sich jetzt auf Maßnahmen versteift, die er sich im Rahmen der Gründung ausgedacht hat, oder krampfhaft an seinem Businessplan festhält, der fährt geradezu aufs Riff – und damit auf seinen Untergang – zu.
Dennoch tun viele Jungunternehmer genau das. Analysen insolventer Unternehmen bringen oftmals gravierende Unzulänglichkeiten bei der strategischen Planung ans Tageslicht. Wobei die Chefs in der Regel nicht einsehen, dass Management und planerische Mängel die Ursache der Pleite waren. Und auch viele eingesessene Familienbetriebe wursteln seit Jahren vor sich hin, weil „wir das schon immer so gemacht haben". Sie haben bei der Gründung quasi den Autopiloten eingeschaltet und verfolgen eisern diese Richtung – auch wenn als Folge Stillstand und womöglich die Pleite droht.

Die Kunden werden schon treu bleiben ...

Elvira Schukraft hat ein Schuhgeschäft. Sie bietet Damen-, Herren- und Kinderschuhe sowie spezielle Seniorenschuhe mit besonderem Tragekomfort an. Die nächsten Schuhgeschäfte befanden sich bislang ca. 15 Autominuten entfernt. Doch Anfang des Jahres hat nur 30 Meter von Elvira Schukraft das Geschäft „trendshoes" aufgemacht. Die Inhaberin Jenny Davies bietet trendige Schuhe zu günstigen Preisen. Erst hat Elvira Schukraft gekocht vor Wut über die Unverschämtheit, ihr eine Konkurrenz direkt vor die Nase zu setzen. Dann aber vertraute sie auf die Treue ihrer Kunden. Zu Unrecht. Gerade die jüngeren Leute, die Wert auf modisches und günstiges Accessoire legen, liefen mit Freuden zu „trendshoes". Nur die älteren Herrschaften, die Tragekomfort über Schick stellen, blieben erhalten. Der Umsatz sinkt, doch unbeirrt bleibt Elvira bei ihrem breiten Angebot. ◂

Lassen Sie sich nicht dadurch verunsichern, dass sich die Realität wenig um Ihre Erwartungen schert. Gehen Sie im laufenden Geschäft immer wieder auf neue Herausforderungen ein. Machen Sie es sich nicht so leicht wie viele andere Gründer, die beleidigt das Handtuch werfen, nur weil Menschen, die sie zur Selbstständigkeit ermutigt haben, jetzt doch keine Aufträge geben oder keine Lust haben, für die Entrepreneurs die Werbetrommel zu rühren. Und verfallen Sie auch nicht in panischen Aktionismus, indem Sie alles über den Haufen werden, was Sie bislang eingefädelt haben.

Passen Sie sich Verändungen an

Ihr ganzes Unternehmerleben lang werden Sie auf Veränderungen reagieren und von Zeit zu Zeit Ihre Strategie anpassen müssen. Nur wer hier bewusst entscheidet, dessen Schiff erreicht neue Ufer.

Haben Sie vorgesorgt?

Es hat schon seinen Sinn, dass wir am Anfang des Buches über Geld geredet haben. Haben Sie Planabweichungen und längere Durststrecken bei Ihrer Liquiditätsplanung angemessen berücksichtigt? Denn nur dann haben Sie den finanziellen und damit auch zeitlichen Spielraum, Ihr Geschäftsmodell und Marketingkonzept den veränderten Bedingungen anzupassen.

Falle 2: Keine strategische Vision haben

Leitbild, Visionen

Bevor Sie Strategien überarbeiten oder neu entwerfen, schauen Sie über den Schiffsbug Ihrer Firma hinaus. Und finden Sie einen Stern am Himmel, der Sie leitet. Geschäftsmodell, Marketingkonzept und Finanzierung, wie sie z. B. in Ihrem Businessplan standen, sind wichtige Planungsinstrumente, aber sie reichen nicht aus zum Erfolg. Sie sind die Startrampe, auf deren Gerüst Sie Ihr Schiff zu Wasser gelassen haben. Große Firmen machen das genauso, wenn sie ein neues Geschäftsfeld eröffnen. Doch bei gut geführten Unternehmen ist da noch etwas, das über dem Businessplan steht: das Unternehmensleitbild, Mission Statement, die Vision.

Strategischer Überbau

Dabei handelt es sich um klar formulierte Aussagen zur Unternehmenspolitik, zum Selbstverständnis und zu den übergeordneten Zielen der Firma. Ein guter Unternehmer hat nicht nur seine Geschäftsidee verinnerlicht. Er weiß auch, wohin sie die Firma bringen wird: Den kreativen Pizza-Bäcker an die Spitze in seiner Stadt. Oder den Maschinenbauer an die Weltspitze der Technologie. Aus dieser Vision leiten sich dann alle Einzelstrategien und neue Geschäftsmodelle und daraus wiederum konkrete Schritte ab, die Sie gehen müssen.

Auch für Kleinunternehmen oder Einpersonenfirmen macht das „Visionieren“ Sinn (s. Falle 6). Sie wissen jetzt schon, wie Sie sich als selbstständiger Unternehmer fühlen, was die Kunden und Mitarbeiter von Ihnen erwarten und in welchem Umfeld Sie sich bewegen. Nutzen Sie diese Erkenntnisse und entwerfen Sie Ihr Leitbild. Ganz nach dem Motto: Wenn du Männer dazu bringen willst, ein Schiff zu bauen, dann lehre sie nicht sägen und hämmern, sondern lehre sie die Sehnsucht nach dem weiten Meer.

Falle 3: Sich vor Veränderungen verschließen

Sind Sie ein Veränderer oder Bewahrer?

Doch nicht nur Ihr Unternehmen muss sich ständig neuen Gegebenheiten anpassen. Auch Sie müssen sich verändern, wenn Sie langfristig ein erfolgreiches Unternehmen haben wollen. Wir wissen, das ist sehr schwer. Immerhin sind nur 17 Prozent der Menschen „Veränderer“ und 83 Prozent sind „Bewahrer“.

Aber warum sollen Sie sich ändern? Ganz einfach: Wenn Sie der bleiben, der Sie heute sind, dann werden Sie ein Leben lang in Ihrer Firma schuften. Ihre Firma wird Ihr Leben sein und sie wird ohne Sie nicht leben können.

Was waren Sie, bevor Sie sich selbstständig gemacht haben? Welchen Beruf und welche Position haben Sie gehabt?

In der Regel waren Gründer „Facharbeiter“. Sie waren Softwareentwickler, Friseur, Bäcker, Redakteurin oder Hotelfachfrau. Und dann hatten sie eines Tages einen unternehmerischen Anfall und haben eine Firma gegründet. Welche Arbeit machen sie jetzt dort? Sie programmieren Software, schneiden Haare, backen Brot, schreiben Texte oder bedienen ihre Gäste. Sie machen Facharbeit. Eigentlich haben sie kein Unternehmen, sondern einen Job. Und sie haben eine Menge zusätzliche Arbeit am Hals, von der sie früher gar nichts wussten.

Wenn Sie jetzt Facharbeiter bleiben, dann fehlt Ihrem Unternehmen etwas Entscheidendes: Es fehlt der Unternehmer, der sich Strategien ausdenkt. Und es fehlt der Manager, der strategische Dinge umsetzt. Und zwar nicht nur einmal, sondern wieder und wieder und wieder.

Bleiben wir bei dem Bild von unserem Schiff. Als Facharbeiter sind Sie der Heizer oder ein Matrose, der immerzu die Tätigkeit ausführt, damit das

Schiff in Fahrt kommt und bleibt. Aber was macht er ohne Kapitän und ohne Ersten Offizier? Der Kapitän hat die Hoheit zu sagen, wo es langgeht. Alles untersteht seinem Kommando. Und weil er sich nicht um alles kümmern kann, hat er seinen Manager, seinen Organisator, den Ersten Offizier.

Von der Fachkraft zum Unternehmer

Wenn Sie ein Solo-Arbeiter sind, dann sind Sie alle drei in einer Person. Achten Sie darauf, dass jeder von den dreien seinen Job macht und sich austoben darf. Sorgen Sie aber auch dafür, dass keiner Übermacht bekommt. Sonst heizt der Heizer wie wild, aber Sie fahren im Kreis. Sonst organisiert der Erste Offizier, aber ohne Maß und Ziel. Und wenn nur der Kapitän am Zuge ist, fallen zwar „Befehle", aber keiner führt sie aus. Wenn Sie Personal einstellen, können Sie die entsprechenden Funktionen an einzelne Mitarbeiter delegieren und sich zunehmend auf die Rolle als Kapitän beschränken. Und mehr und mehr an Ihrer Firma arbeiten als in ihr.

Falle 4: Turbulenzpotenziale nicht beachten

Einflussfaktoren, über die Sie keine Macht haben

Sie haben bereits erfahren, dass Ihr Geschäft vielen Einflüssen ausgesetzt ist. Einige davon kennt man unter dem Begriff „Turbulenzpotenziale". Diese beschreiben Faktoren, die beeinflussen, wie sich Ihr Unternehmen entwickelt, über die Sie aber keine Macht haben. Man könnte es auch einfach Rahmenbedingungen nennen, aber das Wort „Turbulenzpotenziale" drückt einfach deutlicher aus, dass sie wie heftige Wetterturbulenzen Ihr Schiff gewaltig in Gefahr bringen können.

Turbulenzpotenziale

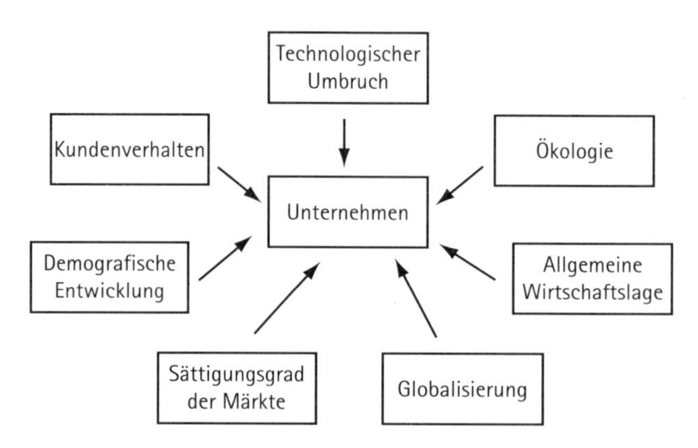

Sie müssen also Ihr gesamtes Umfeld im Blick haben und entsprechende Schlüsse für die Strategie Ihres Unternehmens ziehen. Wenn Sie diese Einflüsse nicht beachten, dann werden Ihre Strategien realitätsfremd sein.
Welche Faktoren Sie dabei mehr und welche Sie weniger heftig treffen, hängt natürlich von Ihrer Branche ab. Und davon, ob Sie regional, national oder international agieren. Eines aber ist sicher: Es gibt kein Unternehmen – ob es der Blumenladen an der Ecke, ein Handwerksbetrieb oder eine Hightech-Firma ist –, das sich diesen Einflüssen entziehen kann. Und das bedeutet, dass Sie erst dann eine tragfähige Strategie für Ihr Unternehmen entwickeln können, wenn Sie sich intensiv mit den Turbulenzpotenzialen auseinander gesetzt haben und sich einige wichtige Fragen stellen:

Checkliste: Fragen zur Strategieentwicklung

Was	Bemerkung
Was bedeutet es für mein Geschäft, wenn durch die höhere Lebenserwartung und die niedrige Geburtenrate der Altersdurchschnitt der Bevölkerung steigt und gleichzeitig die Bevölkerungszahl zurückgeht bzw. der Ausländeranteil wächst? Wie entwickelt sich mein regionaler Markt?	
Was bedeutet es für mein Geschäftsmodell, dass die Konsumenten genauso wie die Wirtschaft und die öffentliche Hand ein „Leben auf Pump" führen?	
Inwiefern spielt das Internet bei meinem Geschäftsmodell eine Rolle? Wie wird es sich weiterentwickeln? Wie kann es mir nutzen? Wo erwächst mir virtuelle Konkurrenz?	
Befinde ich mich in einem Nischen-, einem Wachstums- oder einem gesättigten Markt?	
Wie verringere ich die Abhängigkeit meiner Geschäftsentwicklung von der allgemeinen konjunkturellen Lage?	
Was weiß ich über das Kaufverhalten meiner potenziellen Kunden? Wo finde ich entsprechende Untersuchungen?	
Wie profitiere ich davon, dass es einfacher geworden ist, grenzüberschreitende Geschäfte zu machen? Kann ich z. B. durch Kooperationen mit ausländischen Partnern meinen Markt vergrößern?	

Ganzheitlich denken

Wenn Ihnen weitere Fragen einfallen, zeigt das, dass Ihnen ganzheitliches Denken und der Blick für Gesamtzusammenhänge nicht fremd sind. Doch bevor Ihr Kapitän loslegt und neue Routen ausrechnet, brauchen Sie noch die richtigen Antworten auf Ihre Fragen.

Falle 5: Informationslücken hinnehmen

Informationsdefizite lösen heutzutage überdurchschnittlich häufig eine Pleite aus. Neben mangelnder Qualifizierung waren in mehr als 60 Prozent der Fälle Informationslücken dafür verantwortlich, dass junge Unternehmen in den Konkurs schlitterten, fand das Bundesministerium für Wirtschaft und Arbeit heraus.

Informationen als Grundlage jeder strategischen Planung

Dabei gibt es in unserer Informationsgesellschaft mehr als genug Quellen. Ihre Aufgabe muss es also sein, die für Sie wichtigen Daten herauszufischen und in Ihre geschäftlichen Entscheidungen einfließen zu lassen. Und diesen Schritt müssen Sie gehen, bevor Sie weiter an Ihren Strategien feilen. Denn Informationen sind die Grundlage jeder strategischen Planung. Bei den zuvor beschriebenen Turbulenzpotenzialen ging es vor allem um die gesellschaftlichen Rahmenbedingungen, die Sie klar und deutlich in ihrer Wirkung auf Ihr Unternehmen erkennen müssen. Hier gilt es, die Ohren offen zu halten, weil beispielsweise politische Entscheidungen oder Gesetzesänderungen Ihr Geschäft erschweren können.

Halten Sie sich darüber hinaus auf dem Laufenden, was Ihre Zielgruppe bewegt, was die Mitbewerber machen und was sonst in Ihrem Markt passiert. Je besser Sie informiert sind, desto bessere Entscheidungen treffen Sie und desto weniger werden Sie von Fehlentwicklungen überrollt.

Marktforschung

Für gezielte Fragestellungen können sie ein Marktforschungsinstitut mit einer Umfrage, einem Produkttest o. Ä. beauftragen. Die beste Primärforschung machen Sie jedoch selbst. Gehen Sie in den Laden der Mitbewerber oder lesen Sie deren Websites. Besuchen Sie Messen. Außerdem bringt jedes bewusst geführte Gespräch mit Kunden, Lieferanten oder Banken wichtige und aktuelle Informationen.

Marktforschung statt Smalltalk

Gehören Sie zu den Menschen, die Smalltalk nicht mögen und sich deshalb gerne um jedes gesellschaftliche Event drücken? Ändern Sie Ihre Einstellung! Mischen Sie sich unter die Leute, so oft es Ihre Zeit zulässt, und gehen Sie auf Menschen zu, die Sie interessieren. Fragen Sie diese nach deren Erfolgen und wie sie mit Schwierigkeiten umgehen. In der Regel fühlen sich die Gesprächspartner geschmeichelt und erzählen bereitwillig. Und Sie haben nie wieder das Gefühl, mit nutzlosem Smalltalk Zeit zu vergeuden.

Informationsquellen im Internet nutzen

Viele Fragen können Sie sehr gut mit bereits vorhandenen Studien und Veröffentlichungen beantworten, indem Sie die für Sie relevanten Informationen herausfiltern (Sekundärforschung). Das Internet ist dabei die wichtigste und schnellste Quelle der Informationsbeschaffung. Hier finden Sie

- Veröffentlichungen der Kammern oder Fachverbände,
- Branchenzahlen (Statistisches Bundesamt, Wirtschaftsforschungsinstitute, Einzelhandelsforschung usw.),
- Banken-Veröffentlichungen,
- Pressemitteilungen von Marktforschungsinstituten (z. B. www.gfk.de oder www.acnielsen.de) und vieles mehr.

Beachten Sie die Tipps der Suchmaschinen, damit Sie sich nicht im Gewirr der Treffer verirren, oder drucken Sie die Anleitung „Suchen im Internet" unter www.arsnavigandi.de (Rubrik „Service", Punkt „Anleitungen") aus.

Gezielt nach Medienberichten über Unternehmen oder Branchen können Sie gegen Gebühr im Archiv von Genios suchen (www.genios.de). Hier sind die Ausgaben vieler deutschsprachiger Zeitungen, Zeitschriften sowie zahlreiche Fachpublikationen nach Stichworten abrufbar. Informationen über Mitbewerber bietet auch www.firmenwissen.de, ein Portal der Verlagsgruppe Handelsblatt und Creditreform. Wie Entscheider denken, erfahren Sie für den beruflichen und privaten Bereich nach Produkten oder Branchen geordnet in zahlreichen Studien. Eine Übersicht über vorhandenes Material bietet www.mediaundmarketing.de. Auch große Verlagshäuser veröffentlichen regelmäßig (manchmal kostenlose) Markt-Media-Studien zu verschiedenen Branchen, z. B. FOCUS (Bezug unter www.medialine.de) oder Gruner und Jahr (G+ J-Branchenbilder, www.gujmedia.de).

Jenseits der Grenzen

Grenzüberschreitende Geschäfte sind einfacher geworden und für viele Firmen eine gute Möglichkeit, neue Einkaufs- oder Absatzmärkte zu erschließen. Wer sich jedoch nicht gewissenhaft informiert, dem drohen eine Menge Fallstricke, die den erhofften Vorteil schnell wieder zunichte machen können. In puncto Rechtslage werden Firmen z. B. auch für Korruptionsfälle in ihren ausländischen Filialen verantwortlich gemacht. Beim Verkauf in einigen Ländern müssen sie Firmenfarben, Logos, Verpackung, Anzeigenmotive, Werbeaussagen, Produktbezeichnungen, ja manchmal sogar den Firmennamen an kulturelle Unterschiede anpassen. Und das ist noch nicht alles. Denken Sie auch daran, dass Sie beim Einkauf im Ausland die Mehrwertsteuer nur sehr umständlich wieder holen können oder dass in Streitigkeiten mit einem Auftraggeber meist dessen nationales Recht gilt. Informieren Sie sich vorab, das spart Ihnen später Zeit, Geld und Ärger.

Falle 6: „Strategie? Brauch ich nicht!"

Als Sie Ihr Geschäft offiziell eröffnet haben, war es Ihr vorrangiges Ziel, Ihre Firma bekannt zu machen, Kunden zu gewinnen und Umsätze zu generieren. Und wie geht es Ihnen damit?
Vielleicht sind Sie immer noch voller Elan, alles läuft bestens und Sie lesen dieses Buch, um Ihren Erfolg langfristig zu sichern. Vielleicht haben Sie aber schon kleine und größere Rückschläge erlebt oder sehen sich bereits in einer Krise, von der Sie sich durch dieses Buch einen Ausweg erhoffen.

In der Krise trennt sich Spreu vom Weizen

Dass Unternehmer im Laufe der Zeit mit Schwierigkeiten zu kämpfen haben, das ist so sicher wie das Amen in der Kirche. Und spätestens an diesem Punkt scheiden sich die erfolgreichen Unternehmer von den erfolglosen, die auf das „Gefasel von einer Strategie" pfeifen und weitermachen, wie sie es für richtig halten.

Die unüberlegte Werbung des Florian Flechtner

Florian Flechtner ist Fliesenlegermeister, der mit seinen 14 Mitarbeitern für Wohnungsbaugesellschaften in neuen Wohnanlagen die Böden verlegte. Die Wirtschaftsflaute hat den 41-Jährigen hart getroffen und immer mehr Kunden brechen ihm weg. Erstmals in seinem Berufsleben muss Flechtner aktiv Werbung betreiben, um Kunden zu finden. Deshalb verschickt er seit Wochen wahllos Serienbriefe an verschiedene Unternehmen, die möglicherweise einen Fliesenleger brauchen könnten. Er hat bereits rund 2.000 Euro an Porto ausgegeben, ganz zu schweigen von den vielen Stunden Arbeit, die er investiert hat, um die Adressen aus den Branchenbüchern zu erfassen und die Serienbriefe zu erstellen. Ergebnis: null. ◂

Die langfristigen Ziele immer im Blick

Ein echter Unternehmer hingegen sucht strategisch nach Lösungen. Lassen Sie sich von Rückschlägen nicht unterkriegen, sondern denken Sie proaktiv. Fragen Sie sich: Was kann ich daraus lernen und wie kann ich es künftig besser machen? Wenn Sie zudem in diesen als Krise empfundenen Situationen Ihre langfristigen Ziele vor Augen haben, dann bleiben Sie auf dem richtigen Weg.

Nehmen Sie sich jetzt die Zeit, ein Leitbild und langfristige strategische Ziele zu entwickeln oder Ihre ursprünglichen Ziele so zu überarbeiten, dass Sie auch in schwierigen Zeiten die richtigen Entscheidungen treffen. Das geht ganz leicht in zwei großen Schritten:

1. **Formulieren Sie Ihre Vision.**
   a) Klären Sie Ihre persönlichen Ziele und Stärken.
   b) Klären Sie die Rahmenbedingungen.
   c) Nehmen Sie sich Zeit und träumen Sie.
2. **Leiten Sie strategische Ziele ab.**
   a) Formulieren Sie Ziele für vier Kategorien.
   b) Verfeinern Sie die Ziele.
   c) Legen Sie Maßnahmen fest.

Die folgenden detaillierten Aufgabenstellungen finden Sie auch auf Ihrer CD-ROM.

Erster Schritt: Formulieren Sie Ihre Vision

„Wer Visionen hat, soll zum Arzt gehen“, sagte Altbundeskanzler Helmut Schmidt, genervt davon, wie inflationär und inhaltsleer dieses Wort damals in Wirtschaft und Politik verwendet wurde. Übersetzen Sie es mit „Wunschbild der Zukunft“, und es verliert seine Schwammigkeit.

Da Sie als Kleinunternehmer oder Mittelständler Ihre Firma maßgeblich mit Ihrer Persönlichkeit prägen, hängt Ihre Unternehmensvision natürlich stark mit Ihnen selbst zusammen. Bevor Sie also beginnen, gedanklich das Wunschbild Ihrer unternehmerischen Zukunft zu zeichnen, beschäftigen Sie sich zunächst mit sich selbst.

Visionen entwickeln

- Verschaffen Sie sich Klarheit über Ihre persönlichen Ziele sowie über Ihre Stärken und Schwächen. Machen Sie dazu einen Ausflug ins Kapitel „Fallen im Umgang mit mir selbst", dort Fallen 9 und 10.
- Machen Sie sich ein gründliches Bild vom gesellschaftlichen Umfeld, Ihrem Markt, Ihrer Zielgruppe und Ihren Mitbewerbern (siehe Fallen 4 und 5 in diesem Kapitel).

Haben Sie diese Hausaufgaben erledigt? Dann kann es losgehen.

- Schreiben Sie auf, wo Ihr Unternehmen in drei Jahren steht und was Sie genau machen.
- Formulieren Sie Ihre Sätze im Präsens. Das klingt, als hätten Sie den angestrebten Zustand schon erreicht. Beispiel: „Wir sind Marktführer in unserem Kernsegment Spezialetikettendruck." Und nicht: „Wir wollen Marktführer in unserem Kernsegment Spezialetikettendruck werden." Diese Art der Formulierung beeinflusst Ihr Unterbewusstsein und Sie erreichen das Ziel schneller.
- Plattitüden sind erlaubt. „Der Kunde steht stets im Mittelpunkt, die Mitarbeiter sind motiviert, sie denken und handeln selbstständig, wir liefern immer höchste Qualität zu angemessenen Preisen." Diese und andere Formulierungen sind schon fast Standard in Unternehmensleitbildern, PR- und Werbetexten und werden deshalb als abgedroschen empfunden. Sie dürfen sie trotzdem verwenden. Aber Vorsicht: Sie müssen diese hehren Ansprüche nicht nur ernst meinen, sondern im weiteren Verlauf der Strategieentwicklung Maßnahmen definieren, mit denen Sie diese Ziele messbar zu erreichen gedenken.

Formulieren Sie klar, kurz und bündig, sodass Sie mit einer DIN-A4-Seite auskommen.

Zeit nehmen für die Vision

Schieben Sie diese Visionsrunde nicht zwischen zwei andere Aufgaben im normalen Arbeitsalltag. Nehmen Sie sich Zeit dafür und begeben Sie sich in eine Umgebung und Situation, in der Sie sich wohl fühlen: in Ihrem Lieblingssessel mit einem Glas Rotwein und klassischer Musik im Hintergrund, im Café, bei einem Spaziergang oder einer Wanderung mit Notizblock in der Brusttasche. Eine Vision zu formulieren ist eine sehr schöne Aufgabe, wenn man es schafft, sich total aus dem Alltag auszuklinken.
Gehen Sie auf eine Zeitreise und beschreiben Sie, wie Ihr Unternehmen in drei Jahren aussieht und welche Eigenschaften es auszeichnet. Diese Vision wird Ihr Leitstern sein. Sie werden jeden geplatzten Auftrag, jede unerfreuliche Diskussion mit der Bank, jedes durchgearbeitete Wochenende und was noch an Ärger und Rückschlägen Ihren Alltag manchmal belastet, besser wegstecken, wenn Sie dieses Bild der Zukunft vor Augen haben.

Zweiter Schritt: Strategische Ziele ableiten

Die Vision beschreibt den Zustand Ihrer Firma in drei Jahren. Stellt sich jetzt die Frage: Wie komme ich dahin? Diesen Weg finden Sie, indem Sie von Ihrer Vision ausgehend die strategischen Ziele ableiten, und zwar ganz systematisch. Auch die folgenden Aufgabenstellungen finden Sie auf Ihrer CD-ROM.

Strategische Ziele ableiten

Teilen Sie Ihre Ziele in vier Kategorien ein und formulieren Sie jeweils Ziele dazu:

- Kunden- und Marktperspektive: Wie möchten wir vom Kunden gesehen werden? Wie soll unsere Marktposition sein?

  Mögliche Ziele:
  - Kundenzufriedenheit erhöhen
  - Bekanntheit unseres Namens und unserer Leistung steigern
  - Stammkundenanteil erhöhen
  - Preisführerschaft in unserem Markt
  - Konkurrent XY Marktanteile abnehmen

- Finanzielle Perspektive: Welche finanziellen Ziele müssen wir uns setzen, um die eigenen Erwartungen und/oder die Erwartungen der Gesellschafter und Fremdkapitalgeber zu erfüllen?

  Mögliche Ziele:
  - Gewinnschwelle erreichen
  - Schulden abbauen
  - Wachstum aus Eigenmitteln finanzieren
  - überdurchschnittliche Umsatzrendite
- Prozessperspektive: Wie müssen Organisation und Strukturen unseres Unternehmens aussehen, um jetzt und künftig produktiv arbeiten zu können?

  Mögliche Ziele:
  - Zeitaufwand für Administration reduzieren
  - IT-Architektur, Organisation und Abläufe auf schnelles Wachstum vorbereiten
  - Einkauf optimieren
- Potenzialperspektive: Was müssen wir tun, um unsere Kenntnisse und Fähigkeiten permanent weiterzuentwickeln und mit unseren Produkten und Dienstleistungen innovativ zu sein?

  Mögliche Ziele:
  - Motivation und Qualifikation der Mitarbeiter verbessern
  - permanentes Lernen fördern
  - neue Wissensgebiete erarbeiten
  - datenbankgestützten Wissenspool aufbauen
  - innovative Produkte/Dienstleistungen entwickeln ◂

Wenn Sie Ihre Ziele zu diesen Punkten notiert haben, dann sind Sie schon ein großes Stück weiter. Doch Ihre Arbeit ist noch nicht zu Ende. Denn noch sind Ihre Ziele nicht konkret genug und motivieren deshalb nicht zum Handeln. Es ist zwar schön, wenn Sie sagen „permanentes Lernen fördern“. Aber was bedeutet das konkret? Arbeiten Sie weiter an Ihren Zielen – wir verraten Ihnen gleich wie – und legen Sie damit den Grundstein, dass Sie in die folgende Falle gar nicht erst tappen.

Falle 7: Zielplanung unvollendet lassen

Strategien in der Praxis umsetzen

Viele Praktiker halten nicht viel von Visionen, Leitbildern und Strategiepapieren. Warum? Weil sie schon erlebt haben, dass viel Zeit und Gehirnschmalz in die Formulierung dieser Werke fließt, alle Beteiligten sich stolz auf die Schulter klopfen und dann alles in Schubladen verschwindet. Das soll Ihnen nicht passieren. Wir haben Ihnen zugestanden, in Ihrer Vision Plattitüden und Schlagworte zu gebrauchen. Doch spätestens jetzt kommt die Stunde der Wahrheit. Denn die aus der Vision abgeleiteten strategischen Ziele müssen

1. messbar und
2. mit Umsetzungsmaßnahmen verknüpft

sein. Denn nur dann werden die Ziele überschaubar, planbar und nur dann werden Sie sie auch in Angriff nehmen.

Machen Sie Ihre Ziele messbar

Messgröße festlegen

Was bedeutet das? Für jedes Ziel müssen Sie sich eine Messgröße ausdenken und anschließend diese Messgröße mit einer Zahl hinterlegen: einem Geldbetrag, einer Zeitangabe, einer Stückzahl oder einer Prozentquote. Nur messbare Ziele werden greifbar und somit erreichbar. Denn wie wollen Sie denn konkrete Schritte planen, wenn Ihr Ziel lautet: „Treue Stammkunden haben“? Ist das ein Kunde, der immer wieder kommt, sind das 100 oder sind das 10.000 Kunden? Sagen Sie: „Wir wollen bis August 2007 130 Stammkunden haben, von denen jeder dreimal im Jahr bei uns bestellt.“
Diese Messgröße ist auch wichtig, um nachprüfen können, ob Sie Ihr Ziel erreicht haben. In der folgenden Tabelle finden Sie einige Beispiele von Messgrößen für verschiedene Zielkategorien.

Zielkategorien	Beispiele für Messgrößen
Kunde/Markt	■ Anzahl Stammkunden ■ Anzahl Neukunden ■ Erfolgsquoten von Werbemaßnahmen ■ Reklamations- oder Rückgabequote ■ Marktanteil
Finanzen	■ Umsatz ■ Bilanzkennzahlen
Prozesse	■ Durchlaufzeiten ■ Zeitaufwand für Administration ■ Quote Strukturkosten ■ Quote Produktkosten
Potenziale	■ Zeit- und Geldbudget für Weiterbildungsmaßnahmen ■ Anzahl neu entwickelter Produkte ■ Fluktuationsrate Mitarbeiter ■ Durchschnittliche Krankheitstage Mitarbeiter

Zielformulierung überprüfen

Bei den Finanzzielen und den Kunden- und Marktzielen ist es noch relativ einfach, Messgrößen zu finden. Bei den beiden anderen Zielkategorien kann das schon schwieriger werden. Trotzdem gilt, dass Sie zu jedem Ziel eine Messgröße definieren müssen. Gelingt Ihnen das nicht, stimmt etwas nicht mit der Zielformulierung. Feilen Sie so lange daran, bis Sie eine Messgröße zuordnen können. ◀

Legen Sie Maßnahmen fest

Jetzt verlassen wir die strategische Ebene und wenden uns dem operativen Geschäft zu. Was müssen Sie konkret tun, um Ihre strategischen Ziele zu erreichen? Hier können Sie auf Ihren Businessplan zurückgreifen, falls Sie dort schon einzelne Maßnahmen geplant hatten und diese noch zu den neu formulierten Zielen passen. Nutzen Sie ansonsten das Excelformular auf Ihrer CD-ROM, um Maßnahmen zu planen.

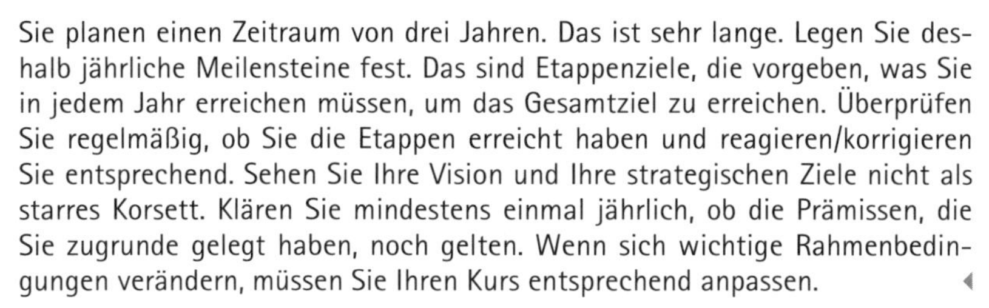

Jährliche Meilensteine und Kurskorrektur

Sie planen einen Zeitraum von drei Jahren. Das ist sehr lange. Legen Sie deshalb jährliche Meilensteine fest. Das sind Etappenziele, die vorgeben, was Sie in jedem Jahr erreichen müssen, um das Gesamtziel zu erreichen. Überprüfen Sie regelmäßig, ob Sie die Etappen erreicht haben und reagieren/korrigieren Sie entsprechend. Sehen Sie Ihre Vision und Ihre strategischen Ziele nicht als starres Korsett. Klären Sie mindestens einmal jährlich, ob die Prämissen, die Sie zugrunde gelegt haben, noch gelten. Wenn sich wichtige Rahmenbedingungen verändern, müssen Sie Ihren Kurs entsprechend anpassen.

Und vergessen Sie zum Schluss nicht das Wichtigste: Handeln Sie! Gehen Sie den ersten Schritt, sonst war Ihre ganze Planung umsonst und landet – wie bei vielen Ihrer Mitbewerber – doch in der Schublade.

Die sechs Schritte der Strategieentwicklung im Überblick:

Schritt 1	Schritt 2	Schritt 3	Schritt 4	Schritt 5	Schritt 6
Wo stehen wir?	Wohin wollen wir und wer wollen wir sein?	Wie kommen wir dorthin?	Woran erkennen wir, dass wir unsere Ziele erreicht haben?	Was müssen wir tun, um unsere strategischen Ziele zu erreichen?	TUN!
Informationen sammeln und auswerten	Vision/Leitlinien formulieren	Strategische Ziele formulieren	Messgrößen und Zielwerte festlegen	Maßnahmen formulieren	Gehen Sie die ersten Schritte!

Falle 8: Falsche Strategie verfolgen

Hinterher ist man immer schlauer und kann im Falle einer Pleite sagen: „Das musste ja schief gehen, die Strategie war falsch." Doch viele Unternehmen haben auch mit Geschäftsideen oder strategischen Zielen Erfolg, bei denen alle klugen Köpfe dringend abgeraten hatten. Kann man deshalb so pauschal sagen, es sei eine Falle, eine „falsche Strategie" zu verfolgen?
Nein, das kann man nicht. Denn selbst eine mittelmäßige Idee in einem schwierigen Umfeld kann mit der Leidenschaft, den Kontakten, dem Arbeitseinsatz und dem berühmten Quäntchen Glück ein voller Erfolg wer-

den. Manchmal zeigt es sich, dass Gründer, die ihrer Intuition vertraut haben, ein glücklicheres Händchen haben als jene, die mit Berichten, Analysen und Expertentipps die hundertprozentige Sicherheit suchen.

Gefährlich: zu schnelles Wachstum

Allerdings haben sich einige Strategien im Laufe der Zeit als eindeutig falsch herausgestellt. Eine davon ist beispielsweise zu schnelles Wachstum. Es ist verständlich, dass Gründer voller Optimismus und Feuereifer so schnell wie möglich wachsen wollen. Doch Experten sagen, dass ein Umsatzwachstum von mehr als 30 Prozent pro Jahr für ein junges Unternehmen kritisch ist. Es kann nicht schnell genug mitwachsen: Es hapert an geeigneten Räumen, an guten Mitarbeitern und an der Infrastruktur. Und häufig bleibt der Überblick auf der Strecke.

Falscher Standort

Vielfach ist auch die Standortstrategie komplett falsch und es ist kaum noch möglich, Fehler bei der Gründung hier wieder gerade zu biegen. Überprüfen Sie, ob Ihr Standort Sie im Wachstum unterstützt oder hemmt, und ziehen Sie Konsequenzen.

Produkt

Und auch in Bezug auf Ihr „Produkt“ gibt es wirtschaftliche Logiken, die auch Sie nicht aus der Welt schaffen können (mehr dazu im folgenden Kapitel).

Kurz und bündig kann man jedoch sagen: Die falscheste Strategie ist es, keine Strategie zu haben oder an einer alten Strategie verbissen festzuhalten. Und es ist ebenso falsch, zwar eine Strategie zu haben, aber diese nicht umzusetzen. Dies gilt sowohl für Ihre Unternehmensvision als auch für Strategien in einzelnen Bereichen (Marketing, Personal) und für Maßnahmen im täglichen Geschäft, zu denen Sie in den folgenden Kapiteln noch jede Menge hören werden.

Bestimmen Sie Ihren Kurs und fahren Sie los. Reagieren Sie auf Wetterumschwung oder Probleme an Bord, und Ihr Schiff wird lange im Einsatz sein.

Fallen rund um mein Angebot

Was macht unternehmerischen Erfolg aus? Die Definition ist einfach: mit dem richtigen Produkt in der richtigen Qualität zum richtigen Preis zur richtigen Zeit am richtigen Ort zu sein. Eine simple Erfolgsformel, doch höchst anspruchsvoll in der Umsetzung. Vielfältige Faktoren sind zu berücksichtigen und das bedeutet auch, dass viele Fallstricke auf Sie warten, die Sie ins Straucheln bringen können.

Einfache Formel, schwierige Umsetzung

Falle 1: Verliebt in das eigene Produkt

Ei des Kolumbus

Kunstliebhaberin Svenska Neri war überzeugt davon, sie habe das Ei des Kolumbus gefunden. Mit ihrer Firma ART FOR RENT wollte sie Farbe in die tristen Konferenzzimmer und Foyers von Unternehmen bringen und gegen eine Monatsgebühr von 300 Euro dreimal im Jahr neue Bilder von Regional- und Nachwuchskünstlern aufhängen.

Die Künstler waren begeistert und stellten, gegen eine Umsatzbeteiligung, gerne Werke zur Verfügung. Monatelang fuhr Neri herum, telefonierte und verschickte Hunderte von Werbebriefen, immer in der Hoffnung, „irgendwann kapieren die, wie toll die Idee ist“. Doch die Resonanz der Kunden war ernüchternd. Zwar stieß Neri bei einigen kunstsinnigen Firmenchefs auf Sympathie für ihre Idee, doch wollte in diesen schwierigen Zeiten niemand Geld dafür ausgeben.

Das Hobby zum Beruf machen, wer wünscht sich das nicht? Geld damit verdienen, woran das Herzblut hängt – das motiviert viele, den risiko- und dornenreichen Weg in die Selbstständigkeit zu gehen. Und auch technische Tüftler basteln oft jahrelang an ihrem Steckenpferd, an einer „Wahnsinnsidee“, die sie dann euphorisch unters Volk bringen wollen. Ohne auch nur einen Gedanken daran zu verschwenden, sich mehr Informationen über Markt und potenzielle Kunden zu besorgen. Berater erleben immer wieder, dass Gründer von Herzen überzeugt sind, ihr Produkt brauche jeder und es gebe auch keine Konkurrenz.

Selektive Wahrnehmung und mangelnde Kritikfähigkeit

Begeisterung und totale Identifikation mit der eigenen Idee, verbunden mit fachlicher Qualifikation, ist eine wunderbare Basis für etwas Eigenständiges. Doch dies birgt auch gleichzeitig die größte Gefahr.

Selbst wenn Sie in einem Businessplan Kapitalgeber überzeugen konnten – der Markt ist gnadenlos. Was die Menschen nicht brauchen, das kaufen sie auch nicht. Leider wollen dies viele Erfinder nicht akzeptieren. Sie sind über beide Ohren verliebt in ihr Produkt. Und wenn es nicht läuft, machen sie die Augen zu und arbeiten noch mehr. Nach Monaten oder Jahren geben sie schließlich auf, hoch verschuldet, desillusioniert und verzweifelt. Dabei hätten sie nur ein wenig selbstkritischer sein und Informationen, die gegen Ihr Produkt sprachen, wirklich ernst nehmen müssen. Viele erliegen jedoch der Versuchung, Warnhinweise zu ignorieren und unliebsame Fakten subjektiv zu bewerten, ganz nach dem Motto: „Was nicht passt, wird passend gemacht!". Das ist eine sehr menschliche Verhaltensweise, schließlich sind sie von ihrem Produkt nicht nur restlos überzeugt, sondern haben auch schon viel Zeit, Geld und Energie investiert.

Advocatus Diaboli

Wenn Sie nicht in wenigen Monaten wieder desillusioniert zusperren wollen, dann nutzen Sie die Gelegenheit spätestens jetzt, Ihre zündende Idee nochmals aufs den Prüfstand zu stellen. Spielen Sie dazu Advocatus Diaboli. Als „Anwalt des Teufels" bezeichnet man jemanden, der um der Sache willen mit seinen Argumenten die Gegenseite vertritt, ohne zur Gegenseite zu gehören. Suchen Sie sich Personen aus Ihrem Familien- oder Bekanntenkreis, die Ihr Produkt fachlich beurteilen können und/oder Ihrer Ansicht nach potenzielle Kunden sind.

Präsentieren Sie jedem alleine Ihr Produkt und Ihre Marktanalyse und er darf Ihnen – Höflichkeit und Diplomatie außer Acht lassend – die gemeinsten und hinterhältigsten Fragen stellen, die ihm dazu einfallen. Wenn er das gut macht, wird Ihnen dieses Kreuzverhör schonungslos die Augen öffnen für alle Schwächen und Unzulänglichkeiten Ihres Konzeptes. So erkennen Sie, was potenzielle Kunden vom Kauf abhalten kann, und Sie können Ihr Angebot oder Ihre Kommunikationsstrategie entsprechend ändern.

Falle 2: Keine Vorstellung, was der Kunde will

Bedürfnisse des Kunden im Mittelpunkt

Nach einer Studie des Marktforschungsinstitutes Market Lab denken 79,4 Prozent der deutschen Start-ups nicht an den Kunden. Bei uns grassiert das deutsche Phänomen des „Happy Engineering." Das heißt, viele Unternehmen haben jahrelang an ihrem Angebot herumgebastelt, sich aber keinerlei Gedanken dazu gemacht, ob das überhaupt jemand braucht oder welchen Nutzen die Erfindung bringt. Diese sträfliche Vernachlässigung des Kunden ist eindeutig der Hauptgrund für die wirtschaftliche Erfolglosigkeit vieler Firmen schon in den ersten Jahren. Deshalb gilt die unumstößliche Grundregel: Die Bedürfnisse des Kunden müssen vom ersten Tag an und zu jeder Zeit immer im Mittelpunkt Ihres Handelns stehen!

Um die Kundenbedürfnisse herauszufinden, müssen Sie sich von der Vorstellung verabschieden, dass er sich für ein Produkt interessiert. Nein, es geht ihm um etwas ganz anderes, wie folgende Beispiele belegen:

Problemlösung bzw. Nutzen

- Leute, die einen Bohrer kaufen, kaufen kein technisches Gerät, sondern ein sauberes Loch in der Wand.
- Wer eine Rolex-Uhr kauft, der will nicht nur sehen, wie spät es ist, sondern er will ein Statussymbol.
- Wer Zeitungen, Zeitschriften oder Bücher kauft, will nicht bedrucktes Papier, sondern Information, Wissen und Unterhaltung.
- Wer Bürosoftware für seinen Computer kauft, will Arbeitserleichterung und Zeitersparnis.
- Harley Davidson geht sogar so weit zu sagen: „Wir verkaufen ein Lebensgefühl – das Motorrad gibt es gratis dazu".

Deshalb sprechen wir nicht mehr von „Produkt", sondern von „Problemlösung". Der Kunde kauft keine Sache, sondern eine Lösung seiner Probleme. Also dürfen Sie nicht nur eine physische Sache oder eine Dienstleistung anbieten, sondern ein Bündel an Lösungen.

Der potenzielle Kunde als Unternehmensberater

Dafür müssen Sie natürlich wissen, was der Kunde überhaupt will. Was sind seine Probleme? Seine Ansprüche? Welche Art von Lösung sucht er? Die meisten Firmen machen den Fehler, dass sie die Antworten auf die Fragen selbst geben. Aber meist liegen sie damit fatal daneben. Wenn Sie sich schon lange in Ihrer Branche tummeln oder sich aus einem ähnlichen Unternehmen heraus selbstständig gemacht haben, dann wissen Sie eher, wie Ihre

Kunden denken und was sie brauchen. Wenn Sie aber Neuland betreten, dann brauchen Sie die Informationen direkt von der Basis. Nutzen Sie dafür Marktforschungsberichte oder sprechen Sie mit ausgewählten Interessenten. Fragen Sie: „Wie müsste mein Angebot sein, damit Sie es kaufen würden?" Machen Sie Ihre künftigen Kunden zu Ihren Unternehmensberatern, eine bessere und treffendere Meinung werden Sie nirgends finden.

ART FOR RENT

Svenska Neri hat nach monatelanger Odyssee potenzielle Kunden, mit denen sie nette Kontakte hatte, nochmals angesprochen. Geschmeichelt, dass Neri ihre Meinung wissen wollte, erzählten die Firmenchefs bereitwillig, dass sie Kunst mieten würden ...

- ... wenn es günstiger wäre (für 300 Euro im Monat kann ich Nachwuchskunst ja locker kaufen);
- ... wenn es Werke nicht nur von regionalen, sondern auch von renommierten Künstlern wären;
- ... wenn nicht alle vier Monate ein Wechsel stattfände;
- ... wenn die jeweilige „Deko" z. B. zweimal im Jahr in einer Vernissage präsentiert werden und somit PR bringen könnte etc.

Neri griff die Anregungen auf. Sie änderte ihr Angebot, indem sie nun auch renommierte Künstler anbietet und die monatlichen Raten auf drei bis fünf Prozent des Werts der Kunstwerke festlegte. Die Werke bleiben mindestens sechs Monate beim Kunden (weniger Aufwand für Hängung und Transport) und als zusätzlichen Service lädt sie bestimmte Künstler zu Vernissagen ein. Die Nachfrage ist jetzt groß, sie bekommt viele Empfehlungen und konnte sogar als zweites Standbein in den Verkauf von Kunstwerken einsteigen.

Und was wollen Ihre Kunden? Bitte beantworten Sie die folgenden Fragen zu Ihrem Angebot, die Sie auch auf Ihrer CD-ROM finden:

Checkliste: Welchen Nutzen hat der Kunde von meiner Leistung?

Was	Bemerkung
1. Welche Bedürfnisse hat mein Kunde? (z. B. Hunger, Anerkennung, Imagegewinn, schön sein, Spaß haben, Stolz, Vergnügen, Profit, Friede etc.)	
2. Welche Schwierigkeiten will er lösen? (z. B. seinen Betrieb am Laufen halten, Mitarbeiter motivieren, Platz in der Gesellschaft sichern etc.)	
3. Welchen Nutzen will er kaufen? (z. B. ein besonderes Design, ein bestimmtes Image, ein umweltfreundliches Angebot, ein gesundheitsförderndes Angebot, einen technischen Nutzen, besonders gute Qualität, einen günstigen Preis, ein emotionales Erlebnis, ein modisches Angebot etc.)	
4. Welche Ansprüche hat er dabei? (z. B. hohe Qualität – Preis spielt keine Rolle, geringe Qualität und billig, akzeptable Qualität und niedriger Preis, viel Service, Kundenfreundlichkeit, örtliche Nähe, Lieferung frei Haus etc.)	
5. In welcher Lage befindet er sich? (z. B. Alter, Einkommen, soziale „Zwänge", Meinungsführer oder Mitläufer, übliches Konsumverhalten, wer muss die Anschaffung „absegnen"? etc.)	
6. Auf welche Art kann ich ihm helfen? (z. B. Nutzen verkaufen, besonderen Service bieten (welchen?), örtliche Nähe, psychische Nähe (ich gehöre zur Zielgruppe oder war lange in ihr), Lieferung frei Haus, geringere Kosten als Mitbewerb und dadurch günstigere Preise, besonderes Image usw.)	
7. Warum soll der Kunde gerade mein Produkt kaufen?	
8. Was ist meine konkrete Leistung?	
9. Wodurch hebt sich mein Angebot von dem der Konkurrenz ab?	
10. Wo liegt der spezifische Nutzen für den Kunden?	

Falls Sie länger als jeweils drei Minuten über die Fragen 7 bis 10 nachdenken müssen, dann haben Sie ein Problem. Wenn schon Sie nicht kurz und bündig erklären können, warum jemand bei Ihnen kaufen soll – woher soll der Interessent das wissen und sich bemüßigt fühlen, zu Ihnen zu kommen? Er deckt sich nur bei Ihnen ein, wenn Sie im Vergleich zur Konkurrenz einen wichtigen Vorteil bieten. Leider ist das selten der Fall oder wird von den Firmen nicht so deutlich herausgestellt, dass der Kunde den Vorteil erkennt (siehe auch das Kapitel „Fallen bei der Kundensuche").

Falle 3: Angebot ist austauschbar

Die Konkurrenz schläft nicht

Es gibt nichts, was es nicht gibt. Völlig neue Angebote sind äußerst selten. Und selbst die so genannten „Innovationen" sind meist eine Weiterentwicklung von Vorhandenem. Die Konsequenz: Die meisten Angebote gibt es mehrfach auf dem Markt und die Kunden haben die volle Auswahl. Sie vergleichen und entscheiden sich für das Angebot, von dem sie sich am meisten versprechen. Vielen Unternehmern scheint das egal zu sein. Dabei könnten sie deutlich mehr verkaufen, wenn sie

- dem Kunden mehr Vorteile bieten als die Konkurrenz und
- die Vorteile besser kommunizieren.

Ihr Angebot steht immer im Wettbewerb zu anderen Anbietern. Selbst wenn Sie eine völlig neue Leistung erfunden haben, werden oft schon nach wenigen Wochen Mitbewerber mit gleichen oder – z. B. wenn die Erfindung patentgeschützt ist – ähnlichen Angeboten auf den Markt drängen. Ihr Wettbewerbsvorsprung schmilzt.

Alleinstellungsmerkmale (USP)

Damit der Kunde nicht zur Konkurrenz geht, muss er eindeutig erkennen, was das Besondere an Ihrer Leistung ist. Und zwar durch Eigenschaften, die sie von den Leistungen anderer Anbieter unterscheiden. Man spricht hier von Alleinstellungsmerkmalen oder den USP (Unique Selling Proposition).

Finden Sie heraus, was Ihre USP sind und erkennen Sie auch die Punkte, bei denen die Konkurrenz besser ist. Machen Sie diesen Vergleich nicht aus dem Bauch heraus, sondern erstellen Sie ein systematisches Kundennutzenprofil, beispielsweise mit der Vorlage auf Ihrer CD-ROM.

So erstellen Sie Ihr Kundennutzenprofil

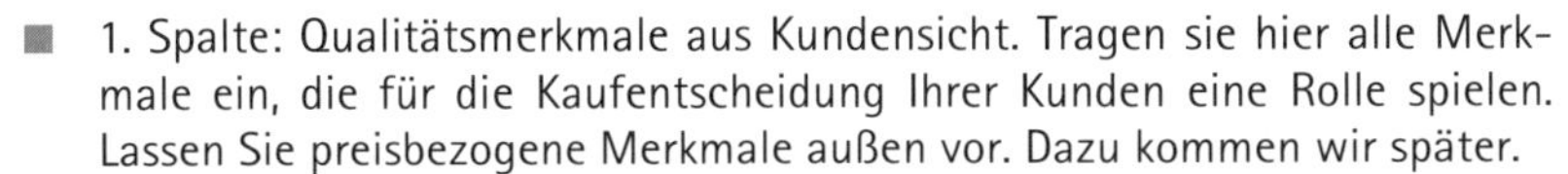

- 1. Spalte: Qualitätsmerkmale aus Kundensicht. Tragen sie hier alle Merkmale ein, die für die Kaufentscheidung Ihrer Kunden eine Rolle spielen. Lassen Sie preisbezogene Merkmale außen vor. Dazu kommen wir später.
- 2. Spalte: Gewichtung. Einzelne Merkmale sind für den Kunden besonders wichtig, andere weniger. Gewichten Sie deshalb die Merkmale entsprechend ihrer Relevanz für den Kunden.
- 3.-6. Spalte: Wir und die Konkurrenten. Bewerten Sie nun die Merkmale Ihrer Leistung und die der Konkurrenten mit einer Punktzahl zwischen 1 und 10. Die 1 steht für sehr schlecht, die 10 für sehr gut.

Kundennutzenprofil

Schneider und Klinger von S+K haben das für ihre Kundendatenbank gemacht und sich mit anderen Customer-Relationship-Management-Programmen (CRM) verglichen. Das Ergebnis ist erschütternd. Sie sind Schlusslicht.

Erhebung der relativen Qualität aus Kundensicht					
Qualitätsmerkmale aus Kundensicht	Gewichtung	Wir	Konkurr. A	Konkurr. B	Konkurr. C
Produktbezogene Merkmale					
Software-Funktionen	30 %	5	9	6	5
Design	30 %	9	8	7	7
Bedienungsfreundlichkeit	40 %	6	7	5	8
Summe	100 %	20	24	18	20
Dienstleistungbezogene Merkmale					
Lieferzeit	10 %	5	7	8	9
Beratung	50 %	5	6	9	5
Service	40 %	6	7	7	8
Summe	100 %	16	20	24	22
Gesamtpunkte		36	44	42	42

Wenn Sie das Kundennutzenprofil nach bestem Wissen und Gewissen und unter Zuhilfenahme aller Ihnen zur Verfügung stehenden Informationen über die Mitbewerber erstellt haben, wissen Sie, wo Sie im Vergleich zur Konkurrenz stehen.

Falle 4: Sich mit dem Mittelmaß abfinden

Und wenn Sie jetzt – wie Schneider und Klinger – feststellen, dass Sie schlechter als die Konkurrenz dastehen oder gerade mal auf gleicher Höhe? Keine Angst, Sie haben in diesem Fall viele Möglichkeiten. Und die Mitbewerber machen es Ihnen leicht, denn die meisten geben sich mit dem Mittelmaß zufrieden.
Um sich also von Ihren Mitbewerbern abzusetzen, können Sie

1. Ihr Produkt ändern,
2. Zusatznutzen bieten (siehe Falle 7),
3. das Umfeld Ihrer Leistung ändern,
4. den Preis ändern,
5. die Kosten ändern,
6. die Zielgruppe oder Positionierung ändern (siehe dazu Falle 6),
7. die Strategie ändern (siehe dazu Falle 6),
8. dieKommunikation ändern.

Werden Sie kreativ, spielen Sie mit Ihrem Angebot und Sie werden zahlreiche Möglichkeiten erkennen.

Sauber oder duftend?

Der Waschmittelhersteller von *Superweiß* kämpft verbissen gegen die Marktführerschaft von *Frische Brise*. Bei den Verbrauchern stehen beide Mittel vom Image her gleich gut da, die Waschkraft und der Verkaufspreis sind gleich und auch die Herstellungskosten betragen jeweils 900 Euro pro Tonne. Aber *Superweiß* verkauft jeden Monat 30.000 Packungen weniger als der Mitbewerber.

Das Management von *Superweiß* überlegt, mit einer Preissenkung mehr Käufer zu gewinnen. Aber weil die Marge ohnehin schon so gering ist, verwerfen sie den Gedanken. An der Rezeptur können sie nichts ändern, weil sonst die Waschkraft leidet. Allein auf das Parfüm könnte man verzichten, das mit einem Anteil von 90 Euro pro Tonne sehr teuer ist. In einer Marathonsitzung entscheiden sich die Verantwortlichen für diesen Schritt. Das Parfüm wird restlos aus der Rezeptur gestrichen. Kostenersparnis: zehn Prozent.

Der Vorteil für den Kunden? Das Management hatte natürlich Angst, dass die Kunden Sturm laufen und das „miefige" Waschpulver nicht mehr kaufen. Aber *Superweiß* kann dies wunderbar als Kundennutzen verkaufen:

- Das Waschpulver wird bewusst als „frei von Parfümstoffen" bezeichnet und erobert in Anbetracht der vielen Allergien, unter denen die Menschen leiden, die Herzen der Käufer. Damit besetzt es sogar eine Nische.
- So wäscht das Mittel nicht nur sauber, sondern ist besonders hautverträglich (Zusatznutzen).
- *Superweiß* kann die Kostenersparnis an den Kunden weitergeben und billiger als der Mitbewerber anbieten. Das kann den Marktanteil erhöhen.
- Es kann den Preis lassen. Dann bleibt zwar der Marktanteil gleich, aber der Gewinn steigt. ◂

Natürlich funktioniert dieses Prinzip auch hervorragend bei einer Dienstleistung oder im Handel. Schauen Sie sich Ihre Leistung einmal an und setzen Sie die Brille des Visionärs auf. Dass Sie ein Me-Too-Produkt haben, das muss der Kunde gar nicht merken. Oder es ist ihm egal, weil Sie so viel andere Dinge bieten, die ihm gefallen und die ihn immer wieder zu Ihnen führen.

Falle 5: Schwächen ausmerzen wollen

Prinzipiell ist es richtig, wenn Sie an Ihren Schwächen arbeiten. Was ist aber mit den Schwächen in Ihrem Angebot? Viele Gründer legen los und wissen ganz genau, dass sie eigentlich noch nicht so gut sind wie die Mitbewerber. Aber in der Not – meist Geldnot – sind eben nur bestimmte Dinge möglich. Und so kämpfen sie, um besser zu werden und mit den anderen gleichzuziehen.

Eine Schwäche zur Stärke machen

Ist das bei Ihnen auch so? Schluss damit. Überlegen Sie lieber, ob sich Ihre (vermeintliche) Schwäche nicht in eine Stärke ummünzen lässt. Einfach indem Sie sie mit anderen Augen sehen.

- Überlegen Sie, für wen dieser „Makel“ ein tolles Angebot wäre.

Deutsch mittelmäßig, Spanisch perfekt

Jahrelang versuchte die kubanische Hotelmanagerin Gulia in deutschen Hotels einen Job zu finden. Verzweifelt büffelte sie Deutsch, aber im Vergleich zu anderen Bewerbern reicht es nicht. Dann dachte sie um. Für wen im Hotelgewerbe ist mein Spanisch und Halb-Deutsch ein Gewinn? Sie gründete eine Beratungsfirma, die europäische Hotelketten darin unterstützt, in Lateinamerika Hotels zu bauen oder zu übernehmen.

- Überlegen Sie, im Vergleich zu welchen Anbietern Sie eindeutig besser dastehen.

Durstlöscher statt Saft

Punica kämpfte lange Zeit gegen andere Orangensäfte und hatte erbärmliche Marktanteile. In Umfragen fand der Hersteller heraus, dass die Verbraucher das Getränk zu süß und mit zu wenig Fruchtfleisch versehen fanden. In einer Kampagne positionierte er Punica schließlich als Durstlöscher. Damit befand sich das Getränk im Wettbewerb mit Fanta & Co., überzeugte die Verbraucher durch weniger Süße und mehr Fruchtfleisch und gewann rasant Marktanteile.

- Überlegen Sie, wie Sie den Vorteil, den Ihnen die vermeintlich schwächere Situation bringt, strategisch ausbauen können.

Politik der wenigen Waren

Als die Gebrüder Albrecht (Aldi) 1948 ihr Geschäft gründeten, wollten sie schnell weitere Filialen eröffnen. Und so reichte das Startkapital nur für ein kleines Sortiment, das sie später ausbauen wollten. Dann erkannten sie jedoch, dass ihre Kosten mit einer kleinen Palette erheblich niedriger waren als die der Konkurrenz. Und so ernannten sie die Politik der wenigen Waren zum Grundsatz und suchten einen anderen Vorteil für die Kunden. Den fanden sie in den Billigpreisen. Aldi hat eine Handelsspanne von geschätzten 4,5 Prozent – dreimal so hoch wie die anderer Lebensmitteleinzelhändler.

Falle 6: Wert von Zusatzleistung unterschätzen

Viele Unternehmer unterschätzen die Wirkung zusätzlicher „Bonbons“ auf ihre Käufer. In Falle 2 haben Sie gesehen, wie wichtig und wie unterschiedlich der Nutzen sein kann, den ein Käufer erwirbt (Image, technische Lösung, guter Preis etc.). Und viele Anbieter versuchen, mehrere Nutzen in einem Angebot zu kombinieren (z. B. Handy + Fotoapparat, Backofen + Mikrowelle, Zahnbürste + Zungenbürste).

Kunden möchten ein gutes Gefühl

Aber gehen Sie noch einen Schritt weiter. Nutzen zu kombinieren oder gute Qualität zu einem guten Preis liefern, das können viele. Doch das genügt nicht! Denn Qualität in den Augen der Konsumenten bezieht sich nicht nur auf die Ware, sondern auch auf das „Drumherum“. Wenn Menschen etwas kaufen, dann erwerben sie nicht nur einen Gegenstand oder einen Dienst, sondern wollen auch ein gutes Gefühl erwerben.

Und hier können Sie dem Kunden ganz viel Gutes tun, das eigentlich mit Ihrem Produkt gar nichts zu tun hat, aber ihm dennoch das Gefühl gibt, Sie sind gerne für ihn da, denken bei der Arbeit daran, dass es ihm gut geht, und stellen ihn wirklich in den Mittelpunkt Ihres Denkens und Handelns.

Vieles hat sich natürlich schon etabliert: Die Zahlung per ec-Karte oder die Tasse Kaffee beim Friseur sind heutzutage üblich oder die obligatorischen Erdnüsse auf dem Tresen in der Cocktail-Bar. Aber selbst wenn Sie sagen: „Das tut doch jeder!“, freuen Sie sich als Kunde doch darüber. Nicht allzu viele Unternehmer setzen ihrem Angebot ein „Sahnehäubchen“ auf. Denn sie rechnen knallhart den momentanen finanziellen Nutzen gegen den dafür nötigen Aufwand. Verständlich, aber kurzsichtig. Kein Bauer käme auf die Idee, erst ernten zu wollen, bevor er sät. Hier einige Beispiele gelungener Zusatznutzen:

Clevere Zusatznutzen freuen die Kunden

Eine Physiotherapeutin bietet an zwei Vormittagen in der Woche eine kostenlose Kinderbetreuung an, sodass Mütter zur Massage gehen können, ohne einen Babysitter zu benötigen.

Eine Yogalehrerin massiert in ihrem Yoga-Studio zu Beginn jeder Stunde allen Teilnehmern in einer Entspannungsrunde die Füße.

Eine Event-Agentur-Chefin engagiert für jedes Kundenevent einen Fotografen und schenkt nach der Veranstaltung dem Auftraggeber ein Fotoalbum mit den Eindrücken.

Eine Innenstadt-Bar hat einen Mitarbeiter, der die Autos der Gäste in eine entfernte Parkgarage fährt und wieder holt. Die Gäste zahlen nur die Parkgebühren, der Valetdienst ist gratis.

Ein Maurer und Verputzer bringt in jeden Haushalt, in dem er arbeitet, Schaufel, Besen, Wischmop und Eimer mit. Hat er seine Renovierungsarbeiten erledigt, dann putzt er alle Spuren weg und hinterlässt ein blitzblankes Zimmer.

Ein TV-Sender bietet in seinem „Club" besondere Produkte, vermittelt Karten für attraktive Events und hält auf der Website besondere Informationen nur für Mitglieder bereit.

Kundenkompetenz schaffen

Ein Zusatzservice kann auch sein, dass Sie Kundenkompetenz schaffen. Und zwar, indem Sie den Kunden persönlich einweisen oder besondere und gute Bedienungsanleitungen und Benutzerhandbücher etc. verteilen (z. B. für technische Geräte oder Software). Unternehmen, die Geld und Zeit investieren, um ihre Kunden „kompetent" zu machen, erhöhen nachweislich den Nutzen, den ein Kunde mit seiner Neuerwerbung hat. Und damit ist er zufriedener. Das wirkt sich direkt auf den Wiederkauf bzw. den Kauf von Zubehör aus und bringt Ihnen Empfehlungen.

Finden Sie immer wieder heraus, was Ihren Kunden rund um Ihr Angebot noch wichtig sein könnte, und verändern Sie sich entsprechend.

Der Zug der „Zeitlosen"

Viele Unternehmen springen momentan auf den Zug der „Zeitlosen" auf. Sie beleuchten bewusst ihr Angebot dahin gehend, wie der Kunde bei ihnen auch Zeit sparen kann.

McDonalds rief beispielsweise die 60-Sekunden-Buzzer-Aktion ins Leben (jede Bestellung, die nicht innerhalb von 60 Sekunden fertig war, brachte dem Kunden eine Cola).

Die Stadtsparkasse München warb mit dem „60-Minuten-Sofort-Entscheid" bei der Vergabe von Immobilienkrediten.

Ob das wirklich ein Nutzen für den Kunden ist, den andere Anbieter nicht haben, oder nur ein Marketing-Gag sei dahingestellt. Wichtig ist das Signal, das die Anbieter setzen. Außerdem scheren Sie mit Zusatznutzen aus der Preistreiberei der Mitbewerber aus und können ganz andere Preise am Markt erzielen (siehe das Kapitel „Fallen rund um den Preis“).

Impulse aus Fachzeitschriften und Messen

All diese Tipps klingen nach ganz viel Arbeit und Zeitaufwand, um sich so etwas auszudenken. Und wir wissen, dass Sie diese Zeit niemals im laufenden Geschäft finden. Aber es geht auch einfacher. Denn ganz viele Informationen und Input bekommen Sie in ganz kurzer Zeit aus Fachzeitschriften oder auf Messen.

Am Puls der Zeit

Fitness-Studio-Chefin Gabi Fuchs besucht z. B. jedes Jahr die „Bodylife – Messe für Fitness und Gesundheit" und kommt mit einer Fülle an neuen Ideen, Eindrücken von der Konkurrenz, Prospekten über neue Wellnessprodukte und Utensilien für den Unterricht, aber auch mit viel Input rund um Organisation, Stundenplangestaltung und „Bonbons" für die Mitglieder heim. Damit ist sie am Puls der Zeit und ihren Mitbewerbern, denen Zeit und Geld für die Fahrt auf die Messe zu schade sind, immer eine Nasenlänge voraus.

Falle 7: Auf dem Erfolg ausruhen

Am Puls der Zeit zu sein und sich weiterzuentwickeln ist das Erfolgsgeheimnis guter Selbstständiger. „Stillstand ist Rückschritt“, sagt ein schon reichlich abgegriffenes Bonmot, aber für ein Unternehmen trifft es den Nagel auf den Kopf.

Wer meint, nur weil der „Laden brummt“, das würde ewig so weitergehen, der irrt gewaltig. Wer sich jetzt auf dem Erfolg ausruht, der wird mit Entsetzen früher oder später erleben, dass die gewohnten Heerscharen von Kunden über Nacht plötzlich weg sind. Dann zu jammern bringt nichts. Denn auch für Ihr Angebot gilt die uralte Weisheit, dass Produkte älter und irgendwann überflüssig werden.

Lebenszykluskonzept

Aus dieser empirischen Erkenntnis entstand das Lebenszykluskonzept. Es geht davon aus, dass ein Produkt vier Phasen durchläuft:

1. die Einführungsphase,
2. die Wachstumsphase,
3. die Reifephase und
4. die Sättigungsphase.

Die Dauer dieser Phasen hängen vom Produkt ab. Es können ein paar Monate, Jahre oder auch Jahrzehnte sein.

Einführungsphase

In der Einführungsphase wird das Produkt am Markt eingeführt und es fällt die Entscheidung, ob es vom Markt akzeptiert wird oder nicht. Da Entwicklungskosten hereingeholt werden müssen und hohe Ausgaben für Werbung und Verkaufsförderung anstehen, wird in dieser Phase normalerweise noch kein Gewinn erwirtschaftet.

Wachstumsphase

In der Wachstumsphase zeigen die Investitionen Früchte. Das Produkt ist bekannt und vom Markt akzeptiert, die Absatzzahlen steigen überproportional. Doch jetzt, wo es gerade am schönsten ist, dürfen Sie sich nicht auf Ihren Lorbeeren ausruhen. Denn Ihr Erfolg bleibt den Konkurrenten nicht verborgen. Die ersten Nachahmer kommen aus ihren Löchern. Das heißt, Sie müssen Maßnahmen zur Verteidigung Ihres Marktanteils planen.

Reifephase

In der Reifephase steigt die Nachfrage noch, aber die Zuwachsraten verringern sich. Denn auch mit der besten Abwehrstrategie können Sie nicht verhindern, dass Mitbewerber auf den fahrenden Zug aufspringen und an Ihrem Erfolg partizipieren. Ihr Gewinn geht zurück, denn die Verteidigung Ihres Marktanteils kostet Geld, sei es in Form von Preisnachlässen, höheren Marketingkosten oder Produkt- und Serviceverbesserungen.

Sättigungsphase

Am Ende kommen Sie in die Sättigungsphase. Jetzt stagniert die Nachfrage oder geht zurück, der Markt ist gesättigt. Ziehen Sie sich langsam zurück, indem sie nichts mehr investieren und das Produkt nur noch so lange im Markt lassen, wie es Gewinne erwirtschaftet (siehe auch Falle 11). Diese Sättigung kann auch eintreten, weil Ihre Technik nicht mehr gefragt ist oder Ihr Angebot von einem anderen substituiert wird (z. B. wurde die Langspielplatte von der CD abgelöst, Digitalkameras verdrängen herkömmliche Apparate).

Kurzer Lebenszyklus bei Trendprodukten

Bei Trendprodukten – wie z. B. dem Tamagotchi – ist dieser Lebenszyklus sehr kurz, aber das macht auch nichts. Denn Trendprodukte sind auf ein kurzes Leben hin ausgerichtet und die Hersteller haben schon wieder das nächste Spielzeug bereit, um die Menschheit zu beglücken. Auch viele der momentan aus dem Boden sprießenden Coffeeshops sehen sich als „Trendprodukte". Sie wollen jetzt schnell Geld verdienen und wenn der Kaffeedurst gestillt ist, dann gründen sie eben ein neues Geschäft. ◂

Lebenszyklus bei Dienstleistungen

Was ist aber mit den Firmen, die „unternehmensnahe Dienstleistungen" anbieten? Wie betrifft dieser Lebenszyklus die „neuen Selbstständigen", die oftmals als outgesourcte Ex-Mitarbeiter mit über 60 Prozent den größten Anteil unter den im Handelsregister eingetragenen Neugründungen ausmachen?

Wenn jemand eine völlig neue Dienstleistung anbietet, dann betrifft ihn der Zyklus wie oben beschrieben. Aber in der Regel gibt es ja schon eine Menge Software-Programmierer, freie Journalisten, Unternehmensberater oder Projektleiter. Und hier muss jeder seine ganz persönliche Leistung unter die Lupe nehmen und rechtzeitig erkennen, ob der Markt sie überhaupt noch braucht. Um möglichst lange am Markt zu bestehen, müssen vor allem sie, deren Know-how ihr Kapital ist, sich permanent weiterbilden. Und sie müssen rechtzeitig neue Wissensfelder erschließen, bevor auf den alten nichts mehr zu verdienen ist.

Lebenslanges Lernen

Fritz Gabler ist seit 30 Jahren freier Journalist. Zu Beginn seiner Solo-Karriere tippte er seine Artikel auf der Schreibmaschine und schickte sie per Post an die Redaktion. Als Internet und Mail aufkam, besorgte sich Gerber die „neue" Technik und konnte als einer der ersten Journalisten brandeilige Texte unabhängig von der „Schneckenpost" pünktlich zum Redaktionsschluss liefern. Als die Digitalfotografie aufkam, wollten immer mehr Medien, dass die Texter auch Fotos liefern. Gabler hatte bereits in die Ausrüstung investiert, und während andere Texter ohne Auftrag blieben, belieferte er seine Stammkunden weiter mit Worten und Bildern.

Gabler erkannte rechtzeitig den Drang seiner Auftraggeber zum Sparen und Outsourcen und bietet mittlerweile ganze Seiten im fertigen Layout an. Er hat dafür ein Redaktionsbüro gegründet, beschäftigt vier Mitarbeiter und jeden Tag liefern sie an einen festen Kundenstamm komplette Seiten z. B. zum Thema „Reisen" – inklusive Fotos, Hoteltipps und Reiseberichten. Die Redaktionen lassen die fertig gestalteten Seiten direkt an die Druckerei schicken – dafür investierte Gabler in Technik und etliche Schulungen.

Und wenn auch hier die Luft dünn wird? „Dann", so sagt Gabler, „berate ich andere Redaktionsbüros, welche Technikausstattung sie als Zulieferer für Redaktionen benötigen, vermittle gute Hersteller und verdiene damit mein Geld. Und natürlich, indem ich als Experte Artikel zu diesem Thema schreibe." ◂

Falle 8: Am einzigen Angebot festhalten

Angebot behutsam verändern

Wer nicht aus Prinzip mit einer einzigen Idee das schnelle Geld machen will, der muss sich rechtzeitig umtun, um neue Umsätze für sein Geschäft zu sichern. Denn wenn die Nachfrage schon im Sinkflug ist, dann ist es zu spät, um gelassen etwas Neues zu entwickeln. Das bedeutet nicht, dass Sie schon kurz nach der Gründung auf Teufel komm raus neue Ideen ausbrüten müssen. Aber es heißt, dass Sie sich nicht verzweifelt an „Ihre" Idee krallen und sie ohne Ersatzpferd im Stall totreiten. Nutzen Sie den Bonus, den Sie sich bei Ihren Kunden erarbeitet haben, um Ihr Angebot behutsam zu verändern. Bleiben Sie nicht stehen, sondern bieten Sie Ihrer Zielgruppe immer wieder das an, was momentan gewünscht wird.

Produktfamilie

Oder entwickeln Sie eine „Produktfamilie". Hier entsprießen aus dem Ursprungsprodukt verwandte Produkte, die im Wesentlichen den gleichen Kundenkreis ansprechen. Hier einige Beispiele:

Produktfamilien

Im Windschatten der klassischen Nivea-Creme entstand eine ganze Palette an Körperpflege- und Kosmetikprodukten.

Dem erfolgreichen Gesellschaftsspiel „Die Siedler von Catan" folgten über 20 Spielvarianten, die sich in Inhalt und Gestaltung an das Originalspiel anlehnen.

Erfolgreiche Beratungsfirmen, die sich durch klassische Unternehmensberatung einen Namen gemacht haben, erschließen sich nun mit Seminaren und Publikationen neue Erlösquellen.

Neue Geschäftsfelder

Oftmals entstehen aus solchen Ideen später ganze neue Geschäftsfelder. Dann nämlich, wenn zwei der folgenden drei Merkmale zutreffen:

- ein neues Produkt,
- ein neuer Kundenkreis,
- andere Mitbewerber.

Während sich die zuvor beschriebenen Möglichkeiten meist aus einer erfolgreichen Geschäftstätigkeit entwickeln, stellt man sich bei der Eröffnung eines neuen Geschäftsfeldes einer völlig neuen Herausforderung – mit allen Chancen und Risiken, die Ihnen als Jungunternehmer ja nun nicht mehr fremd sind. Aber Vorsicht, verzetteln Sie sich nicht!

Falle 9: Verzettelung durch Diversifikation

Software für Autohäuser

Die S+K Software GmbH sucht immer noch nach Kunden für ihre Software. Da es um viel Geld geht und die Verantwortlichen in den Autohäusern beim Thema EDV unsicher sind, ist viel Überzeugungsarbeit nötig. Noch dazu, weil S+K nicht mit echten Vorteilen gegenüber anderen Anbietern punkten kann.

Da haben Schneider und Klinger eine Idee: Wenn die Kunden bei EDV-Themen so unbedarft sind, bieten wir einfach Beratung an, sagen sich die beiden. Ab sofort wollen sie Schulungen halten und z. B. zeigen, wie man einen Serienbrief erstellt oder welche Funktionen in Excel stecken. Damit sich das lohnt, erweitern sie ihre Zielgruppe auf alle Handelsunternehmen mit mindestens 25 Angestellten.

Ein Jahr später steht die S+K GmbH mit leeren Händen da. Die Autohäuser, die die Software inklusive Support gekauft haben, ärgern sich, dass die beiden bei Problemen so schwer zu erreichen sind, und kaufen sich eine neue Software bei der Konkurrenz. Potenzielle Software-Kunden wundern sich über das Sammelsurium im Bauchladen von S+K und greifen ebenfalls zu Konkurrenzprodukten. Und von den angeschriebenen Handelsunternehmen anderer Branchen hören Schneider und Klinger auch nichts.

Mehrere Standbeine machen unabhängig

Der strategische Gedanke, der einer Diversifikation zugrunde liegt, ist leicht nachvollziehbar. Mit einer breiten Produktpalette in unterschiedlichen Märkten präsent zu sein macht die Firma unabhängiger von einzelnen Kundengruppen und Märkten und reduziert somit das unternehmerische Risiko. Wenn es in einem Geschäftsfeld mal nicht so gut läuft, wird das durch ein anderes ausglichen. Breit aufgestellt zu sein macht das Unternehmen krisensicher und fit für die Zukunft. Nach diesem Motto haben viele Firmen in den achtziger und neunziger Jahren ihr Produktangebot erweitert und neue Geschäftsfelder eröffnet – und haben damit in vielen Fällen grandiose Bruchlandungen hingelegt.

Größe schützt vor Dummheit nicht

Die Daimler AG wollte aus einem Automobilkonzern einen „integrierten Technologiekonzern" machen. Portfolio: von EDV-Dienstleistung bis Raumfahrttechnik. Am Ende: Milliardenverluste, Ablösung des Vorstandsvorsitzenden, verärgerte Aktionäre, heftige Kratzer im Lack des großen deutschen Vorzeigeunternehmens. Spätestens mit diesem spektakulären Misserfolg hat ein Umdenken eingesetzt. Die Strategie der Diversifikation gilt als überholt, die Konzentration auf die Kernkompetenzen gilt als das Gebot der Stunde.

Auf Kernkompetenzen konzentrieren

Was kann ein kleines, junges Unternehmen aus solchen Beispielen lernen? Wenn schon große Firmen mit ihren finanziellen und personellen Ressourcen einsehen, dass Vielfalt tödlich sein kann, wie wollen Sie es als Kleinunternehmer dann schaffen, gleichzeitig auf mehreren Hochzeiten zu tanzen? Es verbietet sich geradezu, in den ersten Jahren über neue Geschäftsfelder ernsthaft nachzudenken. Es gilt deshalb:

- Verfolgen Sie nicht jede Produktidee, die chancenreich erscheint.
- Kümmern Sie sich um Ihre Kunden und deren Erwartungen. Die liefern dann auch die besten Anregungen, wie Sie Ihr Angebot sinnvoll entwickeln und ein stimmiges Portfolio aufbauen können.
- Lassen Sie es nicht zu, das der Kunde Sie als „Gemischtwarenladen" wahrnimmt. Jemandem, der viel Unterschiedliches anbietet, traut man

nicht zu, dass er bei der einzelnen Leistung der Beste ist. Aber genau „den Besten“ suchen die meisten Kunden.

- Wenn Ihre Kundennutzen-Analyse (siehe S. 67) zeigt, dass Sie mittelmäßig bis schlecht sind, dann machen Sie kein zweites Standbein auf, bei dem Sie auch wieder nur Mittelmaß sind.
- Verzetteln Sie sich nicht, sondern verinnerlichen Sie bei Ihrer Produktpolitik (und nicht nur dort) folgende Formel:

Falle 10: Aufs falsche Pferd setzen

Vielleicht haben Sie bereits mehrere Angebote, die sich sogar ziemlich gut verkaufen. Und je nach Tageslaune investieren Sie Geld und Zeit, um mal das eine oder mal das andere zu pushen. Produkte, die nicht mehr so richtig gut laufen, beobachten Sie nervös und fragen sich: Was soll ich tun? Das Produkt verändern? Mehr Werbung? Höhere Provisionen für den Außendienst? Preisnachlässe für den Kunden?

Portfolioanalyse

Setzen Sie nicht aufs falsche Pferd, indem Sie aus dem Bauch heraus entscheiden. Denn alle Maßnahmen kosten Geld, und das sollten Sie schon für jene Angebote investieren, die Ihnen einen entsprechenden Return-on-Investment garantieren. Machen Sie deshalb mit Ihren Produkten eine Portfolioanalyse, bevor Sie Dummheiten machen.

Die Portfolioanalyse baut auf dem Lebenszykluskonzept auf und bewertet die Marktsituation für Ihr Angebot. Je nach Position können Sie dann Ihre strategischen Entscheidungen ableiten. Stellen sie sich die folgenden Fragen:

- Wie stellt sich die Situation des Marktes für mein Produkt derzeit dar? Ist es ein wachsender, stagnierender oder schrumpfender Markt?
- Welchen Marktanteil hat mein Produkt in diesem Markt?

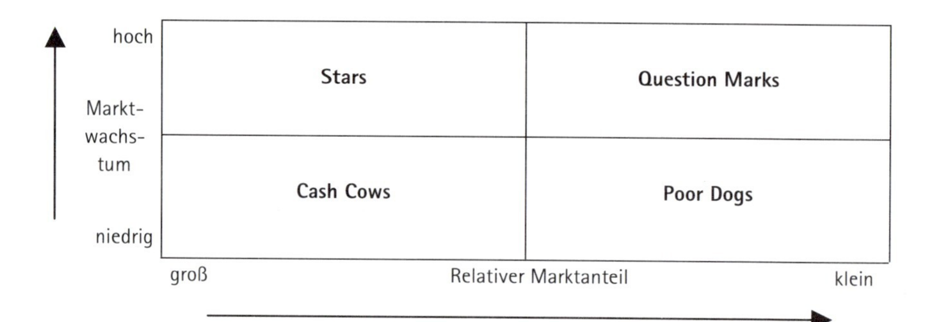

Relativer Marktanteil

Tragen Sie Ihre Angebote jeweils entsprechend Ihrer Bewertung in eines der vier Felder ein. Normalerweise geht dieses Modell davon aus, dass Sie den relativen Marktanteil feststellen und eintragen – also Ihren Marktanteil im Verhältnis zu dem des Marktführers. Dafür bräuchten Sie jedoch exakte Zahlen. Wenn Ihnen die nicht vorliegen, dann genügt eine Tendenzaussage auf Basis Ihres absoluten Marktanteils. Wenn Sie natürlich genaue Daten haben – umso besser, denn desto genauer wird Ihre Einschätzung. Berechnen Sie den relativen Marktanteil wie folgt:

$$\text{Relativer Marktanteil} = \frac{\text{Marktanteil Ihres Unternehmens}}{\text{Marktanteil des Marktführers}} \times 100$$

Je nach Position im obigen Schaubild erfahren Ihre Angebote eine Sonderbehandlung.

Question Marks

- Die „Question Marks“ sind Produkte mit einem relativ geringen Marktanteil in einem attraktiven Gesamtmarkt, der Wachstum verspricht. Hier können Ihre Nachwuchsangebote stehen, die noch in der Einführungsphase sind. Wenn Sie diese stark pushen, dann könnten sie zu „Stars“ aufsteigen. Sie riskieren aber auch, dass Sie zwar viel investieren (z. B. in Produktentwicklung, Marketing), aber Ihre schwache Position nicht ausbauen können.

Stars

- In die „Stars“ dürfen Sie investieren. Diese Produkte haben sich in ihrem stark wachsenden Markt durchgesetzt, die Absatzkurve zeigt steil nach oben, Sie machen Gewinn. Nutzen Sie den Rückenwind, um den Marktanteil zu sichern oder sogar noch auszubauen.

- Bremsen Sie bei den „Cash Cows“ und hören Sie auf zu investieren. Ihre „Stars“ werden zu „Milchkühen“, wenn sich das Wachstum deutlich verlangsamt. Melken sie Ihre Kühe, solange sie noch Milch geben. Aber die Tage dieser Produkte sind gezählt und Sie sollten keine teuren Lebenserhaltungsmaßnahmen ergreifen.

Cash Cows

- Die „Poor Dogs“ schließlich gilt es zu liquidieren. Halten Sie nicht aus sentimentalen Gründen an Produkten fest, die kein Marktpotenzial haben. Schaffen Sie Raum für Neues und trennen Sie sich von den „armen Hunden“.

Poor Dogs

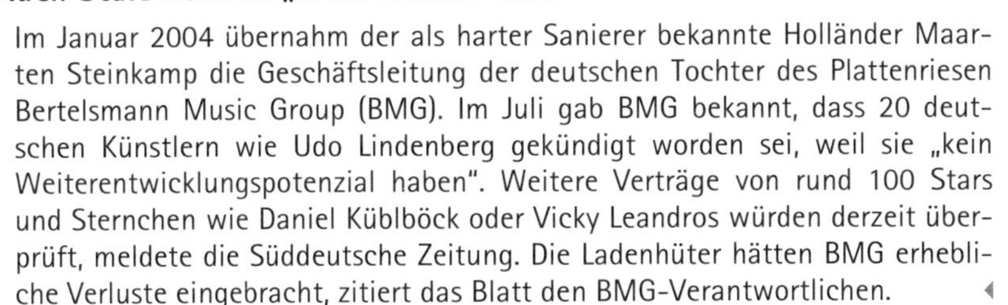

Auch Stars können „arme Hunde" sein

Im Januar 2004 übernahm der als harter Sanierer bekannte Holländer Maarten Steinkamp die Geschäftsleitung der deutschen Tochter des Plattenriesen Bertelsmann Music Group (BMG). Im Juli gab BMG bekannt, dass 20 deutschen Künstlern wie Udo Lindenberg gekündigt worden sei, weil sie „kein Weiterentwicklungspotenzial haben". Weitere Verträge von rund 100 Stars und Sternchen wie Daniel Küblböck oder Vicky Leandros würden derzeit überprüft, meldete die Süddeutsche Zeitung. Die Ladenhüter hätten BMG erhebliche Verluste eingebracht, zitiert das Blatt den BMG-Verantwortlichen.

Kundenportfolio

Dieses Modell lässt sich auch prima anwenden, wenn Sie als Dienstleister oder Handwerker für eine Reihe von Stammkunden arbeiten. Schätzen Sie doch mal die Position Ihrer Kunden ein: Von wem können Sie viele Folgeaufträge mit einem hohen Volumen erwarten? Machen Sie wenig für diese Kunden, dann sind Sie dort in der „Fragezeichen"-Position. Es lohnt sich, diese Kunden stark zu umwerben. Erledigen Sie für einen solchen Kunden bereits viele Aufträge, dann ist er Ihr „Star". Bei welchen Kunden rechnen Sie künftig eher mit wenig Volumen, weil sie z. B. wirtschaftlich schlecht dastehen oder ihr Geschäft sich so verändert, dass Sie dort überflüssig werden? Wenn Sie für diese Kunden viel machen, nehmen Sie das Geld mit, aber rechnen Sie mit einem baldigen Ende. Trennen Sie sich komplett von den „armen Hunden" und nutzen Sie Ihre Zeit und Energie für vielversprechendere Kunden.

Falle 11: Mangelhaft versichert

Totalschaden

Jürgen Schneider und Kurt Klinger haben jetzt endgültig die Nase voll von ihrer Selbstständigkeit. In einem Autohaus, dem sie die Software verkauft und installiert hatten, ist für mehrere Tage die komplette Computeranlage ausgefallen und die internen EDV-Profis machten einen Fehler in der S+K-Software dafür verantwortlich. Jetzt hat der Kunde S+K auf eine Million Euro Schadensersatz verklagt und gewinnt. Doch leider hat S+K keine Versicherung, die einen Rechtsstreit abdeckt, geschweige denn den Schaden übernehmen würde. Schneider und Klinger melden Konkurs an.

Informieren und Risiken absichern

Die meisten Gründer sichern sich schon im Laufe der Geschäftsaufnahme gegen die wichtigsten Gefahren ab. Bleiben Sie jedoch am Ball, informieren Sie sich im laufenden Geschäft über hinzukommende Pflichten als Hersteller, Verkäufer oder Arbeitgeber und sichern Sie hohe Risiken ab. Klären Sie, welche gesetzlichen Regelungen und Fristen Sie beachten müssen (Gewährleistung, Eigentumsvorbehalt, Rücktrittsrecht etc.), vor allem wenn Sie ins Geschäft mit dem Ausland einsteigen.

Schaffen Sie sich außerdem ein sinnvolles Sicherheitsnetz, das Sie in Risikofällen vor einer harten Landung oder Schlimmeren bewahrt. Ein Muss ist in jedem Fall die Betriebshaftpflichtversicherung, hilfreich ist oftmals eine Rechtsschutzversicherung.

In Beratung und Versicherungen investieren

Investieren sie in juristische Beratung und wichtige Versicherungen. Das ist auf jeden Fall günstiger als jeder Rechtsstreit, in den Sie durch Nichtbeachtung gesetzlicher Bestimmungen verwickelt werden oder durch hohe Ansprüche von „Gegnern", die Sie in den Ruin treiben können. Verfallen Sie aber auch nicht ins andere Extrem, indem Sie sich überversichern.

Fallen rund um den Preis

„Keine Zeit." – „Zahlen interessieren mich nicht." – „Kann doch eh nicht mehr verlangen." – „Ich habe das nie gelernt." Das sind Antworten von Unternehmern auf die Frage: „Warum kalkulieren Sie Ihre Preise nicht vernünftig?" Müssen wir erwähnen, dass es sich hier um Mitmenschen handelt, die arbeiten wie besessen, die auch Geld verdienen, aber deren Verdienst in keiner Relation zum Einsatz steht?

Ihre Leistung muss sich lohnen

Im Eingangskapitel haben Sie schon erfahren, dass eine Menge Selbstständige ihre Preise „Pi mal Daumen" festlegen oder den Preis übernehmen, den der Wettbewerber verlangt – und damit sozusagen „Management by Kontoauszug" betreiben. Immer wenn ein paar hundert oder tausend Euro auf dem Konto eingehen, dann empfinden sie sich als erfolgreich und denken, „der Laden läuft". Aber sie haben bis dahin wieder ganz verdrängt, dass – gemessen an ihrem Zeitaufwand – eine Putzfrau in der Regel mehr verdient. Machen Sie sich die Devise „Don´t work harder – work smarter!" zu Eigen. Arbeiten Sie nicht härter, sondern cleverer. Und das betrifft ganz Besonders das Thema „Preise gestalten". Lassen Sie uns mit ein paar Vorurteilen aufräumen und Lust darauf machen, so zu kalkulieren, dass sich Ihre Leistung wirklich lohnt.

Falle 1: Alle wollen nur ein Schnäppchen

Ruinöser Preiskampf

Die Kunden sind preisbewusster geworden, das Geld sitzt nicht mehr so locker in der Tasche und die Schnäppchenjagd ist in den letzten Jahren zum Volkssport geworden. Das hat in einigen Branchen zu einem ruinösen Preiskampf geführt, der vielen Firmen das Genick gebrochen hat.

Der Beste oder der Billigste?

Doch gibt es nach wie vor jede Menge Produkte, bei denen der Preis bei der Kaufentscheidung zweitrangig ist. Analysieren Sie Ihr eigenes Kaufverhalten als Konsument und Sie werden diese Tatsache bestätigt finden. Wie oft haben Sie schon einmal mehr für etwas bezahlt, weil Sie einen besseren Service bekamen, weil Sie lieber einem Marken- als einem No-Name-Produkt vertrauten, weil Sie wussten, der teurere Handwerker arbeitet zuverlässig und sauber? Oder weil Sie sich zur Feier des Tages einfach mal „was gönnen wollten"?

Im vorigen Kapitel haben Sie gehört, dass der Kunde vergleicht und eine „relative Leistung" erwirbt, von der er sich den meisten persönlichen Nutzen verspricht. Das Gleiche gilt für den Preis. Der Kunde vergleicht – und greift nur dann zum günstigsten Angebot, wenn er zwischen den Produkten keine für ihn wichtigen Unterschiede erkennt.

Qualitäts- oder Preisführerschaft?

Sie können sich also in Ihrer Preispolitik entscheiden: Strebe ich die Qualitäts- oder die Preisführerschaft in meinem Markt an?

Qualitätsführerschaft

Haben Sie den Anspruch, mit Ihrer Leistung der Beste am Markt zu sein? Dann vergleichen Sie sich im Kundennutzenprofil (siehe S. 67) mit den Mitbewerbern, die den Kunden derzeit die höchste Qualität bieten. Ihr Ziel muss es sein, Ihr Leistungspaket so weit zu entwickeln, dass Sie bei den Qualitätsmerkmalen mit hoher Gewichtung höhere Punktzahlen als die Mitbewerber erreichen. Je eindeutiger Sie sich von der Konkurrenz abheben, desto leichter wird es für Sie sein, einen angemessenen Preis für Ihre Leistung am Markt durchzusetzen.

Preisführerschaft

Streben Sie an, über aggressive Preispolitik Kunden zu gewinnen, müssen Sie sich im Kundennutzenprofil mit den Niedrigstpreisanbietern im Markt vergleichen. Höchste Qualität mit bestem Service zum niedrigsten Preis geht nicht. Aber das erwartet der Schnäppchen jagende Kunde auch nicht. Er will ordentliche Qualität zum supergünstigen Preis, ohne Schnickschnack – weder beim Produkt noch bei den Serviceleistungen.

Nie mit Mittelmaß zufrieden geben

Die Qualitäts- oder Preisführerschaft anzustreben und sie zu erreichen sind natürlich zwei paar Stiefel. Geben Sie sich jedoch nie mit einem Platz irgendwo in der Mitte dieser beiden Pole zufrieden. Die Erfahrung zeigt, dass nicht eindeutig positionierte Firmen immer die Verlierer sind, sobald es Turbulenzen im Markt gibt, sei es durch neue Konkurrenten oder in konjunkturschwachen Zeiten.

Falle 2: Preis losgelöst betrachten

Der Preis ist kein wild gewordenes Tier, das von irgendwelchen Mächten „draußen auf dem Markt“ gesteuert wird. Ja, er wird beeinflusst vom Verhalten der Mitbewerber und der allgemeinen wirtschaftlichen Lage. Aber machen Sie es sich nicht so einfach, alle Verantwortung den anderen zu überlassen. Sie sind der Chef und Sie haben es in der Hand, wie Ihr Unternehmen wirtschaftlich dasteht.
In Falle 7 „rund um mein Angebot“ haben Sie gesehen, wie Sie über den gefühlten Nutzen Ihres Produkts den Preis steuern können. Freuen Sie sich, es kommt noch besser. Denn auch mit der Entscheidung, wo Sie Ihre Leistung anbieten und in welcher Art Sie für sich werben, beeinflussen Sie, wie viel Ihren Kunden letztendlich Ihre Leistung wert ist.

Marketing-Mix

Vielleicht haben Sie schon einmal den Begriff Marketing-Mix gehört. Im Wort „Marketing“ steckt das englische Wort „Market“, also Markt, und verrät, dass es sich hierbei um alles dreht, was den Markt betrifft. Im weitesten Sinne hat jede unternehmerische Entscheidung eine Auswirkung auf einen Markt (Lieferantenmarkt, Personalmarkt), hier jedoch sprechen wir speziell von Ihrem Absatzmarkt. Ihr Marketing-Mix umfasst dabei die folgenden Bereiche:

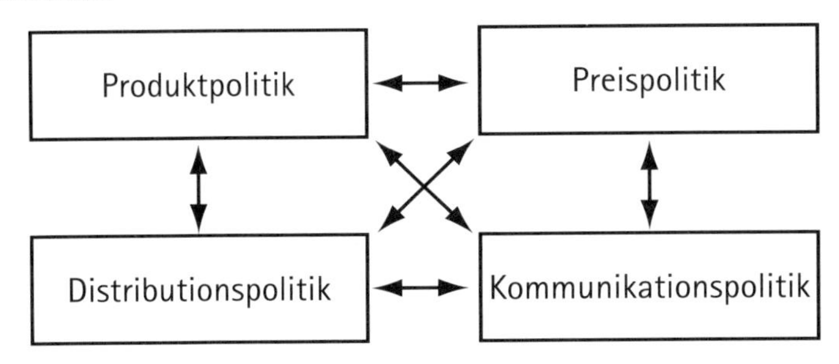

Nur wenn die vier Bausteine des Marketing-Mix sinnvoll miteinander verwoben sind, erzielen Sie einen maximalen Geschäftserfolg.

Je nachdem, über welche Wege Sie Ihre Leistung dem Kunden anbieten, hat das eine durchschlagende Wirkung auf den Preis.

Auf den Vertriebsweg kommt es an

Ein plakatives Beispiel sind Körperpflegeprodukte, die ausschließlich über Apotheken vertrieben werden. Da gibt es eine anti-allergene Sonnenmilch, die fast 20 Euro kostet. Der Verbraucher zahlt ohne Murren, denn in seinem Kopf hat er das Bild „Apotheke = gesund = das Beste für mich" fest verankert. Würde der Hersteller exakt das gleiche Produkt in einen Drogeriemarkt stellen, könnte er diesen Preis niemals durchsetzen.

Undenkbar auch, dass Luxusmarken in schnöden Kaufhäusern zwischen anderen Produkten liegen. In einem Shop-in-Shop-Konzept – ja, aber in der Masse – nein.

B-to-B-Bereich

Unterschätzen Sie diese psychologische Verknüpfung auch nicht, wenn Sie im B-to-B-Bereich (Business to Business) tätig sind. Hier verkaufen Sie in der Regel direkt an Ihren Kunden – über Ihr Vertriebsteam, bei persönlichen Besuchen oder auf Messen. Und auch hier bestimmt der Weg, in welcher Preisliga Ihr Kunde Sie ansiedelt. Haben Sie schicke Besprechungskabinen oder muss der Kunde „auf der Straße" verhandeln?

Unternehmensnahe Dienstleister

Wenn Sie als unternehmensnaher Dienstleister vom stillen Kämmerlein aus agieren, dann geht Ihr Absatzweg schon stark in Richtung „Kommunikationspolitik" (siehe auch das nächste Kapitel). Denn je nachdem, ob Sie Ihr Angebot in Fachzeitschriften oder Anzeigenblättern bewerben, nimmt der Leser Sie unterschiedlich wahr. Werben Sie in einem „billigen" Umfeld – vielleicht sogar in der Nähe eindeutiger Kontaktangebote – dann bestimmen Sie damit das Bild, dass sich ein potenzieller Käufer von Ihnen macht. Er steckt Sie automatisch in die Schublade: billig. Werben Sie mit billig und lieblos gemachten Flugzetteln – Schublade: billig.

So wie Sie auftreten, so werden Sie wahrgenommen und nur diesen Preis werden Sie erzielen können. Überlegen Sie sich deshalb auch gut, ob Sie eine Leistung z. B. über ebay einem großen Kundenkreis anbieten wollen. Für bestimmte Waren ist das ein grandioser Marktplatz, aber ein Seminaranbieter, der hier Restplätze für 17 Euro verschachert, macht sich seine Preise und sein Image nachhaltig kaputt.

Praxis-Beispiel

Computer bei den Lebensmitteldiscountern

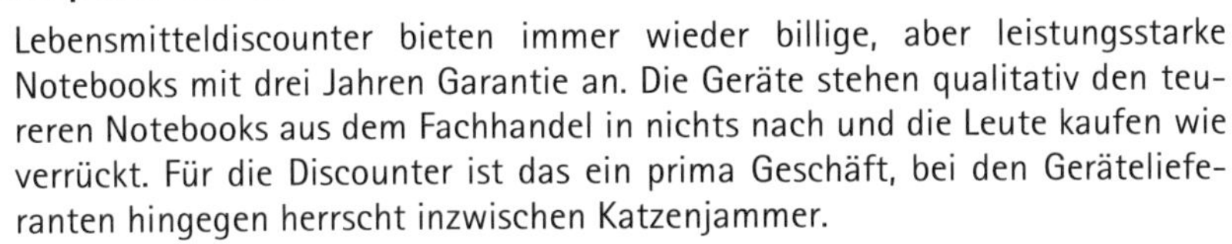

Lebensmitteldiscounter bieten immer wieder billige, aber leistungsstarke Notebooks mit drei Jahren Garantie an. Die Geräte stehen qualitativ den teureren Notebooks aus dem Fachhandel in nichts nach und die Leute kaufen wie verrückt. Für die Discounter ist das ein prima Geschäft, bei den Gerätelieferanten hingegen herrscht inzwischen Katzenjammer.

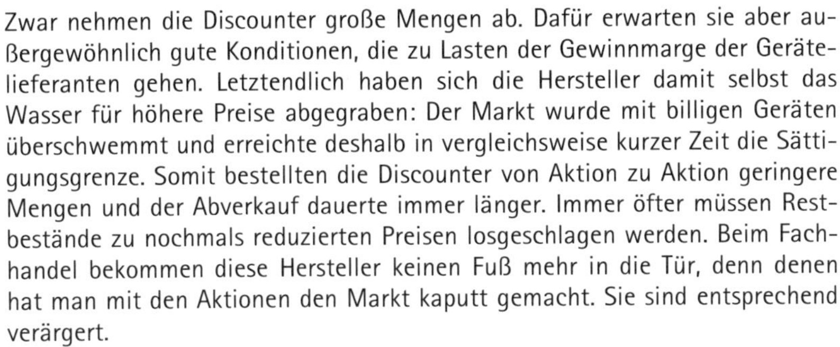

Zwar nehmen die Discounter große Mengen ab. Dafür erwarten sie aber außergewöhnlich gute Konditionen, die zu Lasten der Gewinnmarge der Gerätelieferanten gehen. Letztendlich haben sich die Hersteller damit selbst das Wasser für höhere Preise abgegraben: Der Markt wurde mit billigen Geräten überschwemmt und erreichte deshalb in vergleichsweise kurzer Zeit die Sättigungsgrenze. Somit bestellten die Discounter von Aktion zu Aktion geringere Mengen und der Abverkauf dauerte immer länger. Immer öfter müssen Restbestände zu nochmals reduzierten Preisen losgeschlagen werden. Beim Fachhandel bekommen diese Hersteller keinen Fuß mehr in die Tür, denn denen hat man mit den Aktionen den Markt kaputt gemacht. Sie sind entsprechend verärgert.

Das größte Verhängnis: Für jedes verkaufte Gerät muss der Hersteller die dreijährige Garantiezusage erfüllen. Je länger der Discounter braucht, die Geräte zu verkaufen, desto länger muss der Hersteller die Servicetelefone und den Reparaturdienst aufrechterhalten – die Kosten dafür fressen die schmale Gewinnmarge schnell auf. Mit dem Distributionsweg Discounter haben sich einige Firmen – geblendet von kurzfristigen Umsatzchancen – ihr eigenes Grab geschaufelt. 4MBO, Lieferant der Tengelmanntochter Plus, meldete im Frühjahr 2004 Insolvenz an.

Falle 3: Keine Ahnung, wie man Preise kalkuliert

Kostendeckung + Gewinnmarge

Eigentlich ist Preiskalkulation ganz einfach. Der Preis muss Ihre Kosten decken und eine Gewinnmarge lassen. Sie müssen also nur alle dem Angebot direkt zuordenbaren Kosten, Zuschläge für Vertrieb, Marketing, Verwaltung und Ihre gewünschte Gewinnmarge addieren und haben den Preis, den Sie brauchen, um wirtschaftlich zu arbeiten.

Simpel, oder? Für Sie schon, für die meisten Unternehmer nicht. Denn die kennen ihre Kosten gar nicht und können deshalb gar nicht kalkulieren. Wenn Sie so einen kennen, geben Sie ihm dieses Buch und markieren Sie im

Eingangskapitel die Falle 1, wo beschrieben ist, wie wichtig es ist, die Unternehmenszahlen zu kennen.

Klasssische Aufschlagkalkulation

Sie hingegen kennen Ihre Zahlen, und könnten nach dem obigen Modell problemlos eine klassische Aufschlagkalkulation machen. Beispielsweise wenn Sie Händler sind. Dann rechnen Sie auf den Einkaufspreis Ihre Handlingkosten und eine Gewinnmarge drauf und haben somit den Nettoverkaufspreis.

Der Markt bestimmt den Preis

Allerdings funktioniert die Aufschlagkalkulation nur, wenn Ihr Produkt oder Ihr Geschäft absolut konkurrenzlos sind. Doch wo gibt es diesen paradiesischen Zustand noch? In den reichen Industrieländern hat sich ein grundlegender Wandel von Verkäufer- zu Käufermärkten vollzogen. Den Nachfragern steht ein Heer von Anbietern gegenüber, die um Gunst und Geld der Kunden buhlen. Und dort wo eine riesige Nachfrage herrscht – in den Schwellenländer und den Ländern der Dritten Welt – fehlt es der breiten Bevölkerung an Kaufkraft. Die Konsequenz aus dieser Entwicklung ist: Der Markt bestimmt den Preis.
Was bedeutet das für Ihre Preiskalkulation?

1. Sie müssen zuerst realistisch einschätzen, welchen Preis der Kunde bereit ist zu zahlen und welche Menge Sie in einem bestimmten Zeitraum (ein bis zwei Jahre) absetzen können.
2. Preis mal Menge ergibt Ihren Umsatz mit einem Produkt. Ziehen Sie nun von diesem Umsatz nach der Methode der Deckungsbeitragsrechnung (siehe Seite 30) Ihre Kosten ab.

Bleibt Ihnen unter dem Strich ein positiver Betrag, können Sie sich ein bisschen entspannen und dann alles dafür tun, dass Ihre Preis- und Absatzprognose auch wirklich im Markt realisierbar ist. Ist der Betrag negativ, müssen Sie sofort reagieren.

Preis erhöhen

1. den Preis erhöhen. Um einen höheren Preis durchsetzen zu können, müssen Sie in Ihrem Kundennutzenprofil an Ihren Qualitätsmerkmalen arbeiten, um sich noch deutlicher von der Konkurrenz abzuheben. Unter Umständen ist dann auch der Marketingaufwand höher, um den Kunden die Vorteile Ihres Produkts besser vermitteln zu können. Dem höheren Umsatz stehen also auch höhere Kosten gegenüber;

2. höhere Stückzahlen fertigen bzw. einkaufen. Dadurch reduziert sich der Stückpreis, weil die Kosten auf eine größere Menge verteilt werden können. Man spricht hier von Stückkostendegression oder dem „Economy-of-scale"-Effekt. Aber auch hier gilt: Sie müssen Ihr Leistungspaket verbessern und die Marketingaktivitäten intensivieren, um im geplanten Zeitraum mehr zu verkaufen. Oder Sie nehmen eine längere Lagerdauer und damit höhere Lagerhaltungskosten in Kauf und riskieren, auf Beständen sitzen zu bleiben;

Höhere Stückzahlen

3. Kosten senken. Dies ist der beste Hebel, denn wofür Sie Geld ausgeben, das haben Sie besser in der Hand als das Kaufverhalten Ihrer Kunden oder die Entwicklung des Marktes. Einkauf, Fertigung, Lagerhaltung, Vertrieb, Marketing, Verwaltung – überall stecken Einsparpotenziale. Deshalb noch einmal der dringende Hinweis, alle Ihre Kosten sauber zu dokumentieren, statistisch auszuwerten und regelmäßig auf den Prüfstand zu stellen.

Kosten senken

Modellrechnung

Auf Ihrer CD-ROM finden Sie eine Excel-Tabelle, in der Sie Modellrechnungen mit unterschiedlichen Preis-, Absatz- und Kostenzahlen durchführen können. ◂

Stundensätze berechnen

Dieses Grundprinzip gilt natürlich auch, wenn Sie Honorare für eine Dienstleistung oder als Handwerker Ihren Stundensatz abrechnen. Sie müssen wissen, wie teuer eine Arbeitsstunde von Ihnen und Ihren Mitarbeitern ist, um Ihren Arbeitsaufwand und Ihre Kundenpreise entsprechend zu gestalten. Und so können Sie das ausrechnen:

Stundensätze kalkulieren

- In der Regel arbeiten Sie nicht 365 Tage im Jahr, sondern Sie sind – abzüglich Wochenenden (104), Feiertagen (10), Urlaub (30), Krankheit und Weiterbildung (16) – ca. 205 Tage im Einsatz. Bei acht Stunden Arbeit pro Tag ergibt das 1.640 Arbeitsstunden im Jahr.

- Natürlich machen Sie nicht in dieser kompletten Zeit Umsatz. Normalerweise geht man davon aus, dass rund 40 Prozent der Arbeitszeit für Akquisition und Verwaltung oder Leerlauf und Wartezeiten draufgehen, das wären 656 Stunden. Es bleiben also 984 Stunden, die Sie wahrscheinlich fakturieren können.
- Nehmen Sie Ihr Jahresgehalt, das Sie sich selbst zahlen zzgl. 20 Prozent Lohnnebenkosten. Addieren Sie dazu die Strukturkosten Ihres Arbeitsplatzes (Gesamtstrukturkosten geteilt durch Anzahl Mitarbeiter).

  Wenn Sie sich kein Gehalt zahlen, weil Sie z. B. keine GmbH sind, sondern nehmen, was übrig bleibt, dann rechnen Sie sich einmal aus, wie viel Sie verdienen wollen, um Ihren Lebensstandard zu finanzieren. In Seminaren, in denen wir das mit Freelancern machen, kommen wir auf Wunsch-Monatsgehälter von 4.000 bis 5.000 Euro. Was wollen Sie für Ihr Privatleben und die soziale Absicherung ausgeben können?
- Teilen Sie die Kosten des Arbeitsplatzes durch die Anzahl der fakturierten Stunden und Sie bekommen den Stundensatz, den Sie ansetzen müssen, um Ihre Kosten zu decken.

Arbeitsstunden gesamt	1640 Std.
./. nicht honorierte Arbeitsstunden	656 Std
Fakturierte Arbeitsstunden	**984 Std.**
Jahresgehalt inkl. Lohnnebenkosten	60.000 €
+ Strukturkosten des Arbeitsplatzes	15.000 €
Kosten des Arbeitsplatzes	**75.000 €**
Kosten pro Stunde	76,22 €

Nur interner Wegweiser

Dieser Stundesatz beinhaltet noch keinen Gewinn und ist also nicht der Satz, den Sie in die Preislisten schreiben. Er ist Ihr interner Wegweiser, der Ihnen sagt: „Wenn ich das pro Stunde verdiene, dann kann ich meinen Lebensunterhalt bestreiten, in der Firma kostendeckend arbeiten und habe Zeit für Urlaub und Weiterbildung.“ Das ist wichtig. Denn wenn Sie diese Zeiten nicht schon in der Stundenkalkulation berücksichtigen, dann legen Sie schon hier den Grundstein, dass Sie arbeiten wie ein Tier, aber wenig hängen bliebt. Erinnern Sie sich: Don´t work harder, work smarter.

Gleichen Sie diese Zahl mit den üblichen Marktpreisen ab. Wo liegen Sie? Sind Sie billiger? Sind Sie teurer? Entspricht dies der Qualität Ihres Angebots und Ihres Auftretens? Halten Sie sich vor Augen:

- Wer billig ist und wenig Leistung bringt, ist ein Discounter.
- Wer teuer ist und gute Leistung bringt, ist ein Luxus-Label.
- Wer teuer ist und wenig Leistung bringt, ist ein Betrüger.
- Wer billig ist und gute Leistung bringt, ist ein Idiot.

Passen Sie Ihren Preis Ihrer Leistung und den Marktpreisen an. Wenn Sie dabei unter Ihrem Wunschhonorar liegen, dann müssen Sie eben an den Kosten sparen und sich langsam in die Luxus-Label-Klasse vorarbeiten.
Erweitern Sie Ihren ermittelten Stundenssatz zu einer Honorarspanne z. B. 65 bis 100 Euro. Je nach Auftraggeber verhandeln Sie dann individuell, wobei Sie ja jetzt wissen, ab wann sich ein Auftrag für Sie nicht mehr lohnt.
Mit dieser Spanne können Sie auch viel besser Ihren Arbeitseinsatz planen. Wenn Sie nämlich beispielsweise eine Pauschale ausmachen – und darauf drängen die meisten Auftraggeber –, dann rechnen Sie aus, wie viele Stunden Sie dafür brauchen dürfen, um auf Ihren „Stundenlohn“ zu kommen. Schaffen Sie es, ein IT-Konzept, für das Sie 2.000 Euro bekommen, in 26 Stunden zum Abschluss zu bringen (2.000 Euro/76 Euro = 26 Stunden)? Passen Sie Ihr Arbeitstempo an, indem Sie effektiver arbeiten, sich und Ihre Zeit besser managen (siehe „Fallen im Umgang mit mir selbst“), Ihre Abläufe besser strukturieren (siehe „Fallen rund ums Organisatorische“). Oder beschäftigen Sie Zulieferer, die günstiger sind als Ihre Arbeitszeit.

Qualität muss stimmen

Fangen Sie jedoch niemals zu „huschen“ an. Ihre Qualität muss eine hohe bleiben, sonst haben Sie zwar hier pro Stunde viel verdient, aber der Kunde ist weg. Und es ist wesentlich zeitaufwändiger und teurer, einen neuen Kunden zu finden, als Folgeaufträge zu bekommen (siehe auch „Fallen bei der Kundenbindung“).
Stellt sich bei einer Anfrage eines potenziellen Kunden heraus, dass sich Ihr Stundensatz nicht reinholen lässt, dann spielen andere Faktoren eine Rolle, eventuell dennoch „Ja“ zu sagen:

1. Der Kunde öffnet Ihnen Türen bei anderen – lukrativeren – Kunden.
2. Der Auftrag ist super für Ihr Image.
3. Sie können Kontakte knüpfen, die Ihnen später weiterhelfen.
4. Sie können Arbeitsergebnisse für andere Projekte weiterverwenden etc.

Wägen Sie jedoch sehr genau ab, ob Sie unter Ihren Kosten arbeiten. Denn aus der nächsten Falle kommen Sie nicht mehr heraus.

Falle 4: Mit Dumpingpreisen in den Markt drücken

Für Newcomer ist es so verführerisch: Sie gehen mit Dumpingpreisen oder sogar zum Nulltarif in den Markt, fassen Fuß und später, wenn Sie „drin“ sind, erhöhen sie den Preis. Vergessen Sie es. Wenn Sie als Billigheimer auf dem Markt bekannt sind, dann werden Ihre Kunden nie mehr einen höheren Preis akzeptieren.

Natürlich spricht nichts dagegen, wenn Sie Produkten oder Ihrem Ladengeschäft mit Eröffnungsangeboten auf die Sprünge helfen („Einführungspreis: 9,90 € statt später 16,80 €“ oder „Sonderaktion zur Geschäftseröffnung: Haareschneiden 7,99 €“) – aber nur, wenn Sie dies dem Kunden deutlich als zeitlich begrenztes Anfangsschnäppchen präsentieren oder wenn billige Preise Ihre (kostendeckende) Strategie sind.

Machen Sie sich nicht selbst den Markt kaputt

Wer jedoch billig in den Markt geht und später erhöhen will, verdirbt sich oftmals den Preis. Warum sollte jemand plötzlich für eine Leistung, die nicht besser geworden ist, mehr bezahlen? Wo ist der Nutzen für ihn? Gut, vielleicht bleiben ein paar „Langsame“ hängen, aber die meisten Kunden springen – wenn sie nicht gerade Fans von Ihnen geworden sind – bei der ersten Preiserhöhung wieder ab.

Außerdem riskieren Sie, dass in den Köpfen potenzieller Klienten folgendes Bild entsteht:

- Wenn der sich so billig hergibt, dann kann er nicht gut sein.
- Wenn er so billig (oder zum Nulltarif) arbeitet, dann hat er keine Aufträge. Das heißt, den mag niemand, weil er bestimmt schlecht ist oder sonst einen Pferdefuß hat. Na, ich mag ihn dann auch nicht.

Folge: Es kommen keine Aufträge. Die kommen höchstens von Kunden, die sich billig mit einer Leistung eindecken wollen, und bei denen Sie dann vergeblich auf versprochene Folgeaufträge (mit höherem Honorar) warten.

Wenn Sie schon günstige (Einstiegs-)Preise gewähren wollen, dann spielen Sie lieber mit

- klar definierten Rabatten (Art und Höhe),
- Zahlungsbedingungen (Zahlungsweise, -fristen),
- Lieferbedingungen (Versandkosten, Erfüllungsort) und/oder
- Kreditkonditionen (Finanzierung, Raten, Leasing).

Falle 5: Keine Angebote schreiben

Kostentransparenz für Sie und den Kunden

Gewöhnen Sie sich an, bei neuen Kunden oder wenn Sie komplexere Leistungen erbringen, dass Sie ein Angebot oder eine Auftragsbestätigung schreiben. Das zwingt Sie, dass Sie sich Ihre voraussichtlichen Kosten klar machen, und öffnet Ihnen die Augen, ob ein schnell am Telefon genannter Preis wirklich realistisch ist. Sie sehen also – bevor Sie mit der Arbeit beginnen –, ob es sich überhaupt lohnt. Und Sie legen den Grundstein für eine vertrauensvolle Zusammenarbeit. Denn nichts ist ärgerlicher, als wenn zum Schluss die Leistung nicht den Vorstellungen des Auftraggebers entspricht oder Sie beim Preis nach oben gehen müssen (siehe dazu auch „Fallen bei der Kundenbindung").

Nehmen Sie sich die Zeit für ein gut aufgeschlüsseltes Angebot, das unterscheidet Sie von vielen Ihrer Mitbewerber. Bei denen geht es nämlich sogar so weit, dass sie nicht einmal Kundenanfragen beantworten, keine Angebote abgeben und sich somit langfristig das Geschäft kaputt machen.

Ausgebucht

Erwin Ackermann betreut als Hausverwalter verschiedene Wohnanlagen. In einer Anlage mit 120 Wohnungen will der Eigentümer die Bäder renovieren und Ackermann holt im April bei drei Fliesenlegerfirmen Angebote ein. Zwei Betriebe schicken ein Angebot, einer meldet sich gar nicht. Ackermann ruft an und bittet um Unterlagen, da er dem Eigentümer in der kommenden Woche die Angebote vorlegen muss. Doch die Firma Dunkler sagt, sie seien eh bis in den Herbst ausgebucht und würden deshalb kein Angebot abgeben. Ackermann geht mit zwei Angeboten zum Eigentümer, der die für Qualität bekannte Firma Flechtner beauftragt und entscheidet, die Arbeiten sollen nach der Urlaubszeit im Herbst durchgeführt werden.

Ende Oktober fliesen die Mitarbeiter von Florian Flechtner nicht nur in dieser Wohnanlage, sondern Ackermann hat sie auch mit den Arbeiten in drei anderen Anlagen beauftragt. Die Firma Dunkler schickt ihre Mitarbeiter währenddessen in Zwangsurlaub, da keine Aufträge anstehen.

Beachten Sie die folgenden Tipps bei der Gestaltungen Ihrer Angebote, dann machen Sie einen professionellen Eindruck und bekommen mehr Aufträge.

Professionelle Angebote schreiben

- Verschicken Sie Ihr Angebot immer mit einem einseitigen Begleitschreiben. Ein Zweizeiler („Anbei das von ihnen gewünschte Angebot ...") ist zu wenig.
- Prüfen Sie, ob an allen Stellen der Name und die Anschrift des Interessenten richtig geschrieben sind.
- Gestalten Sie den Einstieg persönlich und bringen Sie z. B. Eindrücke aus Ihrem gemeinsamen Gespräch hinein.
- Nennen Sie in diesem Begleitschreiben zwei Hauptvorteile Ihres Angebots, mit denen Sie sich vermutlich von der Konkurrenz unterscheiden. (Natürlich formulieren Sie nicht nach dem Motto: „Ich habe was, was die anderen wahrscheinlich nicht haben ...". Diesen Schluss kann der Interessent schon selbst ziehen!)
- Erwähnen Sie auch Zusatzleistungen, die der Kunde bei einer künftigen Zusammenarbeit genießt. (Zum Beispiel: Als Kunde von XY haben Sie zudem jederzeit Zugriff auf den geschützten Kunden-Account unserer Website, in dem Sie Ihren aktuellen Media-Plan und die Ausgaben für Werbebuchungen tagesaktuell einsehen können.)
- Prüfen Sie, ob in Ihrem eigentlichen Angebot alle dem Interessenten wichtigen Punkte enthalten sind. Er wird keine Lust haben, Informationen zu Punkten, über die Sie gesprochen haben, die nun aber im Angebot nicht auftauchen, nachzufragen.
- Formulieren Sie verständlich. Vermeiden Sie besonders bei Privatpersonen Fremdwörter und Fachbegriffe. Diese verwirren den Adressaten nur, er verliert die Lust, dieses Angebot weiterzulesen, oder hat sogar Angst, über den Tisch gezogen zu werden.
- Benutzen Sie für Ihr Angebot immer gedrucktes Briefpapier und einen sauberen Tintenstrahl- oder Laserdrucker aus. Schlampige Unterlagen machen einen unprofessionellen Eindruck und der Interessent zieht unbewusst Schlüsse auf Ihren generellen Arbeitsstil.
- Geben Sie deutlich lesbar Informationen, wo, wie und wann Sie am besten für Rückfragen erreichbar sind. Die Floskel „Für Rückfragen stehe ich natürlich zur Verfügung" ist überflüssig, denn das sollte ja wohl klar sein. Formulieren Sie eleganter, indem Sie zusätzliche Handy-Nummern o. Ä. angeben. ◂

Falle 6: Nicht nachfassen

Fahrlässig verpasste Umsatzchancen

Wussten Sie, dass 90 Prozent der Firmen, die einem Kunden ein Angebot machen oder einen Werbebrief geschickt haben, nicht nachfassen? Das heißt, sie machen sich die Mühe, einen potenziellen Kunden zu suchen, vielleicht sogar dessen Bedarf zu ermitteln, ein (maßgeschneidertes) Angebot zu machen und dann geben sie auf und melden sich nie wieder bei diesem Adressaten. Eine Todsünde, denn bis zu diesem Zeitpunkt haben sie schon viel Geld ausgegeben und Zeit investiert.
Warum aber fassen die Firmen nicht nach?
Hier die Gründe, die Selbstständige nennen, in Reihenfolge ihrer Häufigkeit:

Warum fassen Firmen nicht nach?

1. Wenn der Kunde sich nicht meldet, gehe ich davon aus, dass er meine Leistung nicht braucht (im Sinne von: ich bin überflüssig).
2. Ich traue mich nicht.
3. Ich hasse es, dem Kunden nachzulaufen.
4. Ich habe meinen Part erledigt. Wenn er was von mir will, soll er doch kommen.
5. Ist das üblich?
6. Ich habe Angst, den Kunden zu „nerven".
7. Keine Zeit.

Überlegen Sie jedoch, welchen Eindruck der potenzielle Kunde von Ihnen bekommt, wenn Sie nicht nachfassen. Versetzen Sie sich in seine Situation. Warum meldet sich der Kunde nicht bei Ihnen? Hier die Gründe, die uns die Kunden nennen, in der Reihenfolge ihrer Häufigkeit:

Warum meldet sich der Kunde nicht?

1. Wenn der sich nicht mehr meldet, dann will er wohl kein Geschäft mit mir machen.
2. Dem bin ich scheinbar nicht wichtig.
3. Der hat wohl einen Kunden gefunden, der mehr bezahlt als ich.
4. Der hat es nicht nötig.
5. Ach, da liegt ja noch dieses Angebot, das ich vor vier Wochen eingeholt habe. Mmm, was mache ich jetzt? Ach, ich lege es mal zur Seite …

6. Das Angebot wäre interessant, aber leider habe ich das Anschreiben mit den Kontaktdaten verloren und auf dem Angebot selbst steht nicht mal der Firmenname. Wer war denn das jetzt gleich?
7. Ich habe das Projekt gestrichen.
8. Ich habe den Auftrag einem anderen gegeben.

Wer fragt, führt

Sie sehen, in den meisten Fällen hat das Schweigen des Kunden nichts mit Ihrer Person oder Ihrem Angebot zu tun. Es ist die Einstellung oder die Bequemlichkeit, warum sich Kunden nicht melden. Springen Sie also über Ihren Schatten und fassen Sie nach. Sie können dabei nur gewinnen.

- Sie bringen sich in Erinnerung
- Sie signalisieren: „Hallo Kunde, du bist mir wichtig!“.
- Im Gespräch erfahren Sie wichtige Details über den Kunden und können entweder Ihre Argumente im Verkaufsgespräch anpassen (siehe „Fallen im Dialog“) oder generell Ihre Vorgehensweise überprüfen und künftig gezielter aktiv werden.

Es ist erwiesen: Firmen, die sich charmant und unaufdringlich in Erinnerung bringen und den Kunden fragen, wie sie ihm helfen können, machen in vielen Fällen das Rennen. Selbst wenn sie ein paar Euro teurer sind – sie haben dann den Draht zum Kunden und das ist es letztlich, was zählt.

Vom Nein zum Ja in fünf Minuten

Catherine Cohen ist Gospelsängerin und singt oft bei privaten Anlässen wie Hochzeiten oder Taufen. Eines Tages ruft eine Mutter an und fragt, ob Catherine bei der Taufe ihres Sohnes singen könne. Am entsprechenden Termin hat Catherine Zeit und sie bietet an, für 250 Euro den einstündigen Gottesdienst zu untermalen. Die Mutter will es sich überlegen und holt natürlich weitere Angebote ein. Alle Sänger verlangen zwischen 200 und 300 Euro. Sie ist unschlüssig. 14 Tage vor der Taufe entschließt sie sich, eine CD zu spielen. Am nächsten Tag ruft Catherine die Mutter an. Es ist ein sehr nettes Gespräch und die Mutter bucht die Gospelsängerin. Grund der Mutter: „Catherine war die Einzige, die sich bei mir nochmals gemeldet hat. Ich hatte den Eindruck, sie hatte wirklich Lust, bei uns zu singen, und jetzt habe ich ein gutes Gefühl, dass der Gottesdienst mit ihr ein Erfolg wird.“

Fallen bei der Kundensuche

Werbung – im weitesten Sinne – ist das Stiefkind unter allen Aufgaben, die ein Unternehmer zu stemmen hat. Unzählige Gründer machen einen Laden auf oder bringen ein Produkt oder eine Dienstleistung auf den Markt und hoffen, „das Ding wird sich schon verkaufen". Andere starten bereits mit einer Handvoll Kunden und vertrauen auf ihr Glück, dass der Strom nicht versiegt. Der dritte Gründertyp eröffnet sein Geschäft immerhin mit einer schwungvollen Marketingoffensive und manchem Presse-Echo. Doch dann ist er so vom Tagesgeschäft beansprucht, dass er seinen Außenauftritt komplett vernachlässigt. Die Folge: Die Kunden werden weniger, der Umsatz sinkt, die Krise ist vorprogrammiert.
(Zahlende!) Kunden zu finden ist immer wichtig – bei Gründern und Jungunternehmern noch viel mehr als bei etablierten Firmen, die mehr Zeit und Geld darauf verwenden, ihre Kunden zu halten. Eine Studie der Unternehmensberatung ExperConsult zeigt, dass junge Unternehmen

- 55 Prozent ihrer Arbeitszeit in die Akquisition neuer Kunden stecken (müssen),
- 15 Prozent in die Kundenbindung und nur
- zehn Prozent der Zeit für Produktinnovation und
- 20 Prozent für Produktpflege investieren.

Guter Auftritt nach außen

In über 80 Prozent der kleinen und mittelständischen Unternehmen findet ein systematisches Suchen nach Kunden allerdings gar nicht oder nur halbherzig statt, fand die Zeitschrift „Absatzwirtschaft" heraus. In anderen Unternehmen zeugen grauenhaft schlechte Auftritte zumindest vom guten Willen. Dabei ist ein guter Außenauftritt einfach. Und auch mit sehr wenig Geld und wenig Zeit können Sie hervorragende Aktionen machen.

Falle 1: „Werbung? Habe ich nicht nötig!"

Vielen Unternehmenschefs ist das „Baggern um den Kunden" ein Gräuel. Sie sehen ihre Dienstleistung oder die Entwicklung ihres Produkts als „Kür", das Verkaufen hingegen als „Pflicht". Ein fataler Fehler, denn die nachlässige Vermarktung gehört zu den häufigsten Fehlern, die Jungunternehmern das Genick brechen.

In vielen Fällen sind die Entrepreneurs so überzeugt von sich und ihrem Produkt, dass sie davon ausgehen, es verkaufe sich von selbst und es werde sich schon herumsprechen, wie gut es sei. Mag sein, dass Ihnen selbst in der wirtschaftlich angespannten Zeit ein Zufallstreffer gelingt. Aber wollen Sie wirklich Ihre geniale Geschäftsidee und das in die Firma investierte Kapital so leichtfertig aufs Spiel setzen?

Sie sind nur einer von vielen

Vergessen Sie nicht: Sie sind nicht alleine auf der Welt. Jedes Jahr kommen in Deutschland tausende neuer Produkte auf den Markt, die um das Geld der Konsumenten kämpfen. Und auch Dienstleister schießen wie Pilze aus dem Boden. 2003 haben sich alleine über 62.000 neue Gesellschafen im Handelsregister eintragen lassen, die „unternehmensnahe Dienstleistungen" bieten (z. B. IT-Unternehmen, Steuerberater, Web-Designer, Spediteure, Werbeagenturen etc.). Platz 2 in der Gründungsstatistik belegen die Groß- und Einzelhändler mit 18.202 neuen Firmen. Hinzu kommen die 659.000 Unternehmer, die lediglich ein Gewerbe anmelden (also keine Kapitalgesellschaft gründen) und als Tannenbaumverkäufer, Schreibbüro oder EDV-Spezialist um private Konsumenten, aber auch um Firmenkunden buhlen.

Seien Sie nicht so arrogant oder naiv, darauf zu warten, dass sich ein Kunde zu Ihnen verirrt. Der Kunde hat viele Möglichkeiten, von wem er eine bestimmte Leistung kauft. Und wenn er nicht einmal weiß, dass es Sie gibt, geschweige denn, was Sie konkret zu bieten haben, dann geht er den für sich einfachsten und schnellsten Weg: Er kauft bei dem, den er kennt. Und das sind leider nicht Sie.

Gut ausgelastet: Trotzdem werben?

Was aber ist, wenn Sie momentan einfach „dicht" sind? Wenn Sie momentan so viele Kunden haben, dass Sie dem Ansturm kaum noch Herr werden können? Besonders wenn Sie persönlich eine Dienstleistung erbringen, dann hat Ihre Kapazität ihre Grenzen. Sie können als Friseur maximal 20 Personen am Tag bedienen oder als Web-Designer z. B. nur einen oder maximal zwei Kunden pro Woche zufrieden stellen.

Würden Sie jetzt trotzdem massiv Kunden akquirieren, dann würden Sie sich verzetteln, hektisch werden und Ihren bisherigen Kunden nicht mehr die nötige Aufmerksamkeit für eine gute Leistung geben. Mehr Kunden zu suchen würde in Ihrem Fall tatsächlich bedeuten, über kurz oder lang weniger Kunden zu haben, weil Sie nicht mehr zuverlässig und gut arbeiten.

Akquise nicht vernachlässigen

Dennoch dürfen auch Sie das Thema Akquise nicht ganz unter den Tisch fallen lassen. Bei den „Fallen rund um mein Angebot" haben Sie vom Lebenszyklus gehört und auch gesehen, dass er auf Kunden ebenso zutrifft wie auf Produkte. Wenn Sie jetzt ohne einen Gedanken an die Zukunft Ihre momentanen Aufträge erledigen, dann werden Sie immer wieder in die Situation kommen, dass ein Auftrag erledigt ist – und ein riesiges Loch klafft. Plötzlich haben Sie nichts zu tun, Sie müssen auf Teufel komm raus Kunden finden, aber bis ein neuer Auftrag zustande kommt, das dauert. Das Dumme dabei: In dieser Zeit verdienen Sie keinen müden Euro. Und das kann Sie sehr schnell so nervös machen, dass Sie in puren Aktionismus verfallen.

Mit dem Kopf durch die Wand

Florian Flechtner ist verzweifelt. Kein Mensch hat auf seine Werbebriefe geantwortet und obwohl er von einem Hausverwalter immer mal wieder Aufträge bekommt, weiß er nicht, wie er seine Mitarbeiter bezahlen soll. An einem Wochenende macht er weitere 3.000 Briefe fertig – den Entwurf hatte er ja noch im PC –, die er in ganz Deutschland an Bauunternehmen verschickt. Außerdem fängt er am Montag an nachzutelefonieren. Eine öde und frustrierende Angelegenheit. Denn entweder haben die Adressaten den Brief nicht bekommen oder sie können sich zumindest nicht erinnern. ◂

Eine Stunde pro Woche

Gewöhnen Sie sich an, auch bei maximaler Auslastung jede Woche eine Stunde für neue Kontakte und Networking zu verwenden, die nicht sofort, aber in einigen Wochen oder Monaten zu Aufträgen führen können. Fahren Sie Ihre „Werbung" auf Sparflamme, damit garantieren Sie, dass immer irgendjemand aktiv mit Ihnen in Verbindung ist und Sie bei freien Kapazitäten schnell einen Folgeauftrag bekommen.

Falle 2: Werbekiller Tagesgeschäft

In vielen kleinen Unternehmen geht die Kundensuche im Tagesgeschäft einfach unter. Niemand hat Zeit, sich entsprechende Maßnahmen auszudenken, geschweige denn umzusetzen. Solange automatisch neue Kunden nachwachsen, ist das kein Problem. Aber Kunden unterliegen einem natürlichen Schwund: Sie wachsen aus Ihrer Zielgruppe heraus, sie sterben, sie gehen zur Konkurrenz etc.

Marketing als fester Bestandteil Ihrer Zeitplanung

Schlagen Sie mit Zeitmanagement-Tipps aus den „Fallen im Umgang mit mir selbst“ eine Schneise in Ihren Aufgabendschungel und delegieren Sie Aktivitäten an Mitarbeiter oder Außenstehende. Machen Sie Marketing zur Routine, dann läuft es auch ohne großen Zeitaufwand nebenher.

Sorgen Sie unbedingt dafür, dass alle Ihre Mitarbeiter von laufenden Werbemaßnahmen erfahren. Sie wären sonst nicht die erste Firma, die den Nachfrageschub nach dem neuen Sonderangebot nicht befriedigen kann. Nur weil Sie im hektischen Alltag „vergessen“ haben, dem Einkauf Bescheid zu geben, und leider nur noch drei Teile auf Lager sind. Peinlich auch, wenn ein Kunde bei Ihnen anruft und nach Details zu der Anzeige fragt, die „heute im Lokalblatt steht“, und Ihre Mitarbeiterin sagt: „Welche Anzeige? Um was geht es denn da? Da weiß ich leider nicht Bescheid.“

Falle 3: Falsche Vorstellung von „Werbung“

Werbung bedeutet Kontaktaufnahme

Viele Unternehmer halten nichts von Werbung, weil sie dabei lediglich an die nervenden Werbeunterbrechungen bei ihrem Filmabend oder beim Fußballspiel denken und an viel Geld. Dabei umfasst der volkstümlich als „Werbung“ bezeichnete Begriff der „Kommunikation“ im Marketing-Mix viel mehr als teure Fernsehspots oder Hochglanzbroschüren.

Im Prinzip werben Sie für sich, wann immer Sie, Ihr Name oder der Name Ihres Unternehmens oder Ihres Produkts mit einem potenziellen Kunden in Kontakt kommen. Waren Sie schon einmal verliebt? Wie haben Sie damals um die Gunst der Liebsten, des Liebsten geworben? Sie haben angerufen, Sie haben Blumen geschickt, einen Liebesbrief geschrieben, Sie haben Kinokarten besorgt und Sie haben versucht, sich so oft wie möglich zu sehen. Und

vielleicht haben Sie einen Freund eingespannt, er solle der oder dem Liebsten sagen, was für ein netter Kerl Sie sind (PR!).
Wenn Sie wollen, dass Ihre Kunden Sie lieben, dann gehen Sie einfach ähnlich vor. Nehmen Sie Kontakt auf und zeigen Sie, dass es Sie gibt und was Sie können. Welche Instrumente Sie dafür wählen, hängt davon ab, wen Sie ansprechen wollen (gewerbliche Kunden, Konsumenten, Handel) und auch wie Ihr Vertrieb organisiert ist (Direktabsatz, indirekter Absatz über Handel oder Mittler).

Instrumente der Kundenansprache

Werbung

- Werbung
  - Klassische Werbung: Anzeigen in Zeitungen, Zeitschriften, Anzeigenblättern, TV-, Radio- und Kinospots, Plakate
  - Direktmarketing: E-Mails, Wurfsendungen, persönlicher Brief (nur sinnvoll mit Antwortmöglichkeiten wie z. B. Antwortkarten, Coupons oder Angabe einer Info-Line, Fax-Nummer, E-Mail)
  - Sonderwerbeformen: Postkarten, Tüten, SMS etc.
  - Werbung am Point of Sales: Schaufensterdeko, Aufsteller etc.
  - Verpackung: oft vernachlässigt und lieblos gestaltet, das verprellt besonders häufig Endverbraucher
  - Product-Placement: Produkt taucht in einem Film auf (z. B. BMW in James-Bond-Film)
  - Schleichwerbung: Lancieren redaktioneller Berichte mit positiven Aussagen über Unternehmen oder Produkt
  - Merchandising: andere Produkte, die Ihr Logo in Lizenz abbilden dürfen und somit die Bekanntheit erhöhen
  - Internet: eigene Website (Achtung: rechtliche Vorgaben beachten!) oder Banner, Pop-ups, Splitscreen etc. auf anderen Sites
  - Ambientmedia: z. B. auf öffentlichen Toiletten, alles, was „draußen ist"; auch Beschriftung des eigenen Fuhrparks, Bandenwerbung
  - Guerillamarketing: Machen Sie anonym ausgefallene Aktionen (Plakate, Aufkleber, Straßenbemalung o. Ä.) oder loben Sie sich selbst in Online-Diskussionsforen. Das bringt Mund-zu-Mund-Propaganda.

Verkaufsförderung

- Verkaufsförderung
  - Schulungen: z. B. für Handelsvertreter, Verkäufer im Einzelhandel
  - Messen, Kongresse: Präsentieren Sie sich und Ihr Angebot und sprechen Sie gezielt mit potenziellen Kunden.
  - Für Zwischenhändler oder Endkunden: Aktionen, Treueprämien, Rabatte, Gewinnspiele, Geschenke, Gutscheine, Produktproben (rechtliche Vorgaben beachten!), Point-of-Sales-Displays
  - Verkaufsunterlagen: z. B. Broschüren Faltblätter, Flugzettel

Public Relations (PR)

- Public Relations (PR)
  - Events: Abendveranstaltungen, Produktpräsentationen etc. für Kunden, Händler, Mittler
  - Veröffentlichungen über Ihr Unternehmen oder Produkte
  - Sponsoring: Sie geben Geld für einen guten Zweck und Ihr Name taucht im Umfeld z. B. einer Veranstaltung auf.
  - Interne PR-Instrumente: Logo, Hausfarben, einheitliche Kleidung der Mitarbeiter, interne Sprachregelungen, Mitarbeiterfeste etc.

Gezielte Akquise

- Gezielte Akquise
  - Verkaufsgespräche: mit Kunden, um Vertrauen für Produkt und Unternehmen zu schaffen
  - Telefonakquise: zur Kontaktaufnahme zu Kunden
- Sonstiges

Datenbanken, Ich-Marketing etc.

  - Datenbanken: Eintrag in Branchenverzeichnisse (siehe Falle 5)
  - Ich-Marketing: Jeder öffentliche Auftritt von Ihnen macht Ihr Unternehmen bekannter (Vortrag auf einem Kongress, Autor eines Buches, Experte in redaktionellen Berichten etc.).

Synergie-Effekt

In der Regel werden Sie mehrere Instrumente einsetzen, die miteinander harmonieren müssen. Passen die Wege und die Botschaften zusammen, dann entsteht ein Synergie-Effekt: Die Maßnahmen befruchten sich gegenseitig und verstärken sich überproportional in ihrer Wirkung.
Im Prinzip ist also jeder Kontakt, den ein möglicher Kunde mit Ihnen und Ihren Produkten hat, eine Botschaft von Ihnen und summiert sich zu einer Wirkung: Sie erhöhen Ihre Bekanntheit im Markt, Sie pflegen Ihr Image und Sie fördern den Abverkauf.

Mit Netz sicher erfolgreich

Gerade in der momentan immer noch flauen wirtschaftlichen Phase bekommen die meisten Unternehmen 90 Prozent ihrer Aufträge aus ihrem Netzwerk. Nur zehn Prozent finden sie über Kaltakquise. Nutzen Sie also Ihre Kontakte, knüpfen Sie neue und pflegen Sie sie. Ein Unternehmer ohne Netzwerk ist wie ein Fisch ohne Wasser.

Falle 4: „Werbung machen kann doch jeder!"

Natürlich gibt es neben den Werbegegnern auch viele Unternehmer, für die Werbung ein Steckenpferd ist. Leider, muss man manchmal sagen, denn hausgemachte Werbeaktionen von Laien sind selten gut. Dies zu erkennen fällt den selbst ernannten Werbeprofis allerdings schwer. Schließlich werden sie ja selbst den ganzen Tag umworben, wissen genau, was ihnen gefällt und was nicht, und leiten daraus ab, wie „gute Werbung" sein muss. In vielen Firmen ist Werbung das „Hobby des Chefs".

Marketingprofi einstellen

Bereits ab fünf Mitarbeitern in einem Unternehmen mache es Sinn, eine Stelle für einen Marketingprofi zu schaffen, sagen Mittelstandsspezialisten. In der Realität richten die meisten Unternehmen jedoch erst ab 100 Mitarbeitern eine entsprechende Position ein. Und besetzen sie leider oft genug mit einem, „der sonst nirgends mehr gebraucht wird."

Rat von außen

Wenn Sie selbst Ihre Werbung konzipieren und kreieren wollen, dann eignen Sie sich bitte das wichtigste Werbe-Know-how an, lesen Sie entsprechende Bücher, besuchen Sie Seminare und holen Sie sich von Fall zu Fall fachlichen Rat von Dritten.

Sie profitieren in vieler Hinsicht:

- Die Aktionen werden besser.
- Sie sparen Geld für schmerzhafte Erfahrungen.
- Sie vermeiden viele der folgenden Fallen.

Falle 5: Betrügern auf den Leim gehen

Datenbanken und Branchenverzeichnisse

Sie können nicht immer nur aktiv auf neue Kunden zugehen, sondern müssen auch dafür sorgen, dass Sie von potenziellen Kunden gefunden werden. Ein absolutes Muss ist deshalb ein Eintrag in den für Sie wichtigen Datenbanken, regionalen Branchenverzeichnissen und Telefonbüchern.
Wählen Sie mit Bedacht aus, welches kostenpflichtige Verzeichnis für Sie überhaupt interessant ist. Gehen Sie nach der Devise „Qualität statt Masse“. Finden Sie heraus, in welchen Datenbanken Ihre künftigen Auftraggeber in der Regel nach neuen „Lieferanten“ suchen. Nicht immer sind die größten Datenbanken für Sie die besten.

Dubiose Adressverlage

Und wappnen Sie sich gegen Datenbankbetrüger. Dubiose Adressverlage zocken immer wieder Geschäftsleute ab. Sie verschicken als „Korrektur und Freischaltungsantrag“ betitelte Anschreiben mit der Bitte um Unterschrift, damit der vermeintlich kostenlose Eintrag korrekt ausgeführt werden kann. Im Kleingedruckten steht allerdings, dass für diesen Auftrag – je nach Abzocker – 845 bis 1.000 Euro netto zu zahlen seien und der Vertrag auf zwei Jahre gelte. Schnell haben Sie hier 2.000 Euro aus dem Fenster geworfen, für einen Eintrag in einer nutzlosen Online-Datenbank.
Viele betrogene Geschäftsleute versuchen im Nachhinein, aus diesem Fettnapf wieder herauszukommen – ohne Erfolg. Sie haben einen rechtsgültigen Vertrag unterschrieben und selbst vor Gericht unterliegen sie gegen die Betrüger, die sogar gnadenlos Mahnschreiben verschicken und mit Klage drohen. Die Hintermänner solcher Schwindeleien sind bekannt, jedoch können Justiz und Wirtschaftsvereinigungen gar nicht so schnell gegen sie vorgehen, wie diese Firmen auf- und wieder zumachen.

Augen auf, bevor Sie unterschreiben!

Der einzige Weg, sich zu schützen: Machen Sie die Augen auf und lesen Sie aufmerksam, was Sie unterschreiben. Informieren Sie auch Ihre Mitarbeiter. Denn schon oft hat eine Sekretärin etwas unterschrieben, weil sie dachte, der Chef wollte das so. Klingt dieser Tipp zu banal in Ihren Ohren, weil Sie penibel auf alles achten, was Sie abzeichnen? Gut, dann sind Sie hier nicht anfällig. Aber tausende anderer deutscher Firmenchefs wünschen sich, sie hätten besser aufgepasst, denn die Betrüger erschwindeln jedes Jahr Millionen.

Falle 6: Falsche Agentur auswählen

Das Wort „Betrüger“ kommt vielen Kleinunternehmern auch schnell über die Lippen, wenn sie von einer Werbeagentur sprechen, die ihren Auftritt mal so richtig aufpolieren sollte. In vielen Fällen muss man ihnen Recht geben. Denn was einige „Profis“ an kreativer Arbeit abliefern und wie viel Geld sie dafür kassieren, das ist schon manchmal eine Unverschämtheit.

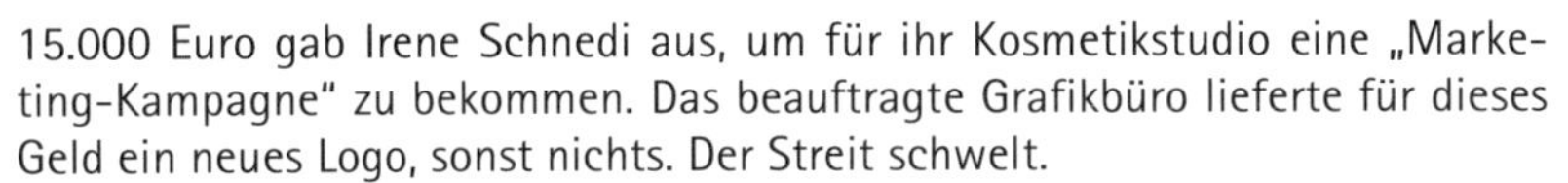

Von Agenturen „betrogen“

15.000 Euro gab Irene Schnedi aus, um für ihr Kosmetikstudio eine „Marketing-Kampagne“ zu bekommen. Das beauftragte Grafikbüro lieferte für dieses Geld ein neues Logo, sonst nichts. Der Streit schwelt.

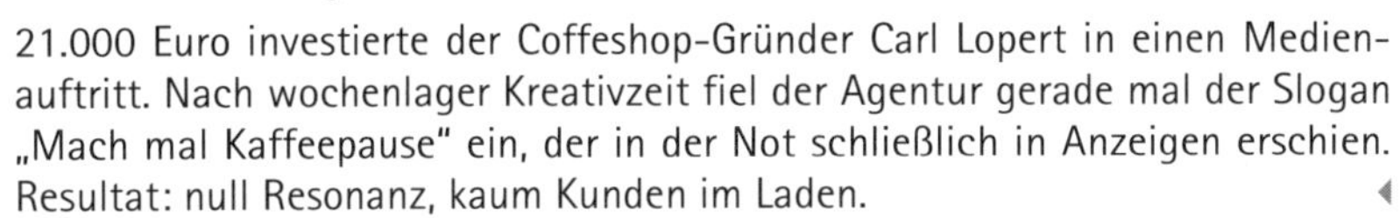

21.000 Euro investierte der Coffeshop-Gründer Carl Lopert in einen Medienauftritt. Nach wochenlager Kreativzeit fiel der Agentur gerade mal der Slogan „Mach mal Kaffeepause“ ein, der in der Not schließlich in Anzeigen erschien. Resultat: null Resonanz, kaum Kunden im Laden.

Viele grauenhaft schlechte Kampagnen und gnadenlos überteuerte Leistungen hätten die Auftraggeber allerdings verhindern können. Einfach indem sie zumindest ein bisschen Zeit investieren, um einen geeigneten Partner zu suchen und alles genau abzusprechen.

Doch leider suchen und finden kleine Unternehmen ihre Agentur meist nach dem Zufallsprinzip. Da zählt ein persönlicher Kontakt oder die Tatsache, dass die Agentur „um die Ecke“ liegt, mehr als die Leistung und die inhaltlichen Angebote.

Oftmals lassen sich Chefs auch von den großen Namen der Branche blenden und vergeben ihre Etats an die Gewinner von Kreativpreisen. Doch auch das ist kein Garant für eine gute Kampagne. Denn häufig erledigen in den großen Häusern die „Juniors“ die Arbeit für die „kleinen Fische“. Das kann gut gehen, muss es aber nicht.

Mit folgender Checkliste finden Sie eine für Sie passende Agentur oder andere Zulieferer (Grafiker, Direktmarketing-Agentur, Druckerei etc.), die Sie in Ihrem Geschäft wirklich weiterbringen. Auch diese Checkliste ist selbstverständlich auf Ihrer CD-ROM enthalten.

Checkliste: Marketingaktivitäten – Was will ich?

Was	Bemerkung
1. Eigene Erwartungen klären	
Welche Ziele will ich mit einer Marketingaktivität erreichen? (Die Aussagen „mehr Umsatz" oder „höhere Bekanntheit" reicht nicht aus. Werden Sie mit Zahlen konkret.)	
Welche Aktivität will ich einkaufen? (z. B. komplette Beratung, Mailing, Promotion. Je nachdem, zu welcher Agentur Sie gehen, bekommen Sie deren „Steckenpferd" angeboten!)	
Wie viel Euro will ich dafür ausgeben?	
2. Erwartungen an die Agentur abklären	
Welche Kommunikationsdisziplinen soll die Agentur abdecken (Full Service oder Spezialagentur)?	
Soll die Agentur in mehreren Städten/Ländern vertreten sein?	
Wie viel Leistung soll sie selbst erbringen, wie viel fremd einkaufen?	
Welches Know-how soll sie mitbringen (Region, Zielgruppe, außergewöhnliches Medium)?	
Sind mir Awards wichtig?	
3. Agentur ausfindig machen	
Wen kenne ich, der mit einer Agentur/einem Zulieferer gute Erfahrung gemacht hat? (Empfehlungen sind der einfachste und sicherste Weg, einen guten Griff zu machen!)	
4. Agentur unter die Lupe nehmen	
Welche Referenzkunden haben die potenziellen „Lieferanten"? (Fragen Sie nach Ansprechpartnern bei den Referenzen, um evtl. nachfragen zu können. Verlassen Sie sich nicht auf die Kundenliste auf der Website der Agentur, hier tauchen u. U. auch Firmen auf, die vor x Jahren mal ein Werbegeschenk über diese Firma bezogen haben.)	

Welche Erfahrungen hat die Agentur in meiner Branche. (Diese Kenntnisse sind bares Geld wert, denn die Agentur weiß somit bereits, wie Ihre Klientel „tickt". (Vorsicht: Konkurrenzausschluss!))	
5. Agentur präsentieren lassen	
Laden Sie zwei bis vier ernsthaft in Frage kommende Anbieter zum Pitch (und zahlen Sie dafür ein Honorar!).	
Welcher Vorschlag gefällt mir am besten?	
Stimmt die Chemie zwischen uns?	

Newcomer oder alter Hase?

Wenn Sie verschiedene Agenturen in die engere Wahl gezogen haben, dann entscheiden Sie nicht nur nach dem Preis. Wer billig anbietet, liefert oftmals schlechte Qualität. Gerade Newcomer versuchen, mit Dumpingpreisen Kunden zu finden, doch sie haben oft wenig Erfahrung und machen somit mehr Fehler.

Außerdem brauchen sie häufig länger als „alte Hasen" und Sie müssen mehr von Ihrer eigenen kostbaren Zeit in die verschiedenen Korrekturläufe investieren. Damit ist ein vermeintlich günstigerer Anbieter sehr schnell sehr teuer – denn Ihre Zeit kostet Sie ja bares Geld. Vorteil von Newcomern: Sie zeigen oftmals mehr Engagement und arbeiten härter und kreativer als eingefahrene Profis.

Vertrauen Sie auf Ihr Bauchgefühl: Welchen ersten Eindruck haben Sie von Ihrem künftigen Geschäftspartner? Wirkt er professionell? Wie werden Sie behandelt? Wenn Sie sich aus welchen Gründen auch immer nicht wohl fühlen, dann suchen Sie sich jemand anderen. Vertrauen ist die Grundlage für eine gute Zusammenarbeit!

Exaktes Briefing

Und natürlich werden Sie nur eine erfolgreiche Kampagne starten können, wenn Sie Ihre Agentur exakt briefen. Wo klare Ansagen zu Werbeziel, Zielgruppe, Etat, Timing etc. gemacht werden, senken Sie die Gefahr, dass Sie mit der Leistung Ihrer Agentur unzufrieden sind.

Halten Sie als Minimum die folgenden Punkte, die Sie ebenfalls auf Ihrer CD-ROM finden, schriftlich fest – wenn nicht die Agentur ohnehin eine Auftragsbestätigung mit diesen Inhalten schreibt:

Checkliste Werbeagentur

Was	Bemerkung
Welche Leistungen werden exakt erbracht (z. B. Kreation Logo; komplettes Marketingkonzept; Konzeption, Text und Bild für einen Flyer)? In welchem Umfang?	
Bis zu welchem Zeitpunkt muss die Leistung erbracht sein?	
Was passiert bei Verzögerungen?	
Welche Zwischengespräche, Berichte, ersten Entwürfe o. Ä. finden statt?	
Wie viele Korrekturläufe werden ohne Aufpreis ausgeführt?	
Welche Kosten entstehen für Drittleistungen (z. B. Druck, Anzeigenpreise)?	
Wie rechnet die Agentur Drittleistungen ab (Handling-Fee)?	
Wie rechnet die Agentur eigene Leistungen ab (Pauschale, nach Stunden, ...)?	
Wann wird das Honorar fällig?	
Wer erwirbt/behält welche Rechte?	

Machen Sie sich klar, dass Sie mehrere bindende Verträge und damit (finanzielle) Verpflichtungen eingehen. Unterschreiben Sie nichts, was unklar formuliert oder Ihnen unbekannt ist. Holen Sie lieber vorher fachlichen Rat, z. B. bei einem auf Werberecht spezialisierten Anwalt.

Geld sparen ohne Agentur

Geben Sie nicht alle Leistungen an eine Agentur. Viele Medien gewähren z. B. Regionalkunden, die direkt bei ihnen buchen, Rabatte. Beispiel Süddeutsche Zeitung: Eine Eckfeld-Anzeige im Lokalteil kostet für einen Kunden mit Media-Agentur 9.490 Euro. Regionalkunden ohne Agentur zahlen 6.900. Selbst wenn die Media-Agentur ihre volle Provision an den Kunden durchreicht, hätte er ohne Agentur über 1.000 Euro pro Anzeige gespart. Kaufen Sie also Strategie und Beratung von einer Agentur und buchen Sie dann selbst ein. Das spart Ihnen viel Geld, ohne dass Sie auf fachmännischen Rat verzichten müssen.

Falle 7: „Werbung ist mir zu teuer"

Gute und wirksame Werbung muss nicht teuer sein. Das beweisen viele Firmen, die mit einem Minietat eine großartige Idee entwickelt und damit einen enormen Erfolg erzielt haben. Und sogar große Konzerne haben ja bekanntermaßen in den letzten Jahren ihre Werbeausgaben zurückgefahren – heraus kamen jede Menge aufmerksamkeitsstarker Kampagnen, die nicht nur Kunden brachten. Es gilt die Maxime: Auch kleine Firmen mit kleinen Werbeetats können sich mit guten Ideen Gehör verschaffen.

Wirksame Werbung geht auch mit kleinem Budget

Günstig und stark

Zwei Wochen lang fielen im Herbst 2000 ganz besondere Blätter auf Frankfurt nieder. Auf buntem Laub, garniert mit einem Neonsticker und Slogans wie „Was im Herbst sonst noch so für Sie abfällt" erhöhte das „Journal Frankfurt" die Sympathiewerte für das Stadtmagazin. Rund 5.000 Euro kostete die Aktion, bei der die Blätter unter Scheibenwischer oder auf Bürgersteigen landeten. 2002 gab es Bronze beim Deutschen Mediapreis, Kategorie „Media-Idee des Jahres". ◂

Gerade bei kleinen Unternehmen mit kleinem Budget muss die kreative Leistung (Was sage ich wie?) und die mediale Leistung (In welche Medien gehe ich?) sehr gut sein. Fehler in Planung und Umsetzung bedeutet für die Kleinen ansonsten: Jahresbudget futsch, kein Erfolg. Einen Vorteil haben hier Unternehmen, die eine außergewöhnliche Leistung anbieten und damit kostenlose Medienberichte initiieren können.

Werbung fast zum Nulltarif

Werbung für eine Pizzabude in ZDF, SAT.1, Südwestfunk und Radio FFH? Niemals zu bezahlen? Aber möglich. Eine junge Frau schaffte im Wahljahr 2003 bundesweite „Werbung", weil die Sender in redaktionellen Beiträgen über ihre originellen Pizzakreationen berichteten: Marke „Gerhard" (mit Krakauer Currywurst und leichtem Rot-Ton) und „Edmund" (inklusive Münchner Weißwurst). Fünf Millionen Medienkontakte (mit Funk und witzigen Flyern) schaffte die Jungunternehmerin und avancierte zum Stadtgespräch und Medienstar. Und gewann vor Ort viele Neukunden. ◂

Aber auch Allerweltsprodukte können Sie pfiffig bewerben und damit kostengünstig in die Schlagzeilen kommen.

Falsche Hose

Ein Textilproduzent schickte in 30 deutschen Städten falsche Politessen auf die Straßen. Diese verteilten jedoch nicht Knöllchen an Falschparker, sondern kontrollierten die Hosen männlicher Passanten. Unflotte Beinkleider brachten prompt einen „Strafzettel", auf dessen Rückseite die aktuelle Hosenkollektion des Unternehmens präsentiert wurde. Zudem bekamen die Modesünder eine „Vorladung" in die nächste Filiale. Der „Polizeieinsatz" brachte dem Hersteller neben einem beachtlichen Medienecho eine Umsatzsteigerung von mehr als zehn Prozent.

Medienwirksame Anlässe schaffen

Das Grundprinzip solcher Ideen können Sie auf Ihre PR-Arbeit übertragen. Schaffen Sie einfach einen Anlass für eine Medienberichterstattung, bei dem ein Motiv für ein witziges Pressefoto garantiert ist. Wenn Sie dann selbst noch einen guten Fotografen hinschicken, dann können Sie auch nach der Aktion Medien mit Eindrücken und einem kleinen Bericht versorgen, die nicht vor Ort waren.

Kosten der Öffentlichkeitsarbeit

Natürlich kostet jede Art von Werbung Geld. Aber halten Sie sich vor Augen: Von nichts kommt nichts. Ein Minimum an Werbebudget muss sein – tausend Handzettel gibt es schon ab 40 Euro. Und das können Sie sogar von der Steuer absetzen. Wie viel Sie für Kontakte zu Ihren Kunden ausgeben, dafür gibt es keine Patentlösung. Denn es hängt davon ab,

1. in welcher Phase sich Ihr Unternehmen/Produkt befindet,
2. wie schnell Ihnen „alte" Kunden abspringen (Ihr Geld fließt also in die Akquisition und nicht in die Kundenpflege),
3. wie „hochwertig" Sie Ihre potenziellen Kunden ansprechen,
4. wie viele Menschen Sie auf einmal ansprechen können:
   - Einzelwerbung (Kundenbesuche, individuelle Angebote),
   - Mengenwerbung (bestimmte Zielgruppen in einer Gruppe, z. B. die Studenten unter den Zeitschriftenabonnenten),
   - Massenwerbung (bestimmte Zielgruppe, die Sie über die Massenmedien erreichen, z. B. für Konsumgüter),

5. wie viel Geld Ihre Geschäftsplanung hergibt. Üblich ist eine Prozentsatz-Methode, die sich am Umsatz bzw. am Gewinn des vorherigen Geschäftsjahres orientiert. Solche Prozentzahlen gibt es auch von einzelnen Branchen, d. h. Sie können sich an den Gepflogenheiten der Branche oder der Mitbewerber orientieren. Gefahr dabei: In Ihrem Haus gelten andere Maßstäbe als bei den Mitbewerbern und Sie geben demnach zu viel oder zu wenig aus;
6. welches Ziel Sie mit der Maßnahme erreichen wollen. Das ist die beste Methode!

Antizyklisch werben!

Trauen Sie sich ruhig, antizyklisch zu werben. Geben Sie mehr Geld aus, wenn das Geschäft nicht so gut läuft oder der Markt schwierig ist. Die meisten Firmen sparen an der Werbung zuerst und lösen damit oftmals eine Spirale nach unten aus. Firmen hingegen, die z. B. in den vergangenen Krisenjahren unverdrossen weiter geworben haben, haben heute einen höheren Marktanteil und Bekanntheitsgrad und verbuchen zum Teil mehr Gewinn.

Ausschreibungen nutzen

Ausschreibungen sind ein wichtiges Instrument, um Kunden zu gewinnen. Hier bekommen Sie ohne vorherige Akquisitionsleistung Interessenten auf dem silbernen Tablett serviert. Durchforsten Sie Bekanntmachungsblätter (www.bundesausschreibungsblatt.de, www.oeffentliche-ausschreibung.de, für internationale Ausschreibungen www.bfai.de) oder Fachzeitschriften. Oder nutzen Sie einen Ausschreibungsservice. Das Dienstleisterverzeichnis für Marketing, Werbung, Kommunikation „werwowas.de" informiert z. B. Firmen, die in der Datenbank gelistet sind, per E-Mail von Anfragen potenzieller Kunden. ◂

Wappnen Sie sich unbedingt dagegen, dass Ihnen Ihre Werbeentscheidungen zu teuer werden. Lassen Sie sich keine Maßnahmen einreden, „die Sie unbedingt machen müssen" oder für die Sie ein „besonders günstiges Angebot bekommen" und prüfen Sie genau die Ausstiegsklauseln aus Verträgen. Überlegen Sie bei jeder Werbemaßnahme, welches Ziel Sie damit erreichen wollen und ob das im Verhältnis zum finanziellen Aufwand steht. Schon viele Unternehmer haben hier viel Geld verbrannt, weil sie für sie ungeeignete Werbeträger gebucht oder für sie unnütze Werbegeschenke gekauft haben.

Unnütze Werbung

Eine Kosmetikerin kaufte sich bei der Bandenwerbung am lokalen Fußballplatz ein – und kam auf fünf Jahre aus dem für sie unpassenden Vertrag nicht raus.

Eine Physiotherapeutin ließ sich von einem Vertreter für 3.000 Euro 5.000 Duschgels aufschwatzen als Give-Away für ihre Kunden – die Flaschen zeigten nicht einmal ihr Logo.

Falle 8: Einmal laut und kräftig auf die Werbetrommel schlagen

Gerade aus der Not heraus, nur wenig Geld zu haben, machen viele Unternehmen fatale Anfängerfehler. Den meisten erscheint eine ganzseitige Anzeige im Spiegel erst einmal attraktiver als hundert Anzeigen in einem Lokal- oder Fachblatt. Aber die Werbewirkung ist bei den „kleinen Brötchen" wesentlich höher.

Steter Tropfen höhlt den Stein

In ihrer Grundlagenforschung haben Experten festgestellt, dass eine Werbebotschaft nur wirkt, wenn ein Kunde mehrmals damit in Berührung kommt. So muss er beispielsweise sieben- bis achtmal eine Anzeige in einer Zeitschrift sehen, um sich zu erinnern und eventuell zu reagieren. Da Sie davon ausgehen können, dass ein potenzieller Kunde nicht immer die Zeitung von vorne bis hinten genauestens studiert, müssen Sie also wesentlich häufiger Ihre Werbung schalten, um ein Resultat zu erreichen.

Unternehmer, die aus Unwissen – oder aus Eitelkeit – in renommierten und teuren Medien werben, haben nicht nur erhebliche Streuverluste, sondern reduzieren damit automatisch ihre mögliche Kontaktzahl und so die Wirkung der Werbung.

Und das machen sie auch nicht damit wett, dass sie mit aller Macht versuchen aufzufallen. Im Gegenteil! Indem sie einen noch lauteren Radio-Spot machen, mit riesigen Schrifttypen in Anzeigen oder Prospekten die Leute „erschlagen" oder mit knalligen Farben (die nicht zum Image ihres Unternehmens passen) ein Augenleiden verursachen, vergraulen sie sogar potenzielle Kunden. Und auch die beliebte barbusige Lady, die sich lasziv auf ihrem Produkt räkelt, ruiniert eher ihr Image, als dass sie Kunden bringt.

In der Masse fällt derjenige auf, der den Nerv der Zielgruppe trifft. Das geht ganz leise und unaufdringlich, wenn Sie ein Gespür dafür entwickeln, was die Aufmerksamkeit Ihrer Kundschaft auf sich zieht.

Sensibel werben

Falle 9: Keine Erfolgskontrolle

Viele Unternehmer denken, „Werbung bringt eh nichts". Dabei haben sie den Erfolg ihrer Marktingaktivitäten niemals gemessen. Sie hingegen wissen ja jetzt schon, dass Zahlen der Pulsmesser eines gesunden Unternehmens sind. Auch im Marketing gibt es Kennzahlen, die über Top oder Flop aussagen.

Überprüfen Sie regelmäßig, wie sich Ihre Kommunikationsaktivitäten auswirken. Das geht natürlich nur, wenn Sie zuvor präzise Ziele formuliert und Messgrößen definiert haben. „Wir wollen bekannter werden" oder „mehr verkaufen" ist zu ungenau. Sagen Sie: „Wir wollen unsere Bekanntheit bei der Zielgruppe Frauen von 25 bis 35 Jahre um 25 Prozent erhöhen." – „Wir wollen 900 zusätzliche Aufträge an Land ziehen." Auf dieser Basis können Sie dann genau planen, mit welchen Werbemitteln und welchem Budget Sie die Zielgruppe ansprechen müssen, um dieses Ziel zu erreichen. Und Sie können anschließend den Erfolg der Aktion messen.

Werbeziele genau formulieren

Erfolgskontrolle ist wichtig – rechnet sich die Werbung?

Sie schicken 3.000 Werbebriefe an potenzielle Kunden und gewinnen damit 93 zusätzliche Bestellungen. Pro Bestellung haben Sie einen Gewinn von 13 Euro.

Gesamtkosten der Aktion	6.900 Euro
Zusätzlicher Gewinn (93 Bestellungen à 13 Euro)	1.209 Euro
Wirtschaftliches Ergebnis	– 5.691 Euro

Die Aktion war ein Flop.

Als Messgröße dienen bei der Erfolgskontrolle Absatz und Umsatz, aber auch die Rücklaufquote eines Mailings („Response"), die Zahl der Besucher beim Tag der offenen Tür oder das Presse-Echo. Wertvolle Infos liefern

Messgrößen für den Werbeerfolg

auch Kundenbefragungen, beispielsweise nach Werbung in Massenmedien. Denn in der Regel erfahren Sie ja nicht, ob ein Kunde aufgrund einer Anzeige zu Ihnen kommt oder aus anderen Gründen (Mund-zu-Mund-Propaganda, Zufall, Branchenbuch etc.). Also finden Sie es heraus.

Erfolgsanalyse

Vergleichen Sie Ihre Zielsetzung mit dem Ergebnis (Soll-Ist-Vergleich). Haben Sie Ihr Ziel erreicht? Wenn nicht, suchen Sie die Schwachstellen: War die Idee schlecht, die Umsetzung unzureichend oder ist vielleicht Ihr Ziel unrealistisch? Im schlimmsten Fall stellen Sie fest, dass die gesamte Strategie auf Sand gebaut ist. Dann hilft nur eine völlige Neuorientierung.

Falle 10: Fehlende Kundenorientierung

Wenn eine Werbemaßnahme floppt, liegt es oft daran, dass der Werbungtreibende kein bisschen an den Adressaten gedacht hat. Die meisten Betriebe präsentieren Aussagen, die für den Kunden absolut uninteressant sind und ihn deshalb nicht zum Handeln (= Informieren, Kaufen) motivieren.

Tausend Pizzen pro Minute – ein Vorteil für den Kunden?

„Die größte Pizzeria der Welt. 1.000 Pizzen pro Minute." – so ist auf einem Lkw zu lesen. Ist es für mich als Pizza-Esser ein Vorteil, dass ein Tiefkühlpizzenhersteller 1.000 Pizzen pro Minute produziert? Vor meinem inneren Auge sehe ich sofort lieblose Massenware, sterile und menschenleere Hallen und mir vergeht der Appetit.

Schalten Sie in puncto Verkauf und Kommunikation den Erfolgsturbo ein. Einfach indem Sie sich fragen: „Welchen Nutzen will der Kunde kaufen und welche Leistungen machen ihn glücklich?“ Merken Sie, was passiert? Der Kunde rückt mit seinen Bedürfnissen in den Mittelpunkt Ihrer Überlegung. Wenn Sie jetzt noch dem Kunden klipp und klar sagen, welchen von diesen Wünschen Sie ihm erfüllen können, dann haben Sie gewonnnen. Wie gesagt: Menschen kaufen nicht Ihr Produkt, sondern eine Lösung ihrer persönlichen Probleme. Und Sie kaufen nur dann bei Ihnen, wenn Sie mehr bieten als die Konkurrenz. Diesen Vorteil müssen Sie kultivieren und vor allem kommunizieren.

Nichts Neues?

Mag sein, dass die auf S. 72 genannten Vorteile von McDonald's und der Stadtsparkasse München bei den Mitbewerbern längst gang und gäbe sind. Vielleicht braucht Burger King seit jeher nur 50 Sekunden, um eine Bestellung fertig zu machen, oder andere Banken entscheiden – wenn alle Unterlagen vorliegen – innerhalb von 30 Minuten, ob sie einen Kredit vergeben. Der Knackpunkt ist jedoch: Sie haben es nicht deutlich gesagt. Erst aufgrund der Kampagnen der beiden Firmen wurde den Konsumenten deutlich: „Aha, da habe ich einen Zeitvorteil!" – und das spielt den Urhebern der cleveren Idee, die sie laut und deutlich kommunizieren, in die Hände.

Positive Gefühle wecken

Natürlich können Sie mit einem besonderen Nutzen Ihr Angebot auch „positiv aufladen", wie es im Fachjargon heißt. Das heißt, Sie verwenden Bilder und Worte, die im Leser oder Zuschauer ein positives Gefühl wecken. Und lediglich indem Sie dieses positive Gefühl z. B. in einer Anzeige mit Ihrem Angebot verquicken, kauft der Kunde eher bei Ihnen. Passen Sie aber auf, dass dieser Begriff nicht schon von der Konkurrenz besetzt ist, sonst arbeiten Sie denen in die Hände. Wichtig ist nämlich, dass Sie sich durch Kommunikation von Mitbewerbern absetzen können.

Der persönliche Nutzen

Egal ob Sie potenzielle Käufer mit einer Anzeige, einem Prospekt, einem Brief oder am Telefon kontaktieren, rücken Sie den Kunden in den Mittelpunkt und sagen Sie ihm, welchen Nutzen er persönlich für sich von gerade Ihnen erwarten kann. Gesichtslose und offensichtlich standardisierte Massenaktionen landen sofort unbeachtet im Müll oder verärgern die Kunden. Umgehen Sie die häufigsten Fallstricke im Werbebrief, bei der Telefonakquise und im Beratungsgespräch – den Königsdisziplinen in kleinen und mittleren Unternehmen. Wie, das sehen Sie bei den „Fallen im Dialog".

Den Kunden kennen lernen

Bevor Sie aktiv werden, machen Sie sich ein genaues Bild von Ihren Kunden. Dies geht über die Marktanalyse für die strategische Planung hinaus. Während Sie dort Fragen zum Markt und der Zahl potenzieller Kunden geklärt haben, müssen Sie jetzt wissen, wie Ihre Kundschaft „tickt", um sie gezielt und richtig anzusprechen.

Je mehr Sie über Ihren Kunden wissen, desto besser können Sie ihn da packen, wo der Schuh drückt. Und damit schlagen Sie zwei Fliegen mit einer Klappe. Zum einen fühlt sich der Adressat von Ihnen ernst genommen und ist damit offener für Ihr Angebot. Zum anderen sparen Sie sich Zeit und

Geld, um Personen oder Firmen anzusprechen, die ohnehin keinen Bedarf an Ihrer Leistung haben.

Verschaffen Sie dem Kunden ein klares Bild

In Bezug auf Ihr Angebot haben Sie bereits gesehen, dass Sie mit einer gewissen Spezialisierung mehr Kunden gewinnen als mit einem Sammelsurium an möglichen Leistungen. Das Gleiche gilt für Ihre Kommunikation. Entscheiden Sie sich, wie die Kunden Sie wahrnehmen sollen, und stimmen Sie Ihre Aktivitäten darauf ab. Positionieren Sie sich klar, damit der Kunde ein klares Bild vor Augen hat, wer Sie sind. Verwirren Sie in nicht mit einer Vielzahl (gegenläufiger) Botschaften. Wenn Sie mal trendig, mal traditionell daherkommen, mal fröhlich-frech und dann wieder seriös-gedeckt, dann fehlt dem Kunden die Sicherheit und er geht lieber zur Konkurrenz. ◂

Falle 11: Scheuklappen vor der Konkurrenz

Sie sind nicht alleine im Markt. Und selbst wenn Sie als Erster mit einem neuen Produkt oder einer Innovation an den Start gehen – die Konkurrenz schläft nicht und ist schneller an Ihren Kunden dran, als Sie glauben. Beobachten Sie deshalb Ihre Mitbewerber. Mit welchen Instrumenten, mit welchen Aussagen werben sie?

Heben Sie sich von der Konkurrenz ab

Heben Sie sich bewusst von der Vorgehensweise der andern ab. Suchen Sie sich andere Wege zum Kunden und picken Sie sich andere Werbebotschaften heraus. Große Möbelhäuser warben beispielsweise alle jahrelang mit der Quadratmeterzahl ihrer Verkaufsfläche. Doch damit entstand im Kopf der Verbraucher nur ein diffuses Bild, eine bewusste Kaufentscheidung aufgrund der Werbung lösten diese Anzeigen oder Spots nicht aus. Profilieren Sie sich durch ehrliche Vergleiche, indem Sie dem Kunden klar machen, wo Sie selbst stark sind und die Konkurrenz schwächer ist. Und dafür müssen Sie sich gar nicht direkt und offen mit den Mitbewerbern messen.

Vergleichende Werbung

Vergleichende Werbung ist in Deutschland seit einigen Jahren erlaubt. Dennoch tun es nur wenige. Warum? Die Hersteller befürchten:

- Jeder Vergleich mit der Konkurrenz bewirbt auch deren Produkte;
- einen „Mitleidskauf" der Konsumenten („Jetzt haben die den so runtergemacht, da muss ich ihn unterstützen.");
- Negativbotschaften fallen auf einen selbst zurück („Wer so die Nachteile des anderen betont, der hat selbst was zu verbergen.").

Meist fehlen den Firmen jedoch schlichtweg kreative Ideen, wie sie unterhaltsam und „schonend" vergleichen können. ◂

Angebot zur Marke machen

Gut gelingt eine Alleinstellung im Markt, wenn Sie Ihr Angebot zur „Marke" machen. Und das gilt nicht nur für Top-Marken wie Coca-Cola oder Mercedes. Auch ein EDV-Anbieter kann es schaffen, dass sein Name für guten Service und Schnelligkeit steht. Oder der Dorfbäcker ist ein Garant für Backkunst ohne Chemie. Fragen Sie: „Was macht mein Angebot in meinem Markt einzigartig?" und teilen Sie diese Stärke so mit, dass der Kunden merkt: Das nützt mir wirklich.

Oil of Olaz

Der Hersteller der Gesichtscreme Oil of Olaz stellte im Vergleich zu seinen Mitbewerbern fest, dass sein Produkt einen höheren Feuchtigkeitsgehalt hat. Doch mit diesem Produktvorteil ließ sich nicht punkten. Deshalb bewarb das Unternehmen „die Gesichtspflege für die Haut ab 30" und wurde unangefochtener Marktführer. ◂

Wie wird die Konkurrenz reagieren?

Machen Sie sich auch vorab Gedanken, wie ein Mitbewerber auf Ihre Marketingaktionen reagieren wird. Denn dass er reagiert, ist sicher. Senkt er die Preise? Startet er auch eine Werbeaktion? Überlegen Sie sich, wie dann Sie wiederum reagieren. Planen Sie eine langfristige Strategie, denn Einmal-Aktionen bringen nichts.

Was für andere gut ist, ist für Sie nicht immer gut

Gerade Kleinunternehmern und Mittelständlern, die sich keine eigenen Kommunikationsprofis leisten können, fehlt häufig das Grundwissen, wie und wann Werbung am besten wirkt. Oftmals machen sie andere erfolgreiche Konzepte nach, obwohl diese nicht zu ihrem Geschäft passen. Wenn z. B. ein Radiosender früh morgens an Autofahrer vor der roten Ampel Croissants verteilt mit dem Hinweis, doch *Antenne Hörgut* einzuschalten, dann passt das. Macht das Gleiche ein Hosenhersteller, dann fehlt einfach der Bezug. Vorsicht: Me-too spielt dem Vorreiter in die Arme: Wer anderen eine gute Idee nachmacht, riskiert, dass die Empfänger wieder glauben, das Geschenk (oder die Werbung) kommt von dem, von dem sie es als Erstes gesehen haben. Im schlimmsten Falle machen Sie damit also Werbung für den Mitbewerber.

Falle 12: Falsches Medium für die falschen Leute

Wer hört, liest oder sieht eigentlich was?

Schuhgeschäftsbesitzerin Elvira Schukraft will ihrer Konkurrenz *trendshoes* jetzt endlich Paroli bieten. Sie ordert eine Extralieferung Komfortschuhe und ein Vertreter des Lokalsenders bietet ihr an, für 2.000 Euro einen 30sekündigen Spot zu produzieren und eine Woche lang zu schalten. Der Spot „Kraftvoll gehen mit Schuhen von Elvira Schukraft" geht dreimal täglich *on air*, doch die Ladenglocke scheppert nicht öfters als zuvor.

Der richtige Weg zum Kunden

Schon oft sind Geschäfte leer und Veranstaltungen ohne Gäste geblieben, Produkte und Dienstleistungen nicht gekauft worden, weil die werbenden Unternehmen keine Ahnung hatten, auf welchem Wege sie ihre Kundschaft am besten ansprechen. Sie haben sich viel Arbeit gemacht, den Nutzen für die Kunden herauszuarbeiten, und haben dies auch gut in Anzeigen, Spots oder Aktionen umgesetzt. Aber ihre Botschaften verhallten ungehört oder ungelesen. Einfach weil sie zur falschen Zeit am falschen Ort erschienen.

So wie bei Elvira Schukraft. Sie hat sich für das schnelle und kostengünstige Medium Radio entschieden, ohne zu wissen, dass die meisten Lokalsender ein jugendliches Programm haben und daher von Senioren – ihre Zielgruppe für die Komfortschuhe – überhaupt nicht gehört werden. Auf „älteren" Sendern wie z. B. Bayern 1 (Kernzielgruppe 40 bis 60 Jahre) wäre sie besser gelegen, wobei hier viel zu viele Menschen den Spot gehört hätten, die zu weit entfernt wohnen, um bei Schukraft Schuhe zu kaufen. Sender mit viel Zuschauern oder Hörern heißt nicht, dass diese Medien besser für Sie geeignet sind. Sie sprechen zwar viele Leute an, doch nur wenige davon kommen für Sie überhaupt als Kunden in Frage. Im Werbejargon spricht man hier von „Streuverlusten“.

Falle 13: Zu hohe Streuverluste

Es gilt die Faustregel: Je spezieller Ihr Angebot oder Ihre Zielgruppe ist und je kleiner Ihr (regionaler oder lokaler) Markt ist, desto besser sind Sie in kleinen, spezialisierten Medien und in spezialisierten Aktionen aufgehoben. Oder in Zeitschienen bei Funkmedien, die zwar weniger Zuschauer oder Hörer haben, dafür aber mehr von den für Sie wichtigen Menschen.
Doch viele Unternehmer verpulvern lieber viel Geld, um viele Menschen anzusprechen, anstatt die wirklich wichtigen Ansprechpartner herauszupicken. Entweder weil sie sagen: „Mein Produkt ist für alle Menschen interessant“ oder sie wollen sich einfach nicht die Mühe machen, eine Auswahl zu treffen. Besonders auffällig ist das, wenn Kleinunternehmer per Brief oder Telefonat auf Kundenjagd gehen (siehe Falle 14).

Markt-Media-Analysen nutzen

Nutzen Sie allgemeine Studien und Markt-Media-Analysen (s. u.), die wertvolle Informationen über Ihre Zielgruppe und über die für Sie relevanten Medien liefern. Sie sind zwar relativ teuer, doch diese Investition haben Sie schnell wieder eingespart, weil Sie künftig besser und effektiver Ihr Angebot kommunizieren können. Diese Studien sind auch Basis der Arbeit von Werbeagenturen und den Marketingabteilungen großer Konzerne.

Wichtige allgemeine und jährlich erscheinende Markt-Media-Analysen

Name	Inhalt u. a.	Kontakt
ACTA Allensbacher Computer- und Telekommunikations-Analyse 2003	Besitz- und Konsumdaten; psychologische Merkmale	Institut für Demoskopie Allensbach
AWA Allensbacher Werbeträger-Analyse	Besitz- und Konsumdaten; psychologische Merkmale	Institut für Demoskopie Allensbach
CN Communication Networks 7.0	Werbeaufgeschlossenheit, div. Marktberichte, Konsummerkmale und Interessen von Menschen	FOCUS Magazin Verlag GmbH, München

Kids VerbraucherAnalyse	Produktverwendung, Freizeitgestaltung, Besitz und Wunsch u. v. m.	Egmont Ehapa Verlag
LAE Leseranalyse Entscheidungsträger in Wirtschaft und Verwaltung	Entscheidungsfunktion und -kompetenz der Führungskräfte und Entscheidungsträger in Wirtschaft und Verwaltung nach Branchen und Tätigkeiten z. B. für Ausstattung, Anschaffungsabsichten, Geldanlage, Reise u. v. m.	LAE – Leseranalyse Entscheidungsträger e. V.
MA Media-Analyse 2004 Pressemedien (2×/Jahr)	Reichweiten klassische Medien, Werbemittelkontaktchancen, Einkaufsgewohnheiten	Arbeitsgemeinschaft Media-Analyse e.V. (AG.MA)
TdW Typologie der Wünsche Intermedia 2003/04	Reichweiten von Werbeträgern, Konsumdaten, psychografische Daten, Zielgruppenmodelle	TdW Intermedia GmbH & Co.KG, Offenburg
VA VerbraucherAnalyse 2003/I	Konsumdaten, Anschaffungsplan, Einstellung, soziale Werte	Axel Springer Verlag AG, Bauer Verlagsgruppe

Falle 14: „Spammer" aus Versehen

Werbebriefe – und mit steigender Tendenz E-Mail-Werbung – sind eines der häufigsten Instrumente, mit denen Unternehmen Kontakt zu einem möglichen Kunden aufnehmen.

Empfänger unbekannt

Die Adressen von Menschen, mit denen sie bislang nichts zu tun hatten, kaufen sie in der Regel von Adresshändlern oder suchen sie selbst aus den Branchenbüchern heraus. Und leider sparen ganz viele hier am falschen Ende. Denn natürlich sind „unqualifizierte" Adressen günstiger als die Daten von Personen, von denen der Händler neben Namen und Anschrift viele Zusatzinformationen hat (Alter, Familienstand, Beruf, Position, Einkommen, Kinderzahl etc.). Je detaillierter die Infos sind, desto teurer. Aber

je weniger Sie über Ihren Adressaten wissen, desto mehr Leute schreiben Sie an, die sich überhaupt nicht für Ihr Angebot interessieren.
Täglich schicken tausende von Firmen ein (unaufgefordertes) Angebot oder eine Image-Broschüre an andere Firmen, ohne zu wissen, ob dort generell Interesse an dieser Art von Unterstützung besteht. In einer Umfrage fand die Kommunikationsberatung nas!projects heraus, dass selbst inhabergeführte Werbeagenturen scheinbar vollkommen planlos nach neuen Kunden suchen. In den Augen der Kunden disqualifizieren sie sich, weil sie willkürlich und ohne ausreichende Recherche bei potenziellen Kunden anklingeln. Und die müssten es doch eigentlich wissen!

Aha-Erlebnis

Als Fliesenlegermeister Florian Flechtner den von ihm angeschriebenen 5.000 potenziellen Kunden nachtelefonierte, stellte er fest, dass er

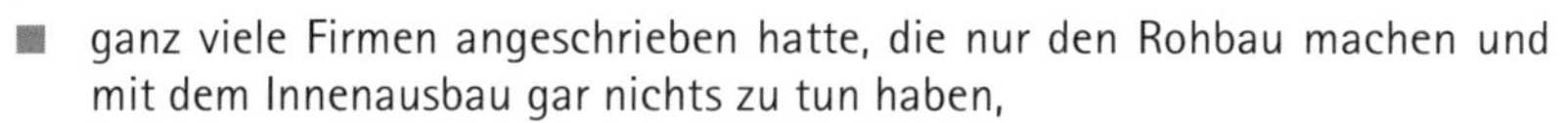

- ganz viele Firmen angeschrieben hatte, die nur den Rohbau machen und mit dem Innenausbau gar nichts zu tun haben,
- Firmen angeschrieben hatte, die selbst eine Fliesenlegerabteilung haben,
- Firmen angeschrieben hatte, die es längst nicht mehr gibt.

Fazit: 99 Prozent aller angerufenen Adressaten hatten generell keinen Bedarf an seiner Leistung.

Viele machen sich zudem nicht einmal die Mühe herauszufinden, welcher Mitarbeiter denn überhaupt für das jeweilige Thema zuständig ist, und schicken ihre Unterlagen an die Zentrale. Glauben Sie wirklich, dass die „sehr geehrten Damen und Herren" in der Poststelle sich Ihr Schreiben anschauen und überlegen, welche Abteilung und welche Person diese offensichtliche Werbepost interessieren könnte? Wohl kaum. Finden Sie deshalb heraus, wer (und zwar mit Name, Vorname, Titel) in diesem Unternehmen den Einkauf macht, die Werbeagenturen bucht, die Ersatzteile bestellt oder eben für Sie konkret als Ansprechpartner zuständig ist.
Rufen Sie dafür am besten an und nutzen Sie die Gelegenheit, mehr Informationen über dieses Unternehmen zu bekommen. Der Aufwand lohnt sich. Denn Sie sparen sich das Geld (Papier, Porto), um Werbebriefe an das Altpapier zu schicken. Sie sparen sich Zeit und Geld beim Nachfassen

(„Haben Sie mein Schreiben bekommen? Nein? Oh, dann schicke ich es nochmals …“). Und Sie sparen sich sehr viel Frust.

Erst informieren, dann anbieten

Die meisten Selbstständigen haben jedoch regelrecht Angst vor dem persönlichen Gespräch mit einem Interessenten. Der Griff zum Hörer kostet sie so viel Überwindung, dass sie lieber die Chance verschenken, direkt zu erfahren, wo der Schuh drückt. Dabei können genau diese Informationen der Türöffner sein, der sie ins Geschäft bringt. Je enger Sie später mit einem Kunden zusammenarbeiten, desto mehr müssen Sie im Vorfeld wissen, um sich von der Konkurrenz abzuheben, und desto weniger fühlen Sie sich als „Störenfried“. Sie wissen, dieser Kunde hat (tatsächlich und konkret) ein bestimmtes Problem, und Sie können ihm helfen, dieses Problem zu lösen. Das ist eine Win-Win-Situation, von der beide profitieren.

Der Kunde ist wichtig

Vorteil Nummer 2: Je mehr Wissen Sie über Ihren Adressaten mitbringen, desto mehr Argumente können Sie auf mögliche Einwände vorbereiten und im Verkaufsgespräch anbringen. Effekt: Der Kunde spürt, „Ja, der will mit helfen“ statt: „Heh, der will doch eh nur mein Geld.“ Es macht klar, dass Sie hier nicht nur eine Liste auf gut Glück abtelefonieren, sondern zeigt, dass Ihnen dieser Kunde wichtig genug ist, um sich über ihn zu informieren.

Strenge E-Mail-Regeln

Menschen mit unerwünschter Werbepost zuzumüllen ist zwar bei Briefpost erlaubt, für elektronische Post allerdings nicht. Am 1.4.2004 hat der Bundestag das novellierte Gesetz gegen den unlauteren Wettbewerb beschlossen. § 7 UWG verbietet „unzumutbare Belästigungen“ und erlaubt elektronische Werbung nur nach vorheriger Einwilligung. Dies gilt sowohl für Verbraucher als auch für Gewerbetreibende als Werbeadressaten. Auf ein „mutmaßliches Einverständnis“ bei Gewerbetreibenden kann nicht mehr abgestellt werden.

Leichter wird es allerdings, bestehenden Geschäftsbeziehungen E-Mails zu schicken. Dann nämlich, wenn der Werbende die Adresse im Zusammenhang mit dem Verkauf einer Ware oder einer Dienstleistung von dem Kunden erhalten hat und sie zur Werbung für eigene ähnliche Waren oder Dienstleistungen verwendet. Dies gilt so lange, bis der Kunde widerspricht. Achtung: Verstöße können teuer werden.

Fallen bei der Kundenbindung

Zufriedene Kunden empfehlen Sie weiter

Treue Kunden sind für jedes Unternehmen und für jeden Freiberufler Gold wert. Wer mit Ihnen zufrieden war und sich mit Ihnen verbunden fühlt, kommt wieder und empfiehlt Sie auch weiter. Etablierte Firmen bekommen Neugeschäft nahezu ausschließlich über Empfehlungen. Eher selten bringen momentan Anzeigen oder Kaltakquisition per Brief und Telefon wirklich Erfolg. Warum? Weil die meisten Auftraggeber mehr denn je auf ihr Geld achten und es sich einfach nicht leisten können, einen Auftrag an einen schlechten, unzuverlässigen oder schlampigen „Lieferanten“ zu vergeben. Gerade wenn das Geld knapp ist, zeigen potenzielle Kunden wenig Experimentierfreude.

Stammkunden und kostenlose Mund-zu-Mund-Propaganda zahlen sich gleich mehrfach aus:

- Sie sparen sich Zeit und Geld für die Akquise neuer Kunden. Es ist fünf- bis siebenmal günstiger, einen bestehenden Kunden zu halten und zum Wiederkauf zu animieren, als einen neuen zu gewinnen.
- Persönliche Empfehlungen wiegen bei einer Kaufentscheidung mehr als alle „Überzeugungsversuche“ des Anbieters.
- Stammkunden, die sich bei Ihnen wohl fühlen, kaufen mehr und achten nicht mehr so auf den Preis. Damit steigt grundsätzlich der Gewinn pro Kunde mit der Dauer der Geschäftsbeziehung.
- Treue Kunden sind nicht so offen für Abwerbeversuche der Konkurrenz und verzeihen Fehler leichter.

Trotzdem fristet in den meisten Firmen die Pflege der Kundenbeziehungen ein Schattendasein. Bewusst oder unbewusst schießen viele Unternehmer und ihre Mitarbeiter einen kapitalen Bock nach dem anderen und wundern sich dann, warum ihre Kunden abwandern.

Falle 1: Schlechte Leistung erbringen

Es ist so trivial, dass es uns fast peinlich ist, es hier sagen zu müssen. Aber in den meisten Fällen kommen Kunden nicht mehr – und werden einen Teufel tun und Sie weiterempfehlen –, weil sie mit Ihrer Leistung schlichtweg unzufrieden waren. Und wir sprechen jetzt nicht von den chronischen Nörglern, deren Lebensinhalt es ist zu motzen, oder den professionellen Reklamierern, die dadurch den Preis drücken wollen. Wir sprechen von Menschen wie Sie und wir, die eine Ware oder eine Leistung bestellen und

Erfolgreich Kunden vergraulen

- unvermutet schlechte Qualität bekommen,
- nicht das bekommen, was abgesprochen war (Falschlieferung),
- etwas unvollständig bekommen (Teillieferung),
- etwas Beschädigtes bekommen (mangelhafte Ware) oder
- gar nichts bekommen.

Miese Arbeit

Die Seidl GmbH von Sebastian Seidl fertigt Touchscreens für einen deutschen Konzern, der sie z. B. in Bankterminals einbaut. Dank seinem Know-how ist der 44-jährige Maschinenbaumeister nahezu konkurrenzlos in Europa. Doch sein Team arbeitet schlampig. Jede Woche schickt der Kunde Bildschirme zurück, deren Schutzfolien Blasen werfen oder an denen Lackfehler mit der falschen Farbe ausgebessert sind. Nachts arbeitet Seidl dann die Teile nach, bis sie den hohen Ansprüchen des Auftraggebers entsprechen. Der Ärger ist Dauerzustand. Der Ausschuss beträgt 43 Prozent, die Liefertermine werden nur zu 30 Prozent (!) eingehalten.

Menschen, die Geld für etwas ausgeben, wollen damit keine Arbeit haben. Aber Reklamationen sind Arbeit: Sie müssen telefonieren oder wieder in das Geschäft fahren, mit einem Mitarbeiter oder dem Chef diskutieren, neu bestellen, auf die Lieferung warten, kontrollieren etc. Geschäftskunden müssen zudem Verzögerungen in der eigenen Arbeit in Kauf nehmen oder eigene Kunden vertrösten.

Hinzu kommt besonders bei Privatleuten die Angst, dass sie „blöd angemacht“ werden oder keinen Erfolg haben mit ihrer Beschwerde. Kein Wunder also, dass nur fünf Prozent aller Kunden, die unvermutet schlechte

Qualität bekommen haben, sich die Arbeit machen und reklamieren. Wenn sie etwas Falsches, etwas Beschädigtes oder nur einen Teil bekommen, monieren zwar mehrere, schließlich bezahlen sie ja dafür. Wenn hier jedoch dann wieder und wieder etwas schief läuft und der Kunde kocht, dann erfahren Sie als Chef das in der Regel nicht. Denn kaum jemand macht sich die Mühe, seine unschönen Erfahrungen detailliert zu Papier zu bringen.

Schlechte Leistung spricht sich schnell herum

Schweigende Kunden sind aber der Worst Case für Sie. Denn nicht nur, dass die Enttäuschten nicht mehr bei Ihnen kaufen. Es kommt noch viel schlimmer. Wussten Sie, dass Menschen positive Erfahrungen im Schnitt an vier Menschen weitererzählen, negative Erfahrungen hingegen an elf? Das bedeutet, ein Unzufriedener macht Ihnen das Geschäft bei elf weiteren potenziellen Kunden kaputt. Wenn er sich hingegen bei Ihnen meldet, dann haben Sie die Möglichkeit, alles einzurenken. Eine Möglichkeit, die die meisten Unternehmen leider sträflich vernachlässigen. Mehr dazu später.

Tun Sie also alles Erdenkliche, dass Sie die Qualität liefern, die der Kunde von Ihnen erwartet. Passen Sie Ihre hausinterne Organisation entsprechend an, um Fehlerquellen zu entschärfen (siehe dazu die folgende Falle und „Fallen rund ums Organisatorische").

Falle 2: „Leistung gut, alles gut!"

Die Summe der Nebenleistungen

Viele Unternehmer liefern gute Qualität zu einem guten Preis. Doch das genügt nicht. Denn Qualität in den Augen der Konsumenten bezieht sich nicht nur auf die Ware, sondern auch auf das „Drumherum". Es ist nicht nur wichtig, was Sie liefern, sondern auch, wie Sie liefern. Wenn Menschen etwas kaufen, dann erwerben sie nicht nur einen Gegenstand oder einen Dienst, sondern auch ein gutes Gefühl. Warum gehen Sie beispielsweise gerne in Ihr Stammlokal? Sicherlich nicht, weil Ihnen dort das Essen schmeckt, sondern weil Sie dort nett sitzen, Dart spielen, Bekannte treffen oder weil der Wirt so freundlich ist. Es ist die Summe dieser „Nebenleistungen", die Ihre Schritte lenken. Wenn Sie sich jedoch ärgern müssen, noch bevor oder während Sie bedient werden, dann ist das gute Gefühl schon am Bröckeln.

Keine Weiterempfehlungen – warum?

Fliesenlegermeister Florian Flechtner ist stolz auf sich. Er hat seine Strategie geändert und arbeitet jetzt für Privatleute in seiner Stadt, die neu bauen oder ihre Wohnungen renovieren. Sein Auftragsbuch ist ziemlich voll, aber nur, weil er seine Abende und Wochenenden ausschließlich damit verbringt, neue Kunden zu finden. Seine Leute fliesen hervorragend und er ist deutlich billiger als die Konkurrenz am Ort. Aber leider kommen ehemalige Kunden nie mehr auf seine Firma zurück und er hat noch nie einen neuen Kontakt aufgrund einer Empfehlung gewonnen.

Gut, manchmal müssen Menschen in den sauren Apfel beißen und werden gezwungenermaßen Stammkunden, einfach weil es an Konkurrenz fehlt. Aber Sie werden in den heutigen gesättigten Märkten eher kein Monopol haben oder zumindest nicht lange. Die Konkurrenz schläft nicht, und wenn Sie heute Ihre Kunden unfreundlich und lieblos behandeln, dann brauchen Sie sich nicht wundern, wenn die beim ersten Zeichen eines Mitbewerbers mit fliehenden Fahnen wechseln. Da schaffen sich Firmen teure „Customer-Relationship-Management"-Lösungen (CRM) an, dabei stimmt die Beziehung zum Kunden schon am Anfang der Kette nicht.
Was also macht den Kunden so glücklich, dass er wiederkommt? In der Regel sind das:

Was macht den Kunden glücklich?

1. das Besondere an der Leistung,
2. ein gutes Preis-Leistungs-Verhältnis,
3. freundliche Mitarbeiter,
4. individuelle Beratung und Bedienung,
5. guter Service (z. B. Hilfe bei Anschluss und Wartung von Geräten),
6. Vertrauen durch zuverlässiges, kompetentes Geschäftsgebaren,
7. Referenzen (wenn andere auch bei Ihnen kaufen, dann vermittelt das den Eindruck, wirklich eine gute Wahl getroffen zu haben).

Und was nervt Kunden so, dass sie nie wieder kommen und ein Unternehmen nicht weiterempfehlen?

Banalitäten

Flechtner wollte endlich wissen, warum er keine Stammkunden hat. Nach einem abgeschlossenen Auftrag fuhr er zum Kunden, sah sich die (gut gemachte) Arbeit an und fragte erstmals, welchen Eindruck die Kunden von seinen Mitarbeitern gehabt hätten. Zu seinem Erstaunen wirkten die Kunden peinlich berührt und es bedurfte ein wenig Fingerspitzengefühl, das Folgende herauszufinden: Den Kunden ärgert,

- wenn ein Handwerker mich – obwohl prompte Erledigung zugesagt war – wochenlang warten lässt, bis er endlich kommt (siehe Falle 3);
- wenn ein Termin zugesagt wurde, aber die Lieferung oder der Handwerker einfach nicht auftauchen (und der Kunde vielleicht extra dafür Urlaub genommen hat, um in der Wohnung zu sein);
- wenn die Leute in der Wohnung rauchen;
- wenn sie unfreundlich sind;
- wenn sie die Einrichtung nicht abdecken, bevor Sie z. B. die Fliesen schneiden, und der feine Staub sich in allen Räumen (und in die Computeranlage) verteilt;
- wenn sie nach dem Fliesenlegen den ganzen Dreck in der Wohnung liegen lassen;
- wenn die Handwerker mit schmutzigen Schuhen durch die Wohnung laufen und sogar Kratzer ins Parkett machen;
- wenn sie schlecht über andere Kunden reden (Was werden sie über mich weitererzählen?);
- wenn Handwerker die Hausherrin auf unfeine Art „anbaggern".

Flechtner ist entsetzt. Er nimmt sich seine Männer zur Brust und veranstaltet schließlich eine Schulung, wie seine Mitarbeiter künftig mit Privatkunden umgehen. Denn dass sie bei dieser Zielgruppe nicht so auftreten können wie auf einer Großbaustelle, das sieht er sofort ein. Er hatte nur einfach nicht daran gedacht. ◀

Was Du nicht willst, dass man Dir tu ...

Sie können die Liste sicherlich um Statements erweitern, die Ihnen einfallen, wenn Sie selbst irgendwo Kunde sind. Was ärgert Sie an anderen Firmen? Denken Sie immer daran, wie Sie gerne behandelt werden möchten, und bieten Sie rund um Ihre Leistung ein positives, freundliches Umfeld. Das ist die Basis für zufriedene Kunden, aus denen Sie dann loyale Kunden machen können.

Falle 3: Unzuverlässigkeit

In anderen Ländern ist es gang und gäbe, aber bei uns bekommen Sie mit einer Manãna-Mentalität ganz schnell Probleme. Denn nichts ärgert Privatleute und Firmenkunden mehr als Unzuverlässigkeit. Ändern Sie Ihre Einstellung und Ihre interne Organisation – Ihr Kontostand wird es Ihnen danken. Denn viele Menschen geben lieber etwas mehr Geld aus, als Angst haben zu müssen: „Kommt die Lieferung oder nicht?“

ZWAGG-Regel

Legen Sie vom ersten Kontakt an den Grundstein für eine vertrauensvolle Partnerschaft und halten Sie sich während der gesamten Beziehung an die ZWAGG-Regel. Die Kunden werden Sie dafür lieben.

- **Z**uverlässig sein: pünktlich und in der verabredeten Form liefern. Über Änderungen oder Hindernisse frühzeitig informieren, zuverlässig zurückrufen etc.
- **W**enig **A**rbeit machen: Kontakt für Rückfragen deutlich sichtbar nennen, erreichbar sein.
- **G**utes **G**efühl hinterlassen: den Kunden wertschätzen, höflich und freundlich sein, in der Kaufentscheidung bestärken.

Cisco

30 Prozent der Bestellungen, die der IT-Konzern Cisco auslieferte, hatten Fehler bzw. waren unvollständig. Das zog erhebliche Nacharbeiten und entsprechende Kosten mit sich. Cisco verlagerte schließlich die Auftragsannahme auf elektronische Kanäle. Resultat: Die Bestellungen stimmen heute zu 99,9 Prozent.

Falle 4: Jeden Tag den Kunden überraschen

Wissen Sie, warum Kinder das Kasperltheater lieben? Weil dort alles so vorhersehbar ist. Ertönt ein „Tritratralla“, dann kommt der Kasperl und fragt: „Kinder, seid Ihr alle da?“. Und am Ende wird alles gut.

Kontinuität ist gefragt

Irgendwie sind wir wohl alle Kinder geblieben. Zumindest insofern, als wir wissen wollen, was auf uns zukommt, und Erlebnisse immer wieder durchleben wollen. Außerdem lieben die meisten Menschen einen gewohnten Ablauf der Dinge. Das gilt auch, wenn wir etwas kaufen. Wir wollen nicht, dass die Ware oder der Service in einem Geschäft mal gut, mal mittel, mal schlecht ist. Wir wollen wissen, was uns erwartet, um keine bösen Überraschungen zu erleben.
Viele Unternehmer haben das leider nicht verinnerlicht. Anstatt ihren Kunden die Sicherheit einer gleichmäßigen Leistung zu verkaufen, scheint die Qualität und das „Drumherum“ mit der Tagesform und Laune der Mitarbeiter oder des Chefs zu schwanken.

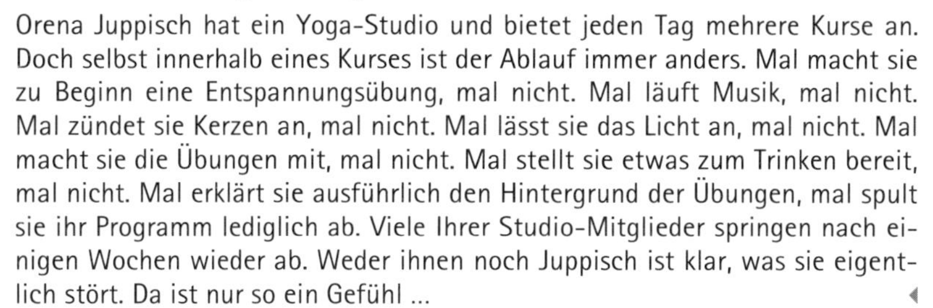

In der Gleichmäßigkeit liegt die Kraft

Orena Juppisch hat ein Yoga-Studio und bietet jeden Tag mehrere Kurse an. Doch selbst innerhalb eines Kurses ist der Ablauf immer anders. Mal macht sie zu Beginn eine Entspannungsübung, mal nicht. Mal läuft Musik, mal nicht. Mal zündet sie Kerzen an, mal nicht. Mal lässt sie das Licht an, mal nicht. Mal macht sie die Übungen mit, mal nicht. Mal stellt sie etwas zum Trinken bereit, mal nicht. Mal erklärt sie ausführlich den Hintergrund der Übungen, mal spult sie ihr Programm lediglich ab. Viele Ihrer Studio-Mitglieder springen nach einigen Wochen wieder ab. Weder ihnen noch Juppisch ist klar, was sie eigentlich stört. Da ist nur so ein Gefühl ...

Sie sind ein Profi und dem Kunden ist es egal, ob Sie Zoff mit dem Partner haben oder einen Kater nach durchfeierter Nacht. Er will von Ihnen maximale Aufmerksamkeit und Leistung, also schaffen Sie Routinen, damit Sie diese gleich hohe Qualität sichern.

Immer noch besser

Natürlich dürfen Sie Ihre Kunden aber jeden Tag damit überraschen, dass Sie noch besser werden. Das ist sogar eines der wichtigsten Elemente, um Stammkunden zu halten. Denn die Menschen werden anspruchsvoller. Je besser Sie die neuen Ansprüche befriedigen, desto mehr lieben sie Sie. Seien Sie offen für neue (Zusatz-)leistungen und sprechen Sie darüber.

Falle 5: Dienst nach Vorschrift

Geben Sie Ihren Kunden neben der zuverlässigen Leistung einen Tick mehr, als er erwartet oder bei Ihren Mitbewerbern bekommt. Damit gewinnen Sie nicht nur Stammkunden, sondern wahre Fans.

Was zählt, ist die Geste

Griechische Lokal machen es genau richtig. Nach jedem Essen schenken sie dem Gast einen Ouzo aus. Auf Kosten des Hauses. Dieser letzte Eindruck bleibt dem Gast im Kopf, er freut sich über die Aufmerksamkeit – auch wenn er weiß, dass der Ouzo natürlich längst einkalkuliert ist. Aber was zählt, ist die Geste.

Überlegen Sie, wie Sie Ihrem Kunden einen „Schnaps ausgeben" können. Das geht über die Zusatzleistungen, über die wir in den „Fallen rund um mein Angebot" gesprochen haben, hinaus und bedeutet, dass Sie nicht Dienst nach Vorschrift machen. Haben Sie eine überschaubare Anzahl an Kunden, dann spüren Sie individuelle Einfälle auf, die zur jeweiligen Situation passen. Oder hören Sie einfach zu, womit Sie dem Kunden eine Freude machen können.

Speziell und individuell

Der Friseur bietet einen Kaffee an, das ist üblich. Der „Schnaps" ist, wenn die Kundin einen Cappuccino will, den es im Laden nicht gibt, aber die Junior-Chefin extra gegenüber in der Espresso-Bar einen holt.

Der Journalist auf Recherchereise hält die Augen offen und bringt der Redaktion neben der beauftragten eine zweite Geschichte mit, die genau ins Blatt passt (und natürlich honoriert wird).

Marketing der leisen Töne

Mit Kleinigkeiten jenseits der alltäglichen Routine bringen Sie ein gutes Gefühl in Ihre Beziehung und die Freude des Kunden macht auch Ihnen Spaß. Wichtig: Kundenbindung ist ein „Marketing der leisen Töne". Deshalb müssen Sie Ihren „Schnaps" behutsam als solchen präsentieren. Denn sonst merkt der Kunde es womöglich gar nicht, dass er hier ganz besonders behandelt wurde.

Falle 6: „Geld her und tschüs"

Der Kunde muss mit sich zufrieden sein, dass er bei Ihnen gekauft hat. Doch in vielen Fällen vermitteln Unternehmen den Eindruck: „Geld her und tschüs". Da wird der Kunde hofiert und umsorgt – aber nur so lange, bis er bezahlt hat. Sie sind noch nicht zur Ladentür draußen, da zündet sich eine gelangweilte Verkäuferin eine Zigarette an oder nimmt den Telefonhörer zur Hand, den sie schnell beiseite gelegt hatte, um Sie zu bedienen, und Sie hören Sie: „T'schuldige, war nur'n Kunde."

Das findet sich auch im B-to-B-Geschäft: Kaum ist die Rechnung bezahlt, da ist der Web-Designer für kleine Änderungen nicht mehr erreichbar, der IT-Berater hat keinen Termin für ein Gespräch oder die bestellten Ersatzteile kommen und kommen nicht.

Nach dem Kauf ist vor dem Kauf

Gute Verkäufer wissen, dass die Phase unmittelbar nach Vertragsabschluss (Verhandlung, Handschlag oder auch nach dem Zahlen an der Kasse) die wichtigste im ganzen Kaufprozess ist. Jetzt entscheidet sich, ob der Kunde die Ware behält (also nicht wieder umtauscht), ob er sie benutzt (oder sich über seinen Fehlkauf ärgert und ihn z. B. in den Tiefen des Kleiderschranks versenkt), ob er anderen von seinem Kauf erzählt und ob er wiederkommt.

Unglaublich viele Anbieter verprellen mit ihrer Einstellung ihre Kunden, wobei andere längst erkannt haben, dass sie mit Service nach dem Kauf Stammkunden und neue Kunden gewinnen können. Sie haben viel Personal für den „After-Sales-Bereich" eingestellt. Hier helfen sie Kunden bei Bedienungsproblemen, ordern Ersatzteile oder bearbeiten Reklamationen. Ist die Abteilung auf Zack, dann verdienen die Mitarbeiter hier sogar bares Geld, weil sie Folgeaufträge gewinnen (siehe Falle 7).

Sie müssen nicht gleich eine neue Abteilung aufmachen oder eine kostenlose Hotline schalten. Es genügt, dass Sie sich und Ihre Mitarbeiter entsprechend schulen und Ihre Einstellung ändern:

- Ein Kauf ist niemals abgeschlossen und deshalb sind Sie jederzeit für Ihre Kunden zu sprechen.
- Ein Kunde ist auch nach seinem Kauf keine Störung, sondern eine neue Chance auf ein neues Geschäft.
- Wenn wir uns positiv in den Köpfen der Leute verankern, können wir nur gewinnen.

Falle 7: „Dem habe ich aber Bescheid gestoßen!"

Sehen Sie den direkten Draht zum Kunden nach dem Kauf als Chance, Ihre Beziehung zu verbessern und sich selbst und dem Kunden etwas Gutes zu tun. Viele Geschäftsleute erzittern beim Wörtchen „Reklamation“ und machen alle Schotten dicht. Sie stellen sich auf Angriff und Gegenangriff ein, ihr scheinbar einziges Ziel: „Den lästigen Querulanten kriege ich klein“.

Reklamationen sind wichtige Kundenkontakte

Natürlich rufen bei Ihnen meist Leute an, wenn sie sehr aufgebracht sind. Verständlich. Da haben sie mehr oder weniger viel Geld ausgegeben und jetzt funktioniert etwas nicht. Sie haben viel Zeit vergeudet, selbst das Problem zu lösen, haben sich vielleicht vor Freunden oder Kollegen mit der Errungenschaft blamiert, sind von ihrem Chef für die Fehlinvestition angeschnauzt worden – und das bekommen Sie jetzt ab.

Nehmen Sie es gelassen. Wenn Kunden Sie wütend beschimpfen, dann kann das drei Gründe haben:

1. Sie sind so emotional und ärgern sich wirklich.
2. Sie sind unsicher und denken, jeder wolle sie immer nur übers Ohr hauen. Also reagieren sie überzogen mit ruppigem Auftreten und verteidigen prophylaktisch ihr Recht.
3. Sie nutzen bewusst die Einschüchterungstaktik, weil sie wissen: „Wer Angst hat, der springt“.

Im Streit mit dem Kunden können Sie nicht gewinnen

Nehmen Sie es wirklich gelassen, denn sonst tappen Sie in die Falle der „sich selbst erfüllenden Prophezeiung“ und reagieren falsch – nur weil Sie meinen, jeder Anrufer wolle Sie zur Schnecke machen. Sie können in einem Gespräch mit einem (wütenden) Kunden nicht gewinnen. „Den Streit mit einem Kunden hat der Kunde schon gewonnen“, sagt ein altes Kaufmannssprichwort. Denn selbst wenn der Kunde klein beigeben muss – er hat sein Gesicht verloren, fühlt sich schlecht behandelt und wird künftig lieber Geschäfte mit einem anderen Anbieter machen, der ihn gut behandelt.

Das heißt nicht, dass Sie in jedem Fall demütig zu Kreuze kriechen sollen. Es heißt, dass Sie eine Lösung finden, die den Kunden zufrieden stellt und Ihre Kompetenz unterstreicht.

Weintrödlers falsche Lieferung

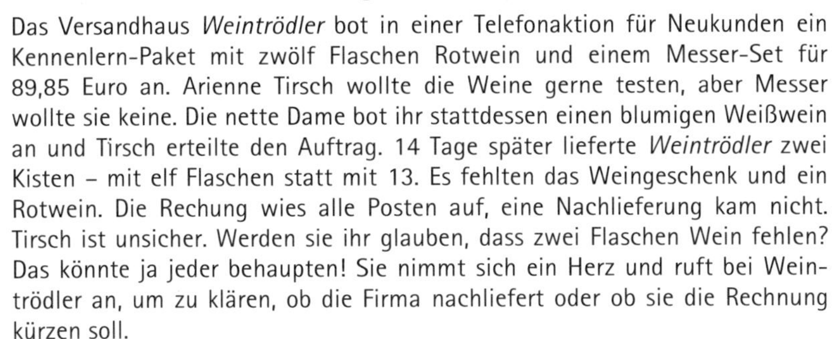

Das Versandhaus *Weintrödler* bot in einer Telefonaktion für Neukunden ein Kennenlern-Paket mit zwölf Flaschen Rotwein und einem Messer-Set für 89,85 Euro an. Arienne Tirsch wollte die Weine gerne testen, aber Messer wollte sie keine. Die nette Dame bot ihr stattdessen einen blumigen Weißwein an und Tirsch erteilte den Auftrag. 14 Tage später lieferte *Weintrödler* zwei Kisten – mit elf Flaschen statt mit 13. Es fehlten das Weingeschenk und ein Rotwein. Die Rechung wies alle Posten auf, eine Nachlieferung kam nicht. Tirsch ist unsicher. Werden sie ihr glauben, dass zwei Flaschen Wein fehlen? Das könnte ja jeder behaupten! Sie nimmt sich ein Herz und ruft bei Weintrödler an, um zu klären, ob die Firma nachliefert oder ob sie die Rechnung kürzen soll.

WT: Weintrödler, guten Tag.

Tirsch: Guten Tag, Tirsch, ich habe vor einigen Tagen das Kennenlern-Paket bekommen. Leider unvollständig, und jetzt wollte ich gerne ...

WT (unterbricht sie): Wie ist Ihre Kundennummer?

Tirsch: Oh, äh, Moment, ja hier: 08154711.

WT: Ja, es fehlten eine Flasche Preferito Rosso und ein Weißwein.

Tirsch (erstaunt): Ach, Sie wissen das? Warum war dann die Rechnung auf die komplette Summe ausgestellt und nicht gleich entsprechend geändert? Oder warum haben Sie nicht Bescheid gegeben und nachgeliefert oder so?

WT (in barschem Ton): Ihnen passieren wohl nie Fehler, was?

Tirsch: Natürlich, aber Sie hätten sich doch melden können ...

WT: Die Spedition hat halt falsch gepackt, weil Sie ja lauter verschiedene Weine haben wollten.

Tirsch (rechtfertigend): Warum ich? Das war doch ein Kennenlern-Paket von Ihnen, diese Weinauswahl von vier Sorten zu verschicken, das war doch keine Extra-Wurst von mir.

WT (genervt): Kürzen Sie halt die Rechnung um diesen Betrag.

Tirsch: Können Sie nicht die fehlende Ware nachliefern?

WT: Moment, nein, der Preferito ist nicht mehr am Lager. Also kürzen Sie den Betrag.

Tirsch: Ja, aber der Weißwein sollte doch ein Geschenk von Ihnen sein, das kann ich doch nicht kürzen.

WT: Moment, ich schaue mal nach. Ja, der Verdicchio ist gratis, dann kürzen Sie halt nur den Preferito.

Tirsch: Und bekomme kein Geschenk für meine erste Bestellung?

WT: Moment, ich schaue nach. Den Verdicchio habe ich noch auf Lager, den kann ich Ihnen schicken.

Tirsch: O. k. (neugierig) Und was hätten Sie gemacht, wenn der nicht mehr auf Lager gewesen wäre?

WT: Ja, was wohl. Was ich nicht habe, kann ich auch nicht schicken.

Tirsch (ironisch): Ja, schwerlich. Gut, dann ziehe ich die 5,80 für den Preferito ab?

WT: Genau.

Tirsch: Gut, auf Wiederhören.

WT: Wiederhören.

Tirsch (zu sich): So ein Idiot, wie kann der mich so schwach anreden. Und dass ich bei denen jemals wieder bestelle, können die sich abschminken. ◂

Die Beschwerde als Chance

Lösen Sie sich von dem weit verbreiteten Gedanken, die Kunden wollen Sie ausnehmen, anpöbeln oder abkassieren. Bis auf wenige Profi-Reklamierer haben die meisten ein echtes Problem mit Ihrer Leistung und suchen Hilfe. Glauben Sie an das Gute im Menschen. Glauben Sie daran, dass der Anrufer ein Problem hat und Ihnen zutraut, dieses Problem zu lösen. Das ist doch schon mal ein Kompliment, oder? Mit dieser Einstellung wird es Ihnen leicht fallen, die folgende Taktik erfolgreich anzuwenden, Ihrem Anrufer wirklich zu helfen und sogar noch für beide mehr aus dem Gespräch zu machen.

So reagieren Sie bei Reklamationen

- Hören Sie zu. Lassen Sie den Kunden das Problem schildern, unterbrechen Sie ihn nicht. Je mehr Dampf er erst einmal ablassen muss, desto ruhiger hören Sie zu.
- Bedanken Sie sich, dass er sich bei Ihnen meldet. Das ist nicht nur höflich, sondern nimmt dem Kunden die Angst, von ihnen „blöd angemacht" zu werden.
- Entschuldigen Sie sich, dass der Kunde ein Problem mit Ihrer Leistung hat. Das nimmt Schärfe aus dem Dialog, der Kunde fühlt sich ernst genommen und erkennt, dass er bei Ihnen auf offene Ohren trifft. Entschuldigen heißt nicht, sich rechtfertigen oder die Schuld anderen Leuten (Kollegen,

Spedition) in die Schuhe zu schieben, sondern einfach ein paar Worte des Bedauerns auszudrücken.

- Sagen Sie deutlich, dass Sie sofort der Sache auf den Grund gehen werden. Das signalisiert Hilfsbereitschaft.
- Fragen Sie, worin das Problem genau besteht. Lassen Sie sich je nach Komplexität des Problems die Ursache oder den Verlauf der Problemsituation detailliert schildern. Viele Probleme können Sie so sofort z. B. am Telefon lösen.
- Bieten Sie eine Lösung an, wenn sich das Problem nicht sofort beheben lässt. Und zwar eine Lösung, die dem Kunden möglichst wenig Arbeit macht und kein weiteres Geld kostet, z. B. Einschicken des Produktes auf Ihre Kosten, Schicken eines Service-Mitarbeiters auf Ihre Kosten, portofreie Nachlieferung etc. Wenn Sie weitere Infos brauchen, um das Problem zu lösen, rufen Sie zuverlässig zu einem vorher verabredeten Zeitpunkt wieder an. Lösungen sind natürlich auch ein Preisnachlass, wobei Sie in erster Linie versuchen sollten, ein einwandfreies Produkt zu liefern (Ersatz) oder herzustellen (nachbessern).
- Fassen Sie nach, denn das macht kaum ein Unternehmen. Rufen Sie z. B. nochmals an, um sicherzugehen, dass diesmal alles gut geklappt hat. Dieser Service wird sich hundertfach auszahlen. ◄

Haben Sie Lust, nochmals bei Weintrödler anzurufen? Diesmal bei einem Mitarbeiter, der die sieben Schritte mit Beschwerden umzugehen, beherzigt?

Weintrödler – die zweite

WT: Weintrödler, guten Tag. Mein Name ist Simone Schmirtta, wie kann ich Ihnen helfen?

Tirsch: Guten Tag, mein Name ist Tirsch. Ich habe bei Ihnen vor einigen Tagen das Kennenlern-Paket bestellt, aber leider wurde es unvollständig geliefert. Statt 13 Flaschen waren nur elf im Karton, aber in der Rechnung standen alle Flaschen drin. Und jetzt wollte ich gerne mit Ihnen klären, was ich tun soll.

Schmirrta: Frau Tirsch, das tut mir Leid, dass unsere Lieferung unvollständig war. Es ist nett, dass Sie sich melden, damit wir das in Ordnung bringen können. Ich schaue gleich einmal nach, was ich da machen kann. Haben Sie Ihre Kundennummer zur Hand? Die steht oben rechts auf der Rechnung.

Tirsch: Moment, ja hier: 08154711.

Schmirrta: Ja, ich habe hier vermerkt, dass Sie eine Flasche Preferito Rosso und einen Weißwein nicht bekommen haben und es ist natürlich nicht korrekt, dass diese Posten in der Rechnung auftauchen. Das hätte nicht passieren dürfen. Warten Sie kurz ...

Tirsch: Ja.

Schmirrta: Ich sehe, der Preferito ist nicht mehr am Lager, Moment ... der Verdicchio schon. Frau Tirsch, Sie haben jetzt zwei Möglichkeiten. Also den Verdicchio schicke ich Ihnen in jedem Fall sofort zu, auf unsere Kosten natürlich. Für den Preferito kann ich Ihnen entweder einen anderen, ähnlichen Wein schicken oder wir kürzen die Rechnung um diesen Betrag. Was möchten Sie gerne?

Tirsch: Ich glaube, dann kürze ich die Rechnung.

Schmirrta: In Ordnung, ich vermerke das hier sofort. Haben Sie die anderen Weine schon probiert?

Tirsch: Ja, die waren gut. Besonders der Merlot. Ach, da könnte ich gleich noch zwei Kisten bestellen. Ich hoffe, der ist am Lager (lacht).

Schmirrta (lacht): Ich hoffe auch. Moment, ja den haben wir hier. Gut, ich lassen Ihnen zwei Kisten schicken. Haben Sie einen weiteren Wunsch?

Tirsch: Nein, das war es.

Schmirrta: Gut, Frau Tirsch. Dann danke ich nochmals herzlich, dass Sie sich bei uns gemeldet haben, und wünsche viel Freude mit unseren Weinen.

Tirsch: Danke, auf Wiederhören.

Schmirrta: Gerne, auf Wiederhören.

Zwei Wochen später:

Tirsch: Tirsch?

Schmirrta: Hallo, Frau Tirsch, hier ist Simone Schmirrta von *Weintrödler*. Wir haben vor 14 Tagen telefoniert. Haben Sie die Nachlieferung und die zwei Kisten Merlot gut erhalten?

Tirsch: Ja, alles bestens.

Schmirrta: Schön, das freut mich. Wir haben jetzt übrigens eine neue Lieferung des Preferito bekommen und da habe ich an Sie gedacht. Möchten Sie jetzt noch eine Flasche bekommen?

Tisch: Nein, das ist nett, der war nicht so gut. Aber der Merlot geht schon wieder zu Neige. Haben Sie da noch was ...

usw.

Sehen Sie Beschwerden als Chance. Sie bekommen hier die Gelegenheit, auf die Kritik einzugehen und das Problem zu lösen. Außerdem ist ein Kundenstatement eine ehrliche Informationsquelle, die Ihnen wertvolle Hinweise liefert, was „draußen" auf dem Markt vor sich geht. Viele Firmen geben viel Geld für externe Qualitätskontrolle (Testkäufer etc.) aus. Freuen Sie sich, dass Sie die Expertenmeinung zum Nulltarif bekommen. Nur wer weiß, wo es hapert, kann besser werden. Fordern Sie deshalb Ihre Kunden auf, ihre Meinung zu äußern, und bauen Sie Hemmschwellen ab.

Beschwerdemanagement

Formulieren Sie z. B. auf der Rechnung positiv: „Was hätten wir besser machen können? Wir freuen uns auf Ihre Meinung!", und nennen Sie deutlich sichtbar Ansprechpartner (wenn vorhanden) und Kontaktmöglichkeiten. Knapp die Hälfte aller deutschen Unternehmen weisen ihre Kunden nicht auf mögliche Beschwerdewege hin. Machen Sie es besser und geben Sie unzufriedenen Kunden die Chance, Dampf abzulassen, und zwar bei Ihnen und nicht bei Dritten.

Danke für Ihre Beschwerde

Etwa 82 Prozent der Kunden, deren Reklamationen schnell gelöst worden sind, würden wieder beim gleichen Anbieter kaufen. Kunden, die sich nicht beschweren – und das sind wie gesagt 95 Prozent – kaufen selten wieder beim gleichen Anbieter. Aber alle erzählen rund elfmal ihre schlechten Erfahrungen im Bekanntenkreis weiter.

Falle 8: Falsche Rechnung stellen

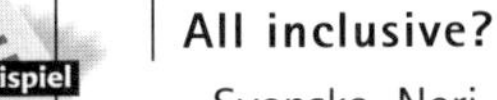

All inclusive?

Svenska Neri soll für 3.500 Euro „inhaltlich die Gesamtorganisation einer Vernissage" übernehmen. Im Verlauf der Vorbereitung sagt der Auftraggeber, sie solle auch für einen Einspielfilm über den Künstler sorgen. Neri sagt: „Ja, das mache ich mit", und beauftragt ein Filmteam. Nach der Veranstaltung schickt sie eine zusätzliche Rechnung über 800 Euro plus Kilometergeld. Der Auftraggeber ist sauer. Für ihn war der Film mit der Pauschale abgegolten.

Neri sah darin einen weiteren Auftrag, der zusätzlich zu honorieren sei. Egal wer „Recht hat", die Stimmung zwischen Neri und dem Kunden ist verdorben. ◂

Man kann davon ausgehen, dass mindestens jede dritte Rechnung, die in Deutschland verschickt wird, falsch ist. Es werden zu viele Positionen berechnet, falsche Einzelpreise angesetzt, Sonderabsprachen (Rabatte) nicht berücksichtigt, Rechenfehler gemacht (zu Ungunsten des Kunden) und vieles mehr. Ob aus Böswilligkeit, aus Schusseligkeit, internem Chaos oder aufgrund eines Missverständnisses – dieser Fehler darf nicht passieren. Ihr Kunde fühlt sich sonst von Ihnen betrogen.
Sorgen Sie dafür, dass Ihre Rechnungen korrekt sind.

So erstellen Sie korrekte Rechnungen

- Rechnen Sie nur die wirklich erbrachte Leistung ab. Lügen haben kurze Beine!
- Klären Sie exakt, welche Detailleistungen mit einer Pauschale abgegolten sind (Auftragsbestätigung!).
- Sprechen Sie – auch im größten Alltagstrubel und Terminstress – explizit aus, ob später ergänzende Leistungen zusätzlich kosten oder Inhalt der Pauschale sind. Alles, was Sie vorher klären, erspart Ihnen späteren Ärger.
- Achten Sie darauf, dass Sie die Preise abrechnen, die in der Auftragsbestätigung stehen. Preisänderungen zu Ungunsten des Kunden müssen Sie explizit ansprechen, bevor Sie die Rechnung stellen (z. B. wenn zwischen Auftragserteilung und dem Zeitpunkt der Lieferung sehr viel Zeit vergangen und der Kunde für die Verzögerung verantwortlich ist).
- Organisieren Sie den Ablauf zwischen Auftragserteilung und Rechnungsstellung so, dass keine Fehler passieren können.
- Ersparen Sie Ihrem Kunden Zeit und Arbeit und achten Sie darauf, dass Ihre Rechnungen formal richtig sind (siehe S. 24). ◂

Falle 9: „Zufriedene Kunden sind treue Kunden!"

Zufriedenheit ist die Grundlage dafür, dass Kunden zu Stammkunden werden. Aber zufriedene Kunden sind keineswegs automatisch auch loyale Kunden.

Das hat das Consultinghaus Bain & Company mit einer Studie untermauert. Sie ermittelten, dass 60 bis 80 Prozent der Kunden, die zur Konkurrenz gegangen sind, noch unmittelbar vor dem Wechsel sagten, sie seien mit dem Anbieter „zufrieden" oder sogar „sehr zufrieden". Es ist also ein fataler Fehler anzunehmen, dass zufriedene Kunden nicht weiter umsorgt werden müssen, um dem Unternehmen treu zu bleiben. Wer Kundenzufriedenheit mit Kundenbindung verwechselt bleibt sozusagen auf halber Strecke stehen. Denn echte Loyalität entsteht durch vier Faktoren.

Vier Faktoren der Loyalität

	Produkt
+	Service
+	Preis
=	Kundenzufriedenheit
+	Kommunikation
=	Kundenbindung

Aktiver Dialog mit den Kunden

Die ersten drei Punkte haben Sie in den vorherigen Fallen bereits kennen gelernt. Fehlt also noch das Bindeglied, das zufriedene Kunden zu treuen Kunden macht – die Kommunikation. Wesentliche Aufgabe des Anbieters ist es dabei, einen aktiven Dialog mit den Kunden zu pflegen und immer wieder sich und den Nutzen für den Kunden in Erinnerung zu bringen.

Entsprechende Maßnahmen müssen sich nahtlos in Ihre Kommunikationskette einfügen. Alles, was Sie hier machen, muss zum Bild passen, das der Kunde von Ihnen z. B. aus der Werbung bereits gewonnen hat. Zudem müssen Sie – und zwar bevor Sie eine entsprechende Strategie ausbrüten und umsetzen – mehr über Stammkunden und Ihre verhinderten Stammkunden wissen.

Klären Sie zunächst in Gesprächen mit Ihren Kunden, in Umfragen (z. B. in Verbindung mit einem Gewinnspiel) und in der Beobachtung des Wettbewerbs folgende Fragen, die Sie auch auf Ihrer CD-ROM finden:

Checkliste: Mehr über den Kunden erfahren

Was	Bemerkung
Aus welchen Gründen kaufen Kunden immer wieder bei Ihnen?	
Was schätzen sie an Ihrem Haus/Produkt am meisten?	
Was hält Kunden davon ab, erneut bei Ihnen zu kaufen?	
Welche zusätzlichen Leistungen würden Ihren Kunden gefallen?	
Welche zusätzlichen Wünsche erfüllt die Konkurrenz?	

Analysieren Sie die Ergebnisse und setzen Sie nur um, was Ihren Kunden einen echten Mehrwert bietet. Es macht keinen Sinn, ein teures Clubmagazin zu verschicken, wenn Ihre Kunden lieber einen Blick hinter die Kulissen Ihres Betriebs wünschen. Wählen Sie aus, welches der bewährten Instrumente zu Ihnen passt:

Regelmäßige Kunden-information

- Versorgen Sie Ihre Kunden mit regelmäßigen Hinweisen auf Aktionen und Sonderangebote, geben Sie nützliche (!) Tipps um die angebotenen Produkte und Dienstleistungen herum, laden Sie zum Tag der offenen Tür ein etc. Das geht per Mail, E-Mail-Newsletter, per Werbebrief oder per Prospekt.
  Schicken Sie jedoch nur Post, wenn Sie wirklich etwas für den Kunden Interessantes zu melden haben. Wenn Sie nur Alibi-Angebote oder Pseudo-Infos schicken, dann durchschauen die Adressaten Sie sehr schnell und künftige Briefe wandern ungelesen in den Müll. Beachten Sie außerdem zu diesem Thema die Falle „Werbepost für den Müll“ im nächsten Kapitel.

Rund ums Auto

Viele Autohäuser praktizieren diesen Service-Gedanken bereits vorbildlich. Sie schicken rechtzeitig Briefe und erinnern an die Inspektion, den ablaufenden TÜV oder machen kurz vor Winterbeginn gute Angebote zum Reifenwechsel. ◂

Persönliche Kontakte

- Viele Handwerker, Händler oder Dienstleister rufen ihre Kunden regelmäßig an. Charmant gemacht, vermitteln solche Anrufe das Gefühl, dass

sie sich wirklich kümmern. Nutzen Sie aktuelle Aufhänger und vermeiden Sie Anrufe nach dem Motto: „Ich wollte nur mal Hallo sagen."
Merken Sie sich, dass Familie Müller im Juni das erste Kind erwartet, und machen Sie beispielsweise als Autohändler rechtzeitig telefonisch oder schriftlich ein Angebot für eine „Familienkutsche" oder als Maler für einen Anstrich im künftigen Kinderzimmer.
Schon oft haben solche Anrufe „aus heiterem Himmel" dem Kunden geholfen, weil die Anbieter für ihn mitgedacht und ihn vielleicht sogar auf einen Engpass aufmerksam gemacht haben, noch bevor der Kunde überhaupt dazu kam, darüber nachzudenken.

Kundenzeitschriften

- Kundenzeitschriften sind salonfähig geworden. Viele Unternehmen bieten journalistisch und redaktionell hochwertig gemachte Zeitschriften, in denen der Auftraggeber gar nicht direkt in Erscheinung tritt. Denn Werbe-Postillen, die seitenlang das dafür bezahlende Unternehmen loben, finden vor den Augen der übersättigen Leser keine Gnade.
  Überlassen Sie die Realisation Profis, die das journalistisch und gestalterisch gut machen. Geben Sie den Kunden Informationen über Unternehmen und Angebote offen und nicht als redaktionell getarnte Jubelmeldungen, unterhalten Sie und erzeugen Sie Sympathie.
  Oder nutzen Sie bestehende Magazine, die Sie einkaufen und, mit Ihrem Firmenstempel versehen, kostenlos an die Kunden abgeben. In Apotheken ist das seit Jahrzehnten mit den „MediZini"-Heften etc. üblich.

Bonusprogramme

- Seit der Lockerung des Rabattgesetzes sind die Deutschen an „Sammleritis" erkrankt. Die Prämien, die sie mit ihrer Sammelwut erwerben können, sind allerdings in den meisten Fällen lächerlich gering. Und so teilen immer mehr Menschen die Meinung eines Spiegel-Artikels, der den Punktelauf als „Happy Volksverarschung" entlarvte.
  Überlegen Sie sich gut, ob Sie ein Bonusprogramm einführen wollen und wenn ja, welches. Ihr Ziel ist es, damit Stammkunden an Ihre Firma zu binden, doch oft erweisen sich solche Programme als Bumerang. Statt zu belohnen bestrafen Sie echte Stammkunden.

Bonusprogramm für Stammkunden?

Hans Noyer ärgert sich. Jeden Morgen kauft der Pensionär in einer Bäckerei frische Brötchen für 1,40 Euro. Die Bäckerei bietet ein Bonusprogramm. Pro

Einkauf ab 3 Euro bekommt der Kunde einen Stempel auf die Kundenkarte, bei zehn Stempeln bekommt er ein 500-Gramm-Brot seiner Wahl und eine Jumbo-Baumwolltasche. Noyers Einkäufe summieren sich pro Woche auf 8,40 Euro. Das wären eigentlich zwei Stempel, ja fast drei Stempel. Er fragt den Chef, ob er seine Einkäufe „summieren" darf und zumindest jeden zweiten Tag einen Stempel bekommt. Aber der Bäcker winkt mürrisch ab.

Kunden-kontakt-programme

- Mit einem Kundenkontaktprogramm oder einer Kundenkarte können Sie Rabatte gewähren, aber auch eine Menge zusätzlicher Leistungen bieten: kostenloses Parkticket, Abhol- und Bringservice, Rücknahme von Produkten zwecks Recycling, Abo der Kundenzeitschrift o. Ä. Diese Programme machen vor allem in der Dienstleistungs- und Konsumgüterbranche (Restaurants und Hotels, Kinos, Handel etc.) Sinn.

Falle 10: „Sie müssen was für Ihre Kunden tun!"

Es gibt viele Wege, den Kontakt zu Ihren Kunden zu intensivieren und sich immer wieder in Erinnerung zu bringen. Oberste Regel dabei: Das Instrument muss zu Ihrem Unternehmen passen, glaubwürdig sein und – falls Sie den Leute etwas mitgeben – unbedingt Ihren Firmennamen und das Logo zeigen. Sonst ist der Werbeeffekt gleich null.

Pareto-Prinzip

Bevor Sie allerdings Geld ausgeben, um etwas für „die" Kunden zu tun, überdenken Sie bitte folgende Gesetzmäßigkeit: Die Erfahrung zeigt, dass in der Regel 20 Prozent Ihrer Kunden Ihnen 80 Prozent Ihres Umsatzes bringen. Das sind Ihre A-Kunden (im Business-Jargon auch Key Accounts genannt). Die restlichen 80 Prozent steuern nurmehr 20 Prozent zu Ihren Einnahmen bei (Pareto-Prinzip).

Finden Sie heraus, wer Ihnen das Gros Ihres Umsatzes bringt, und widmen Sie diesen Leuten künftig 80 Prozent Ihrer Zeit und Ihres Geldes. Die anderen bekommen 20 Prozent Ihrer Aufmerksamkeit und müssen bis auf wenige Ausnahmen hinter den Kernkunden zurückstehen.

A-, B- und C-Kunden

- Sprechen Sie A-Kunden (VIPs) kontinuierlich (einmal im Monat) an und widmen Sie ihnen viel Zeit (maßgeschneiderte Ansprache).
- B-Kunden sprechen Sie regelmäßig an, wobei sich der Zeitaufwand in Grenzen halten sollte (ein- bis zweimal jährlich).

- C-Kunden bekommen dosierte aktive Ansprache von Ihnen (einmal im Jahr), die nicht viel Zeit in Anspruch nimmt (Standard-Newsletter, Weihnachtswünsche).

Halten Sie sich jedoch nicht sklavisch an diese 80:20-Regel, sondern beachten Sie, welchen Deckungsbeitrag ein Kunde bringt, wie die Entwicklungstendenz seiner Aufträge ist oder auch, ob der Kunde ein „Multiplikator" ist, also jemand, der mit seiner Meinung andere Menschen beeinflusst und auf diesem Weg neue Kunden bringt.

Falle 11: Teure CRM-Lösungen

Zuverlässige und bequeme Software

Für Ihr Customer Relationship Management (CRM), also für die Pflege Ihrer Kundendaten und als Basis für Werbebriefe oder Telefonaktionen, brauchen Sie eine zuverlässige und bequeme Software – und keine teuren Lösungen. Für kleine und mittelständische Unternehmen gibt es sehr gute, zum Teil sogar kostenlose Module, mit denen Sie die Ihnen wichtigen Daten so erfassen können, dass jeder im Betrieb Zugriff hat.
Klären Sie zunächst, was das System im Alltag leisten soll und wie es in die Routine eingebunden werden kann:

- Wie viele Kunden wollen Sie langfristig damit verwalten?
- Wie viele Mitarbeiter sollen parallel Zugriff auf die Daten haben?
- Wer soll die Daten einpflegen können? etc.

Denken Sie auch daran, Ihre Kundendatei regelmäßig zu aktualisieren. Manche Firmen holen sich dafür Aushilfen, die tagelang die Kunden abtelefonieren und die Daten auf Richtigkeit checken.

Gepflegte Datenbank spart Zeit

Ziehen Sie ins Kalkül, dass eine gute Software nicht nur hilft, Kunden besser und individueller zu bedienen, sondern auch Geld spart. Sie können Anfragen schneller beantworten, wenn alle Stammdaten und die Kundenhistorie im System verfügbar sind. Eine Studie der Gartner Group zeigte, dass mit einer gepflegten Datenbank die Zeit für die Kundenbetreuung um rund 28 Prozent sinkt und die Mitarbeiterproduktivität um 17 Prozent steigt.

Zielgruppengenaues Marketing

Auch für zielgruppengenaues Marketing sparen Sie sich Geld. Sie reduzieren die Streuverluste, weil jeder Kunde von Ihnen das bekommt, was er an Informationen braucht. Das heißt, Ihr Marketing wird effektiver. Die Kosten für Konzeption, Produktion, Schalten und Versand sinken im Schnitt um 30 Prozent.

Ein gutes Customer Relationship Management garantiert dabei, dass Sie Ihre Daten so organisieren, dass eine gezielte Kundenansprache überhaupt erst möglich ist. Machen Sie sich jedoch klar, dass es mit dem Sammeln der Informationen über den Kunden alleine nicht getan ist. Erst wenn Sie damit regelmäßig arbeiten, macht eine solide Software Sinn.

Checkliste: Welche Daten brauche ich?

Was	Bemerkungen
Kontaktdaten (Anschrift, Ansprechpartner, Telefonnummern, Durchwahl, Fax, Mail, Handy)	
Alle Bestellungen	
Jahresumsätze	
Zahlungsbedingungen und Sonderkonditionen	
Kommunikationsaktivitäten (Besuche, Newsletter etc.)	
Beginn der Zusammenarbeit	
In einem freien Feld notieren Sie außerdem Informationen über Vorhaben, persönliche Informationen (Kinder, Ehefrau etc.), Anknüpfungspunkte, Vorlieben etc.	

Auch diese Checkliste finden Sie selbstverständlich wieder auf Ihrer CD-ROM.

Fallen im Dialog

„Die Sprache ist die Quelle aller Missverständnisse", das wusste schon der Schöpfer des „kleinen Prinzen", Antoine de Saint-Exupéry. Und dabei reden wir nicht nur über die Worte, die wir von uns geben. Es hängt von drei Dingen ab, wie Botschaften ankommen:

Der Eindruck entscheidet

- Zu 55 Prozent beeinflusst der Körper (Körpersprache, Kleidung, Aussehen), welchen Wert die Menschen Ihren Worten geben.
- 38 Prozent tragen Ihre Stimme (tief, ruhig, schrill, nervös etc.) dazu bei.
- Und nur zu sieben Prozent ist es wichtig, was Sie sagen.

Machen Sie sich also gerade bei persönlichen Kontakten das Leben nicht schwerer, als es ist, indem Sie in eine der zahlreichen Sprachfallen tappen. Gerade potenzielle Kunden verlassen sich häufig auf ihr Gespür und treffen so unbewusst eine Entscheidung für oder gegen Sie. Aber auch bei Lieferanten, Ihrer Bank, bei Behörden und im Umgang mit Ihren Mitarbeitern erschweren Ihnen die folgenden Fallen Ihr Geschäft.

Falle 1: Schlechten ersten Eindruck hinterlassen

Die meisten (Kauf-)Entscheidungen – egal ob von Firmenkunden oder von Privatleuten – werden nicht nur über Fakten (Qualität, Preis) getroffen. Sehr häufig spielen Faktoren eine Rolle, die der Partner nicht einmal bewusst wahrnehmen muss, aber die in ihm das Gefühl wecken: „Nein, dem traue ich nicht zu, dass er gut arbeitet!", oder aber: „Ja, der ist für mich der ideale Geschäftspartner!".
Viel hängt dabei eng mit den Gepflogenheiten Ihrer Branche und den Erwartungen Ihres Gesprächspartners zusammen. Es gibt also kein Patentrezept, aber einige Details, die über Top oder Flop in Ihrem Vorhaben entscheiden können.

Wichtige Grundregeln, die Sie beachten sollten

Auftreten/Umgangsformen

- Auftreten/Umgangsformen: Ein Programmierer, der Kaugummi kaut und sich in die Sessel fläzt, mag noch geduldet sein, aber ein Steuerberater? Überlegen Sie, welchen „Nutzen" Ihre Kunden neben Ihrem Produkt bei Ihnen kaufen (Seriosität, Korrektheit, Gespür für Trends etc.) und treten Sie entsprechend auf.

Kleidung

- Kleidung: In Deutschland hat sich der Dress-Code im Geschäftsleben gemäßigt. Es ist für Damen nicht mehr Pflicht, ein Kostüm zu tragen, und auch für Herren sind Anzug und Krawatte oftmals nicht mehr nötig. Immer noch aber gilt die Maxime: „Kleider machen Leute". Sie können sich ein Gespräch unnötig erschweren, weil Sie mit Jeans und Pulli weniger kompetent erscheinen als in der in Ihrer Branche üblichen Kleidung.

Büro

- Büro: Ausstattung und das Umfeld Ihres Büros sagen viel über Sie und Ihre zu erwartende Leistung aus. Zu prahlerisches Auftreten (exklusive Lage, teures Interieur) kann genauso abschreckend wirken wie die angegammelte Bürogemeinschaft auf einem stinkenden Schlachthof-Areal. Lieferanten machen Preisnachlässe oder Konditionen häufig von ihrem Eindruck des Geschäftspartners abhängig. Hat ein Lieferant den Eindruck, dass „da was zu holen" sei, wird er Ihnen kaum entgegenkommen. Und wenn er Angst haben muss, der Besitzer einer „Bruchbude" werde schneller dicht machen, als seine Lieferung bezahlt wird, dann wird er auf Vorauskasse bestehen – und das ist schlecht für Ihre Liquidität. Überlegen Sie, welches Bild Kunden von Ihnen haben wollen, und versuchen Sie, hier eine gewisse Übereinstimmung zu schaffen. Zu große Divergenzen verunsichern und schrecken ab.
  Auch Mitarbeiter stellen sich auf ihre Umgebung ein. Zum einen finden Sie nur Leute, die sich bei Ihnen (räumlich) wohl fühlen – und verprellen damit unter Umständen gute Mitarbeiter. Zum anderen weiß man, dass in einer „negativen" Umgebung die Leute nicht gut arbeiten. „Wer bis zu den Knien im Dreck steht, kann keine gute Leistung bringen".

Geschäftsunterlagen

- Geschäftsunterlagen: In der Werbefachsprache spricht man vom „Corporate Design" (CD). Das bedeutet, dass der Auftritt Ihrer Firma aus einem Guss sein und zum Image passen muss. Investieren Sie Geld in einen professionellen Auftritt. Überlegen Sie, welchen Eindruck der Geschäftspartner bekommen soll, wenn er Unterlagen von Ihnen in der Hand hat: seriös, hipp, korrekt, modisch, traditionell?

Vernünftige Visitenkarten, gedrucktes Briefpapier und eine professionelle Website sind das Minimum, das man von Ihnen als Unternehmer erwarten kann. Sie denken, für Ihre Kunden sei das nicht so wichtig? Genau diesen Eindruck erwecken Sie dann auch: „Du bist es mir nicht wert, dass ich Geld für dich ausgebe". Natürlich sollen Sie auch nicht ins andere Extrem verfallen und nur mehr Büttenpapier mit Goldstich verwenden – außer natürlich, Ihre Zielgruppe steht auf so etwas.

Geben Sie Ihrer Firma ein Gesicht

Ein Kunde kauft niemals nur „Reinigungsmittel" oder „PR-Beratung". Er kauft auch ein Stück der Unternehmensidentität – das macht den großen Erfolg von Markenanbietern aus. Dabei sehen die Käufer den Anbieter als komplexes Ganzes. Gründer, die die Bedeutung des Firmenauftritts unterschätzen, machen sich also unnötig das Geschäft schwer. Geben Sie Ihrer Firma ein „Gesicht" mit einer überzeugenden Bildsprache. Dazu gehören:

- sinnvolle und einprägsame Namensgebung,
- ein aussagekräftiges Logo,
- strategische Schlüsselbilder (z. B. grünes Becks-Schiff),
- einheitliche Geschäftsunterlagen (Visitenkarte, Briefpapier, Info-Mappen, Mailing, Imagebroschüre) in Schriftbild und Farben,
- einheitliche Werbeauftritte (Farben, Tenor der Ansprache etc.)
- einheitliches Auftreten der Mitarbeiter (je nach Geschäft bis hin zur Kleidung, zumindest aber Freundlichkeit und Hilfsbereitschaft im Umgang mit den Kunden).

Falle 2: Werbepost für den Müll verschicken

Gerade für Newcomer ist Werbepost ein ideales Instrument, um Kunden zu finden und zu binden. Sie ist wesentlich günstiger als Vertreterbesuche (Faustregel: 130 Euro/Vertreterbesuch) und hat – wenn sie gut vorbereitet und umgesetzt ist – geringe Streuverluste.
Wie auch schon bei der klassischen Werbung gilt: Wer nicht in der täglichen Informationsflut untergehen will, der muss sich abheben. Leider aber verschicken ganz viele Firmen Werbepost (Briefe, Flugblätter oder Broschüren) für den Müll. Entweder weil sie sich nicht die Arbeit machen, die

Adressaten herauszufinden, denen sie wirklich einen Nutzen bringen könnten, oder weil sie die Schreiben so unglücklich gestalten, dass der Leser seinen Nutzen gar nicht erkennt. Dabei ist das ganz einfach, wenn Sie folgende Grundregeln beachten.

Optisch anders sein

Seien Sie optisch anders. Die erste Hürde zwischen Briefkasten und Papierkorb nehmen Mailings, die sich optisch von der Alltagspost unterscheiden. Auffällige Umschläge, bunte Farben, andere Materialien (geriffeltes Plastik statt Papier) oder ausgefallene Formate wecken die Neugier des Empfängers, er macht den Brief eher auf oder nimmt das Flugblatt in die Hand.

Panorama-Kuverts

Elvira Schukraft hat aus dem Desaster ihrer Radiowerbung gelernt. Jetzt lädt die Geschäftsfrau lieber zweimal jährlich Kunden und alle Einwohner ihres Dorfes zu einer Modenschau ein. Für die Herbstschau wählt sie ein Panorama-Kuvert. Auf der Vorderseite platziert sie als Eyecatcher einen Schuh der neuen trendigen Kollektion für junge Frauen, das Adressfenster ist auf der Rückseite. Der Rücklauf der Anmeldungen ist doppelt so hoch als bislang mit herkömmlichen Kuverts, bei Kosten von 53 Cent pro Brief bei 5.000 Mailings (für Kuvert, personalisiertes Anschreiben, Antwort-Fax, Lettershop-Gebühr, ohne Porto). Die Modeschauen sind gut besucht, die Leute finden wieder in ihr Geschäft und der Umsatz erholt sich langsam.

Persönliche Ansprache

Personalisieren Sie. Sprechen Sie die Empfänger an, und zwar nicht mit „Sehr geehrte Damen und Herren“, sondern mit Namen. Der Leser bekommt den Eindruck, Sie kennen sich bereits, und ist somit offener für Ihr Angebot. Außerdem ist der eigene Name das liebste Wort eines jeden Menschen!

„Persönliche" Massendrucksache

Verkaufen Sie Ihre Adressaten nicht für dumm. So wie – kein Einzelfall – die Firma Kuki-Sanitär. Im Anschriftenfeld steht gedruckt: „Persönliche Einladung zum Geburtstag". Sonst nichts. „Persönliche Einladung"? Obwohl da nicht einmal der Name des Empfängers vermerkt ist? Was hat sich Kuki-Sanitär wohl mit dieser „persönlichen Einladung" in Form einer Massendrucksache gedacht?

Seien Sie inhaltlich anders. Anders als die anderen heißt in diesem Falle nicht, dass Sie das Rad für Werbebriefe neu erfinden sollen. Denn es gibt aus zahlreichen Analysen wertvolle Tipps, wie Werbemails auch wirklich gelesen werden und den Adressaten zum Handeln (Antworten, Bestellen) animieren. Anders heißt: besser als die vielen schlechten Briefe, die Sie täglich auf den Tisch bekommen, die Sie Zeit kosten zum Anlesen und die Sie letztendlich wegwerfen. Hier die wichtigsten Tipps:

Inhaltlich anders sein

- Ihr Leser muss in zehn, maximal 20 Sekunden wichtige Vorteile für sich entdecken können. Sonst wirft er den Brief sofort weg. In 90 Prozent der Fälle von Werbepost ist das der Fall. Traurig, nicht wahr? Da machen Sie sich die Mühe und texten und feilen ewig an einem Mailing herum, und der undankbare Empfänger schenkt dem Werk ganze 20 Sekunden Aufmerksamkeit.
  Fragen Sie sich also: An wen schreibe ich? Was ist der Vorteil für den Leser? Was soll der Leser tun? Was will ich mit dem Brief erreichen? Ordnen Sie diese Infos so an, dass sie dem Leser sofort in die Augen fallen.

Nicht so ...	**... sondern so!**
50 Jahre Bäcker Huber.	Preise wie vor 50 Jahren.
Hallo, seit 50 Jahren verkaufen wir jetzt alles rund um das Brot. Tausende von Kunden haben wir bedient und sind nicht müde, auch Sie mit einem Lächeln zu begrüßen. Schauen Sie bei uns herein. Wir freuen uns auf Sie. Ihr Bäcker-Huber-Team.	Wir feiern Geburtstag und verwöhnen Sie in unserer Jubiläumswoche vom 1. bis 6. August mit Brötchen für 2 Cent, Brezen für 3 Cent oder einen Laib Brot für 5 Cent. Nur für kurze Zeit und nur bei uns. Wir freuen uns auf Sie. Ihr Bäckerei-Huber-Team.

- Erhöhen Sie die Lesedauer, indem Sie dem Leseverhalten Rechnung tragen. In der Regel macht ein Empfänger drei Lesedurchgänge.
  - Überfliegen: In maximal 20 Sekunden nimmt das Auge des Leser Fotos und Abbildungen wahr, es liest kurze Schlagzeilen und Unterstreichungen, überfliegt Bildlegenden und Unterschlagzeilen, prüft Anrede, Adresse, Unterschrift. Und es liest das PS. Das Auge sucht Antworten auf folgende Fragen des Leser: Wer schreibt mir? Warum schreibst Du mir? Welchen Vorteil habe ich, wenn ich es lese?

Fehler in Werbebriefen und die Gedanken des Lesers dazu

- Keine Abbildungen („langweilig")
- Texte als Bleiwüsten („Glauben die, ich will das alles lesen?")
- Schlagzeilen wie „30 Jahre Foto Kurschner" („Was habe ich davon, dass es den 30 Jahre lang gibt?")
- Datum: Im Frühjahr 2004 („unaktuell und damit unwichtig")
- Absender: Gardenius Gartenbedarf, Abteilung Sprüh- und Spritztechnik, P. Winkler (Wer ist das? Ein Mann, eine Frau? Seltsame Abteilung!")

– Erkennt der Leser Vorteile in diesem Kurzdialog mit dem Absender, dann startet er einen zweiten, intensiveren Lesedurchlauf. Jetzt liest er ganze Textblöcke und Bildlegenden – und zwar in einer sprunghaften Reihenfolge. Die Annahme, ein Werbebrief werde – wie ein herkömmlicher Geschäftsbrief – brav von links oben nach rechts unten gelesen, ist also ein Irrglaube.
Der Leser fragt sich: Was genau bietet der Absender mir an? Wie habe ich das bislang gelöst? Wer beweist das, was er behauptet? Lohnt es sich, mich näher damit zu befassen? Was kostet es mich? Habe ich dafür Geld?

– Hält der Leser jetzt noch Ihren Brief in der Hand, dann haben Sie es fast geschafft. Sie müssen nur noch die Hürde der Abschlussphase nehmen. Jetzt liest er alle Informationen, die er finden kann, und will weitere Fragen beantwortet haben: Wo und wie kann ich die Aussagen überprüfen? Habe ich ein Risiko, wenn ich handle? An wen kann ich mich wenden? Muss ich gleich handeln oder kann ich weitere Infos anfordern? Wie kann ich das tun? Und was passiert, wenn ich gehandelt habe?

Zum Handeln ermuntern

Ermutern Sie zum (schnellen) Handeln. Machen Sie die Kontaktaufnahme so leicht wie möglich:

- vorbereitete Antwortschreiben (per Fax!),
- deutlich lesbare Telefonnummern und Ansprechpartner (Vor- und Nachname)

und senken Sie damit die Hemmschwelle bzw. die Tendenz der Menschen, alles auf später zu verschieben. Belohnen Sie schnelle Antworten z. B. mit Gewinnen für die ersten Einsender oder anderen Vorteilen.

Realistisch sein

Beachten Sie, dass im Schnitt ein Rücklauf von fünf Prozent bei einer Werbesendung als traumhaftes Ergebnis gilt. Massenmailings, z. B. von Lotterien, erreichen gerade mal 0,3 Prozent. Passen Sie Ihre Erwartung an und rechnen Sie entsprechend hoch, wie viele Mails Sie verschicken müssen, wenn Sie z. B. 500 Antworten haben möchten.

Falle 3: Mit E-Mails Leute nerven

E-Mail-Marketing gewinnt vor Telefonmarketing und Werbebriefen im Direktmarketing am stärksten an Bedeutung. 42 Prozent der deutschen Unternehmen nutzen bereits E-Mail als Marketinginstrument. Aber ähnlich wie beim Werbebrief sind Klippen zu umschiffen, damit der Empfänger das Mail überhaupt öffnet und liest.

Elektronische Post – schnell und effektiv

Dabei scheren sich viele Unternehmen beim E-Mail-Marketing noch weniger um gestalterische Aspekte oder um eine Eingrenzung der Adressatenzahl als bei gedruckten Briefen – vermutlich weil es so günstig ist. Fallen bei Werbebriefen Druck-, Papier- und Portokosten an, so haben E-Mails nur minimale Kosten für Softwarelizenzen und Providergebühren. Und auch der Versand der „digitalen Briefe" kostet nur etwa ein Zehntel dessen, was Papierausendungen kosten. Dabei lohnt es sich, sich hier ein wenig Mühe zu geben.

- Weil in einer E-Mail lediglich ein Hyperlink anzuklicken ist, liegen die Responseraten meist deutlich über jenen von Briefen. Manche Angebote an Geschäftsleute erzielen Traumwerte von 30 bis 40 Prozent.
- Es kann gemessen werden, welche Botschaft gelesen wird und welche nicht, welches Produkt die höchste Klickrate hatte und welches schließlich am meisten gekauft wurde. All dies geschieht vollautomatisch und steht als Report zum Ausdruck bereit.
- E-Mails können auch kurzfristig realisiert werden. Nur Minuten nach der Aussendung sind sie bei den Kunden und die meisten Antworten liegen schon am ersten und zweiten Tag vor.

Professionell gestalten

Gestalten Sie Ihre Mails und Newsletter professionell. Beachten Sie, dass Sie dem Empfänger wirklich etwas Nützliches zu sagen haben, denn immer mehr Privatleute und Berufstätige reagieren allergisch auf elektronische Post. Und sie nehmen sich gerade mal drei Sekunden Zeit, um zu entscheiden: öffnen oder löschen. Dabei muss es sich nicht einmal um offensichtlichen Spam handeln, der ja per Gesetz seit Juli 2004 verboten ist.
Mit folgenden Tipps erhöhen Sie die Wahrscheinlichkeit, dass Ihr Mail auch „ankommt".

Per E-Mail werben

- Schicken Sie keine Mails, ohne von Empfänger ausdrücklich dazu ermuntert worden zu sein. Widerstehen Sie dem Drang, Unbekannte zu belästigen. Sie ernten nur Unmut und eine saftige Strafe.
- Nennen Sie den Absender deutlich. Über 70 Prozent der E-Mail-Nutzer machen eine Mail nur auf, wenn Sie den Absender (er-)kennen.
- Wählen Sie eine aussagekräftige Betreffzeile (nicht: „Wichtige Firmeninformation", sondern stellen Sie den Kundennutzen heraus).
- Sprechen Sie den Adressaten persönlich an („Sehr geehrte Frau Müller").
- Gestalten Sie Ihr Mail in Ihrem Corporate Design.
- Verzichten Sie auf opulentes Design und aufwändige Grafiken. Sie verlangsamen die „schnelle Post", zu große Dateien verstopfen die Postfächer und bringen nervige Wartezeiten mit sich.
- Schreiben Sie alle wichtigen Infos ins Mail selbst. Anhänge werden selten geöffnet.
- Legen Sie besonderen Wert auf den Einstieg. In den ersten drei Zeilen muss der Leser bereits seinen Nutzen erkennen.
- Individualisieren Sie das Mail, indem Sie die Informationen schicken, die der Empfänger wirklich braucht.
- Informieren Sie. In erster Linie sind E-Mail-Adressaten an Post mit Informations- und Servicefunktionen interessiert. Reine Werbe- und Verkaufsmails sind verpönt, auch Imagepflegemails ohne konkreten Nutzen empfinden sie als ärgerlich.

Weitere Informationen zum E-Mail-Marketing

Mehr Informationen rund ums E-Mail-Marketing, Tipps für die Gestaltung sowie zahlreiche Anwendungsbeispiele und Checklisten bekommen Sie z. B. kostenlos unter www.absolit.de.

Falle 4: „Ich kann nicht verhandeln!"

Im Laufe Ihres Unternehmertums werden Sie sehr viele Gespräche führen. In der Regel werden das Gespräche sein, in denen Sie Ihre Position klar machen, einen Vorteil verhandeln oder den Gesprächspartner von einem Nutzen überzeugen wollen. Wie ist bislang Ihre Erfahrung damit? Haben Sie meistens erreicht, was Sie wollten? Oder hatten Sie den Eindruck: „Der andere hört mir nicht zu, ich kann ihn nicht überzeugen."?

Nur die wenigsten Menschen sind geborene Verkäufer, Verkäufer ihrer Ideen oder ihrer Forderungen. Aber Sie werden sehen, Sie müssen gar kein geborener Verkäufer sein oder ein redseliger Vertretertyp. Im Gegenteil. Mit ein paar kleinen Kniffen reden Sie künftig so, wie es zu Ihnen passt und Ihnen Erfolg beschert.

Beachten Sie einfach in jedem wichtigen Gespräch die folgenden acht Schritte:

Acht Schritte zum Gesprächserfolg

- Bereiten Sie sich auf das Gespräch vor. Je wichtiger es ist, desto mehr Zeit investieren Sie.
- Notieren Sie Ihr Ziel. Der häufigste Fehler in Verhandlungen ist, dass die Leute kein Ziel haben. Bestenfalls haben Sie eine schwammige Vorstellung davon, was Sie wollen. Aber das ist keine Grundlage für ein erfolgreiches Gespräch.

  Schreiben Sie auch ein „kleineres" Nebenziel auf. Wenn der Lieferant z. B. nicht drei Prozent Treuerabatt geben will (Ihr Ziel), dann gibt er vielleicht drei Prozent Skonto, weil er hier auch einen Vorteil hat.

Auch wenn Sie mit einem potenziellen Kunden reden, bringen Sie Nebenziele weiter. Bei einem Hauptziel „Auftrag bekommen" sind mögliche Nebenziele:

- Bedarf klären, um ein individuelles Angebot erstellen zu können
- langfristige Partnerschaft aufbauen
- Empfehlungen bekommen (Empfehlungsmarketing)
- Netzwerken

Notieren Sie, wenn Sie noch ungeübt sind, all Ihre Ziele schriftlich. Selbst wenn Sie den Zettel nicht mehr vor sich haben (beim Telefonieren können Sie ihn vor sich legen) – mit dieser Grundlage treten Sie selbstbewusster und effektiver auf und werfen nicht beim ersten Anzeichen eines „Neins" das Handtuch.

- Bereiten Sie sich inhaltlich vor und überlegen Sie sich Antworten auf mögliche Einwände.

  - Kunde hat kein Geld -> gute Finanzierungsangebote, langes Zahlungsziel, neues Angebot im Frühjahr?
  - Kunde hat schon einen Lieferanten -> besonderen Nutzen aufzeigen, den der andere Lieferant nicht hat
  - Lieferant kann keinen Rabatt geben -> ist Skonto möglich?

  Forschen Sie auch nach Vorteilen für den Gesprächspartner, wenn er auf Ihren Vorschlag eingeht, und überlegen Sie sich Argumente, die dem anderen einen Nutzen bringen.

Kundenorientiert argumentieren

Selbst die Polizei hat erkannt, dass sie schneller an ihr Geld kommt, wenn sie kundenorientiert argumentiert. So sagte ein Beamter, der eine Autofahrerin mit der Radarpistole geblitzt und an den Straßenrand gewunken hatte, sie könne warten, bis ein Strafzettel komme und dann die Strafe von 50 Euro überweisen. Sie könne aber auch gleich bar bezahlen, dann habe sie später keine Arbeit mehr und müsse sich in einigen Tagen – wenn das Knöllchen kommt – nicht noch einmal ärgern. Was glauben Sie, hat die Autofahrerin gemacht? Und was glauben Sie, hätte sie gemacht, wenn er gesagt hätte: „Bitte zahlen Sie sofort, dann haben wir keine Arbeit damit, Ihnen einen Strafzettel zu schicken, sparen uns dadurch Personal-, Material- und Portokosten. Und zudem haben wir einen Zinsvorteil, weil wir Ihr Geld natürlich gleich zur Bank tragen."?

- Überprüfen Sie Ihre Einstellung: Wie gehen Sie an das Gespräch heran? „Der gibt mir eh keinen Auftrag/Kredit/Preisnachlass!" oder „Das wird ein positives Gespräch!"?

  Vorsicht: Man hört Ihnen an, was Sie denken, und entsprechend wird das Gespräch auch verlaufen. Nennen Sie es „sich selbst erfüllende Prophezeiung" oder „Selbstsabotage" – in jedem Fall beeinflusst Ihre Erwartung das Ergebnis des Gesprächs. Also bringen Sie sich lieber in eine gute, positive Stimmung, treten Sie selbstbewusst auf und erleichtern Sie sich so die Unterhaltung.

Gute Laune auf Bestellung

Lachen Sie sich im Spiegel an, machen Sie eine Lachfratze. Ihre Gesichtsmuskeln drücken dadurch auf bestimmte Nervenpunkte und schütten ein Glückshormon aus. Sie fühlen sich besser.

Atmen Sie mehrmals tief durch (z. B. am offenen Fenster) und sagen Sie sich: „Ich schaffe das!".

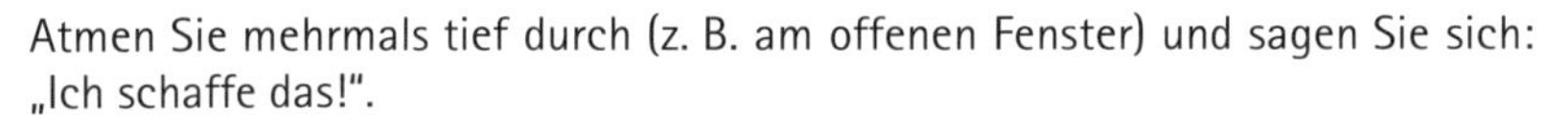

Erinnern Sie sich an ein positives Gespräch. Schließen Sie die Augen und durchleben Sie den Dialog im Geiste. Wie haben Sie sich gefühlt, was haben Sie gehört, gesehen, gespürt? Lassen Sie die positiven Empfindungen „auftauchen" und stärken Sie sich damit den Rücken. ◂

- Schaffen Sie zu Beginn des Gesprächs eine positive Atmosphäre. Wenn Sie mögen, mit ein paar netten Worten, ansonsten lächeln Sie einfach. Stellen Sie sich deutlich mit Ihrem Namen und Firmennamen vor. Das betont Ihre Kompetenz.
- Vermeiden Sie Killerphrasen. Viele Menschen wundern sich, dass sie in Gesprächen „nicht durchkommen". Oftmals liegt es daran, dass sie mit Killerphrasen ihren Erfolg sabotieren. Vermeiden Sie Konjunktiv („Ich würde gerne ...") oder Einschränkungen („Eigentlich koste ich ...). Das zeugt von Unsicherheit und öffnet dem Partner alle Tore für Widerspruch. Vermeiden Sie auch unbedingt, den Partner abzuwerten. („Eigentlich wollte ich mit Ihrem Chef sprechen, aber der hatte keine Zeit.").
- Machen Sie Ihren Partner mitteilsam, indem Sie „offene Fragen" stellen. Also nicht solche, bei denen er lediglich mit Ja oder Nein antworten muss, sondern solche, bei denen er ins Reden kommt. In der Regel sind das die fünf W-Fragen: wer, wo, was, wie, warum. Fragen Sie nicht: „Kann ich Ihnen helfen?", sondern: „Wie kann ich Ihnen helfen?" Nicht: „Können Sie

mir drei Prozent Rabatt geben?", sondern: „Was kann ich tun, damit Sie mir drei Prozent Rabatt geben?".

- Bleiben Sie freundlich. Auch wenn Sie keines Ihrer Ziele erreicht haben, überlegen Sie sich: Als wer will ich in Erinnerung bleiben? Halten Sie sich vor Augen: Die Geschäftswelt ist klein und man trifft sich immer mehrere Male. Verderben Sie sich nicht eine zweite Chance, weil Sie die erste unprofessionell beendet haben.

Falle 5: „Ich telefoniere nicht gerne!"

Das Telefon ist im Geschäftsleben Mittel Nummer eins, um schnell und kostengünstig miteinander ins Geschäft zu kommen und im Geschäft zu bleiben. Doch leider gehen die meisten Menschen sehr lax mit diesem Instrument um und erschweren sich damit das Geschäft.
Hier ein Schnellkurs, damit Sie aus Ihren Anrufen das Maximum herausholen können. Wenn Sie angerufen werden, haben wir ein paar Extratipps – die lesen Sie dann in Falle 6.

So telefonieren Sie richtig

- Deutlich sprechen: Ihr Gegenüber kann Sie am Telefon nicht sehen und nicht von Ihren Lippen ablesen. Deshalb ist es unbedingt nötig, dass Sie langsam und deutlich sprechen. Das beginnt schon, wenn Sie sich am Telefon vorstellen. Nuscheln Sie nicht Ihren Namen in die Muschel, sondern geben Sie dem Partner die Chance zu verstehen, wer überhaupt dran ist.
- Kommen Sie zur Sache. In den ersten 30 Sekunden entscheidet sich, ob der Angerufene Ihnen zuhört. Verzichten Sie deshalb auf den Austausch von Belanglosigkeiten beim Gesprächseinstieg oder Floskeln. Stellen Sie sich vor (Firma und Name) und kommen Sie zügig auf den Grund Ihres Anrufs zu sprechen. Ihr Gegenüber hat keine Zeit zu verschenken!
- Den anderen ausreden lassen. Stellen Sie sich auf Ihren Gesprächspartner ein und passen Sie sich seinem Redetempo an. Nichts wirkt unhöflicher, als wenn Sie dem anderen wiederholt ins Wort fallen, nicht auf seine Einwände eingehen oder einen Kunden plump auf einen Abschluss drängen. Zeit ist Geld: Je mehr Zeit Sie dem anderen geben, desto eher wird er Ihnen sein Geld anvertrauen.

- Gestik und Mimik nutzen. Wer am Telefon Gestik und Mimik nutzt, klingt wesentlich lebendiger. Zwar sieht Ihr Gegenüber das nicht, aber es verändert Ihre Atmung und Ihre Laune und damit ist es angenehmer, Ihnen zuzuhören. Das bedeutet auch, dass Sie am Telefon lächeln sollen. Denn auch das hört man Ihrer Stimme an.
- Im Stehen telefonieren. Verschaffen Sie sich ein wenig Bewegung, indem Sie beim Telefonieren hin und her gehen, sich ein wenig dehnen und strecken. Zusatznutzen: Im Stehen klingt Ihre Stimme klarer und bestimmter – in der Regel kommen Anrufer schneller zur Sache.
- Gut kleiden. Wer im Schmuddellook telefoniert, hat eine weniger professionelle Ausstrahlung als jemand in Geschäftskleidung. Machen Sie sich die Mühe, auch wenn Sie als Einzelkämpfer eine Wohnzimmer-AG betreiben, sich ein wenig in Schale zu werfen und sich geschäftsmäßig fühlen.
- Keine Hintergrundgeräusche. Wie oft hat ein dudelndes Radio im Hintergrund Ihres Telefonpartners Sie schon abgelenkt oder den Eindruck erweckt, dort wird nicht gearbeitet, sondern Kaffee getrunken? Überlegen Sie sich auch gut, ob Ihre schreienden Kinder im Büro einen professionellen Eindruck machen. Manchmal können Kinder das Eis brechen und eine nette Unterhaltung anregen, die sich dann positiv auf die Geschäftsbeziehung auswirkt. Aber vielleicht denkt Ihr Gesprächspartner ja auch, dass Sie nicht nur im aktuellen Telefongespräch mit halbem Ohr dabei sind, sondern generell Ihre Arbeit „nur so nebenbei" machen. Das können Sie nicht wissen. Sichern Sie also zumindest beim ersten Kontakt, dass Ihre Argumente den Gesprächspartner erreichen und nicht das Kindergebrüll.
- Präsent sein. Eine weit verbreitete Unart ist es, sich beim Telefonieren mit anderen Dingen zu beschäftigen. Da werden E-Mails gecheckt, Briefe weitergetippt, Dokumente durchgesehen. Selbst wenn Sie meinen, das Ganze sei geräuschlos – Ihr Gesprächspartner hört es trotzdem. Einfach weil Sie nicht mehr voll bei der Sache sind. Und er bekommt den Eindruck: Ich bin dem anderen nicht wichtig. Eine schlechte Voraussetzung für gemeinsame Geschäfte. ◂

Mit all diesen Tipps haben Sie eine gute Basis, Ihre Leistung erfolgreich am Telefon zu verkaufen und besser zu verhandeln. Wenn Sie jetzt noch gezielt Interessenten anrufen (also nicht auf gut Glück eine Liste abtelefonieren), dann werden Sie bei den meisten Telefonaten Ihr Ziel erreichen.

Falle 6: „Bitte nicht stören!"

Die obigen Tipps gelten natürlich auch, wenn Sie angerufen werden. Darüber hinaus können Sie mit ein paar Kniffen Ihren Anrufern das Gefühl geben, Sie freuen sich über den Anruf, sind gerne für ihn da und empfinden ihn nicht – wie es leider bei vielen Unternehmen klingt – als Störung.

So verhalten Sie sich, wenn Sie angerufen werden

- Melden Sie sich – und all Ihre Mitarbeiter – deutlich mit Firmenname und Ihren Vor- und Nachnamen. Das wirkt freundlich und der Anrufer weiß sofort, wo er gelandet ist.
- Wenn Sie den Namen des Gesprächspartners nicht verstehen, fragen Sie nach. Denn nichts nervt Leute mehr, als wenn sie permanent mit einem falschen Namen angesprochen werden – selbst wenn sie den Fehler mit ihrer Nuschelei selbst verursacht haben.
- Ist ein gewünschter Gesprächspartner nicht im Haus, dann sagen die meisten: „Herr Exner ist gerade nicht im Haus." Diese Information bringt dem Anrufer jedoch nichts. Fügen Sie Aussagen wie: „Er ist in 30 Minuten wieder am Platz." Und: „Wie kann ich Ihnen weiterhelfen?" hinzu. Oftmals können Sie die Sache nämlich sofort selbst erledigen oder an einen anderen – für diese Sache tatsächlich zuständigen – Kollegen weitervermitteln.
- Falls nicht, notieren Sie zumindest Name und Telefonnummer sowie Grund des Anrufs und sorgen Sie dafür, dass der zuständige Kollege zurückruft. Das zeugt von Zuverlässigkeit, Wertschätzung und Kompetenz. Alles Eigenschaften, mit denen Sie Ihr Standing im Markt erheblich verbessern können.
- Schließen Sie einen Anrufbeantworter an, der mitteilt, warum gerade niemand ans Telefon geht. Ist schon Feierabend? Sind alle Leitungen besetzt? Kundenfreundlich sind Geräte, bei denen der Anrufer in der Leitung warten oder eine Botschaft hinterlassen kann. ◂

Fallen im Umgang mit mir selbst

„Wer andere führen will, muss zuerst sich selbst führen", sagte US-Management-Vordenker Peter F. Drucker schon in den 60er Jahren. Doch das ist leichter gesagt als getan. In den vergangenen 40 Jahren nämlich, so haben Wissenschaftler festgestellt, hat sich der Stresspegel in unserer Gesellschaft um über 40 Prozent erhöht. Beruflich und privat haben wir permanent mit Umbrüchen zu kämpfen: ständige Weiterbildung, örtliche Mobilität, der Druck der Heile-Welt-Bilder in der Werbung einerseits und die ständigen Krisenberichte in den Nachrichten andererseits oder der Wunsch nach Hobbys und Aktivitäten mit der Familie zwingen uns in ein Hamsterrad, in dem wir der „Erfüllung" nur so hinterherhecheln.

Work-Life Balance

Eigene Führung oder „Selbstmanagement" ist dabei schwieriger denn je. Aber es ist auch wichtiger denn je. Wer das schnelle Tempo unserer Gesellschaft aushalten will, muss sich auf sich selbst besinnen. Ganz besonders, wer Verantwortung für ein Unternehmen und Mitarbeiter trägt, muss im Einklang mit seinen Bedürfnissen sein, um nicht in ein paar Jahren zusammenzubrechen. Finden Sie heraus, was Sie stresst, ziehen Sie die Notbremse oder stellen Sie rechtzeitig die Weichen, damit es bei Ihnen gar nicht erst zum Burnout kommt. Denn Stress kommt nicht daher, dass Sie zu viel zu tun haben.

Falle 1: Arbeiten bis zum Umfallen

Viele Unternehmer arbeiten 70 oder 80 Stunden in der Woche. Sie reiben sich regelrecht zwischen Kunden, Mitarbeitern und der eigenen Familie auf. Sie bekommen Magenschmerzen und Schlafstörungen und bekämpfen allenfalls die Symptome mit Medikamenten oder einem „Urschrei-Seminar". Natürlich müssen Sie sich zu Beginn Ihrer Chef-Karriere „reinhängen". Aber nach der Anlaufphase muss Ihr Laden mit einem gesunden Zeit- (und Nerven-)Aufwand laufen.

Und dafür müssen Sie etwas tun. Von nichts kommt nichts! Sie werden sagen: „Ich weiß, dass ich mehr auf mich achten muss, dass ich Erholung brauche, aber es geht halt einfach nicht …“. Sagen Sie uns doch einmal: Was hält Sie davon ab, abends regelmäßig zu einer vernünftigen Zeit nach Hause zu gehen oder an den Wochenenden freizuhaben?
In den meisten Fällen sagen Unternehmer Dinge wie die folgenden:

Was Unternehmer an der Erholung hindert

- Ich hatte eine wichtige Arbeit nicht fertig.
- Meine Mitarbeiter haben Mist gemacht und ich musste es retten.
- Ein wichtiger Kunde hat angerufen.
- Ich musste selbst dringende Teile nacharbeiten.
- Irgendwie dauert immer alles länger als geplant.
- Ich habe halt immer so viel zu tun etc.

Natürlich brechen immer wieder unvorhergesehene Ereignisse über Sie herein, die Hektik und Nachtschichten auslösen. Aber Ihr Ziel muss es sein, Ihren Betrieb mit einer gesunden Anzahl an Stunden zu führen. Das wird keine 35-Stunden-Woche sein, aber es darf langfristig auch keine 60- oder 80-Stunden-Woche sein. Machen Sie es wie andere erfolgreiche Manager, die ihr Geschäft gut führen und dennoch Freizeit für sich finden.

So machen es erfolgreiche Manager

- Sie haben in ihrer Firma Strukturen geschaffen und die Abläufe so organisiert, dass der normale Alltag reibungslos abläuft und alle Mitarbeiter mit ihrer Stundenzahl auskommen.
- Sie haben erkannt, dass effektives Arbeiten mehr bringt als lange Arbeitszeiten.
- Sie reservieren sich bewusst Auszeiten, um ihre Batterien wieder zu laden. So gewappnet, bewältigen sie hektische Stosszeiten besser.
- Sie haben eine klare Rollenverteilung geschaffen, damit die Fachkraft, der Manager und der Unternehmer vernünftig arbeiten.

Lösungsorientiert denken

Denken Sie lösungsorientiert. Nehmen Sie Stress und Chaos nicht als gegeben hin, sondern hinterfragen Sie mögliche Ursachen und überlegen Sie, wie Sie dieses Problem lösen können. Versuchen Sie, das Kernproblem Ihres Problems ausfindig zu machen und – mit den Tipps aus diesem Buch – zu lösen. Doktern Sie nicht an der Oberfläche herum, indem Sie ein- oder zweimal Sport treiben oder etwas delegieren, sondern rücken Sie der Ursache zu Leibe. Nur so erreichen Sie eine dauerhafte Lösung.

Falle 2: Probleme ignorieren

Schaffen Sie Luft und Transparenz in Ihrem Betrieb. Und zwar, indem Sie systematisch nach den Ursachen suchen und nicht nur Schnellkosmetik treiben. Fragen Sie immer wieder: Was könnte die Ursache für dieses Problem sein? Und was könnte die Ursache für die Ursache sein? usw.

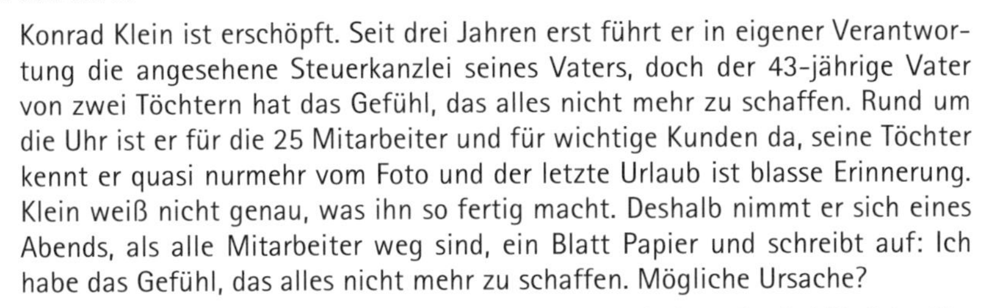

Pausenlos

Konrad Klein ist erschöpft. Seit drei Jahren erst führt er in eigener Verantwortung die angesehene Steuerkanzlei seines Vaters, doch der 43-jährige Vater von zwei Töchtern hat das Gefühl, das alles nicht mehr zu schaffen. Rund um die Uhr ist er für die 25 Mitarbeiter und für wichtige Kunden da, seine Töchter kennt er quasi nurmehr vom Foto und der letzte Urlaub ist blasse Erinnerung. Klein weiß nicht genau, was ihn so fertig macht. Deshalb nimmt er sich eines Abends, als alle Mitarbeiter weg sind, ein Blatt Papier und schreibt auf: Ich habe das Gefühl, das alles nicht mehr zu schaffen. Mögliche Ursache?

Er sammelt verschiedene Ideen, z. B.: Arbeit macht keinen Spaß. Mögliche Ursache? Steuern langweilen mich. Ursache? Finde Zahlen trocken. Will kein „Zahlenfuzzi" sein. Habe das Gefühl, etwas zu verpassen. Mögliche Ursache? Will raus unter Leute. Will etwas Kreatives machen.

Langsam sieht Klein klarer. Er zieht Konsequenzen (s. Falle 8).

Was ist das Kernproblem?

Viele Menschen sind wahre Meister im Verdrängen von Problemen. Sie wissen zwar, dass „irgendwie nichts passt", aber Sie haben keine Zeit (bzw. keine Lust), der Sache auf den Grund zu gehen. Das ist sehr menschlich, aber wenn Sie wirklich ein erfolgreiches Geschäft und trotzdem noch Zeit zum Leben haben wollen, dann halten Sie sich selbst den Spiegel vor und packen Sie das Übel an der Wurzel. Also: Was ist Ihr Kernproblem?

Weiterbildung und Unterstützung von außen

Es ist bitter, aber in sehr vielen Fällen sind schlichtweg unzureichende berufliche, fachliche und persönliche Qualifikation des Gründers dafür verantwortlich, dass das Unternehmen sehr schnell scheitert. Sind Sie hier unsicher, dann bilden Sie sich unbedingt weiter oder holen Sie sich Leute ins Boot, die Sie gut ergänzen. (Vgl. „Fallen im Umgang mit Mitarbeitern")

Falle 3: Das Rad neu erfinden wollen

Benchmarking – Lernen von den Besten

Es ist eine Verschwendung von Zeit und Energie, aber viele Unternehmer meinen, sie müssten alles neu durchdenken und neue Lösungen für Alltagsbanalitäten finden. Dabei ist nichts einfacher und kostensparender, als andere erfolgreiche Firmen, Menschen oder Methoden zu kopieren. Und das ist keineswegs verwerflich. Längst sparen sich selbst Konzerne teure Fehlschläge, indem sie sich mit den Besten in ihrem Markt vergleichen und deren Rezepte auf das eigene Haus übertragen (Benchmarking). Das heißt nicht, dass sie deren Strategie 1:1 abkupfern. Nein, sie müssen den Kern der Strategie erkennen und auf ihre persönliche Situation ummünzen.
Nutzen Sie das Erfolgswissen anderer Menschen, indem Sie um ein Gespräch bitten und fragen: „Wie haben Sie das gemacht?“. In der Regel freuen sich erfolgreiche Menschen, wenn sie ihr Wissen weitergeben können. Besuchen Sie Seminare oder buchen Sie für einige Tage einen Unternehmensberater oder Coach. Manche Beratungen werden sogar von der IHK, dem Arbeitsamt oder anderen Stellen subventioniert. Fragen Sie Business-Angels um Rat. Suchen Sie einen Mentor, der Sie unterstützt, oder gründen Sie einen Zirkel von Unternehmern, die sich gegenseitig coachen. Das bringt neben wertvollen Tipps auch den manchmal nötigen „Tritt in den Allerwertesten“, um bestimmte Projekte in Angriff zu nehmen.

Falle 4: Das BUIAA-Syndrom

Bei uns ist alles anders

Wenn Sie Rat von außen holen, dann versichern Sie sich bitte zunächst, dass Sie nicht am BUIAA-Syndrom leiden. Denn dann beweisen Sie zwar guten Willen, etwas an Ihrer Situation zu ändern, aber Ihr Bemühen versandet. In der Regel leiden allerdings eher „Unterlasser“ – das Pendant zum Unternehmer – an BUIAA. Das sind diejenigen Chefs, die sich ausführlich über ihre Probleme auslassen, vielleicht sogar einen Unternehmensberater ins Haus holen, dessen Ratschläge mit skeptischen Blicken aufnehmen und anschließend jeden Tipp zerpflücken, warum das so nicht geht. Ihr Standardsatz: „**B**ei **u**ns **i**st **a**lles **a**nders!“ – BUIAA eben.

Sie erkennen nicht, dass genau diese Einstellung einen dauerhaften Erfolg verhindert. Bei ihnen wird sich nie etwas ändern, genau wie bei jenen Unterlassern, die Konzepte einfach stillschweigend in den Tiefen ihrer Schubladen versenken. Beide Unterlasser-Typen können ihr Gewissen beruhigen, sie hätten „Ja, alles dafür getan, dass es bergauf gehe, aber ...". Leider reicht es nicht, wenn dem guten Willen nicht auch Taten folgen.

Lassen Sie dem guten Willen Taten folgen

Bei Ihnen sind wir guter Dinge. Sie beweisen, indem Sie dieses Buch lesen, den Willen, wirklich ein erfolgreicher Unternehmer zu sein, und wir sind sicherlich unter uns. Die Unterlasser haben dieses Buch gar nicht erst gekauft oder es steht ungelesen im Bücherschrank. Ja, sie unterlassen eben alles, was ihnen helfen könnte. Vielleicht weil sie sagen: „Ich habe keine Zeit, ein Buch zu lesen".

Falle 5: „Ich habe keine Zeit!"

Im Prinzip haben die meisten Menschen nicht „keine Zeit", sondern einfach zu viel vor. Sie müssen auf allen Hochzeiten tanzen, verzetteln sich dann auch noch in unwichtigen Aufgaben und verlieren Zeit in Zeitfallen.

Natürlich wird Ihnen als Chef viel abverlangt, und eine 40-Stunden-Woche ist für die meisten ein frommer Wunsch. Noch dazu, weil Sie ja auch am Wochenende oder abends auf Veranstaltungen gehen und potenzielle Kunden und andere Geschäftspartner treffen. Statt zu feiern ist Business-Talk angesagt. Dennoch können Sie Ihre Tagesplanung in den Griff bekommen und die wirklich wichtigen Dinge in Ihrem Leben schaffen.

Zeitfallen und Zeitdiebe

Wir wollen Ihnen jetzt die Zeit ersparen, eine Woche lang eine Art Tagebuch zu führen. Wobei dies für jeden Menschen die beste Art ist, Zeitfallen und Zeitdiebe zu entdecken. Schon indem Sie notieren, was Sie eigentlich den ganzen Tag tun, fällt Ihnen auf, wo Sie Zeit verlieren. Und können dann bewusst gegensteuern. Nebeneffekt: Allein schon, dass Sie bewusster mit Ihrer Zeit umgehen, gibt Ihnen das Gefühl, dass Sie die Zeit beherrschen und nicht umgekehrt.

Wo aber fließen Minuten und Stunden unbemerkt hin? Wir vergeuden wertvolle Lebenszeit dadurch, dass wir

Wofür wir Zeit vergeuden

- auf Entscheidungen und Zulieferungen warten,
- alles selbst machen wollen,
- unterbrochen werden (Essen, Telefon, ...),
- uns verzetteln,
- Leuten hinterhertelefonieren und Dauertelefonate führen,
- in der Unordnung suchen,
- an uneffektiven Meetings teilnehmen,
- fernsehen und im Internet surfen,
- technische Schwierigkeiten haben (Daten weg, Computerabsturz),
- nagende Zweifel haben (Habe mich beruflich richtig entschieden?),
- sparen (zu lange nach dem günstigsten Angebot fahnden),
- ständig Dinge aufschieben,
- langwierige Arbeiten lustlos erledigen,
- zu hohe Anforderungen an uns selbst stellen (Superziel) etc.

Zeitdiebe in den Griff bekommen

Wir sind Verfechter von einfachen Faustregeln, mit denen Sie sofort sichtbare Ergebnisse erzielen. Und wir garantieren, dass Sie mit nur fünf Aktivitäten 99 Prozent aller Zeitdiebe in Griff bekommen. Und die sind:

- Aufräumen
- Tagespläne und To-do-Listen führen
- Prioritäten setzen
- Delegieren
- Nein-Sagen lernen

Aufräumen

Der Durchschnittsmensch vergeudet im Laufe seines 80-jährigen Lebens über 40 Monate mit Suchen. Das ist mehr, als er Sport treibt (4,4 Monate). Machen Sie Schluss mit: „Wo hab ich bloß ...“ und führen Sie in Ihrem Betrieb (aber auch zu Hause) eine hohe Grundordnung ein. Vereinfachen Sie die Arbeitsabläufe und geben Sie jedem Ding seinen Platz. Mehr dazu in „Fallen rund ums Organisatorische”.

Tagespläne und To-do-Listen

Gleiches in Blöcke fassen

Zehn Minuten Planung am Abend ersparen Ihnen am kommenden Tag bis zu zwei Stunden Arbeitszeit. Schreiben Sie auf, was Sie morgen und in den kommenden Tagen erledigen wollen, und terminieren Sie Ihre Aufgaben. Fassen Sie gleiche Aufgaben in Blöcken zusammen. Erledigen Sie beispielsweise alle Telefonate in einem Rutsch. Vorteil: Sie haben sich alles Nötige dafür bereitgelegt, Sie sind in „Telefon-Stimmung“ und Sie können den Block auf eine Uhrzeit legen, die entweder Ihnen persönlich gut passt (beachten Sie auch Ihren Biorhythmus: Wann sind Sie konzentriert?), oder auf Zeiten, zu denen Sie Ihre Gesprächspartner in der Regel gut erreichen. Planen Sie dabei Ihre Tage wie folgt:

- 50 Prozent der Zeit für Aktivitäten
- 30 Prozent Pufferzeiten (für Störungen, Wartezeiten etc.)
- 20 Prozent Kreativzeit (und Trödeln)

Nur 50 Prozent für Aktivitäten

Verplanen Sie in jedem Fall nur 50 Prozent Ihrer Zeit für Aktivitäten. So können Sie die Arbeit besser einteilen und gehen abends mit dem guten Gefühl nach Hause, alles geschafft zu haben, was Sie schaffen wollten. Und Sie werden sehen, deshalb bleibt keine Arbeit liegen. Im Gegenteil. So strukturiert schaffen Sie sich Raum für Kreativpausen und Trödeln und arbeiten in der restlichen Zeit umso effektiver.

Prioritäten setzen

Viele Chefs kümmern sich nach wie vor zu viel um das Tagesgeschäft, anstatt wichtige Entscheidungen für das Wachstum und die Zukunft der Firma zu treffen. Sie bleiben der Heizer, anstatt zum Kapitän zu werden. Der US-Autor Michael E. Gerber hat einen Tipp parat, der das Leben tausender Manager verändert hat. Er sagt: „Arbeiten Sie an Ihrer Firma und nicht in Ihrer Firma.“ So verhindern Sie, dass Sie zum Sklaven Ihres Betriebs werden.

Wichtiges und Dringendes

Doch den meisten Menschen fällt es schwer zu unterscheiden, was wichtig und was dringend ist. Und zu oft lassen wir uns von dem Dringenden jagen und erledigen dadurch das Wichtige nicht mehr. Setzen Sie grundlegende Prioritäten für Ihre Aufgaben als Chef und passen Sie diese an, wenn Ihr Unternehmen wächst.

Entscheiden Sie aber auch von Fall zu Fall, was in diesem Moment wirklich wichtig ist. Der Kunde, der um 15 Uhr anruft und unbedingt bis morgen noch eine Lieferung braucht, oder Ihre Verabredung zum Badminton um

18 Uhr? Die meisten Chefs verzichten auf ihr Training, um diesen Kunden zufrieden zu stellen. Dagegen ist nichts einzuwenden, wenn es sich um einen sympathischen Menschen mit guter Zahlungsmoral und hohem Umsatzvolumen handelt. Wenn es aber ein Nörgler ist, der Ihnen immer schon das Leben schwer macht, der immer zu spät bezahlt und nur hin und wieder etwas von Ihnen will, dann sollte Ihnen Ihre Gesundheit wichtiger sein als die Euro dieses Zeitgenossen.
Überprüfen Sie auch regelmäßig Ihre Lebensziele. Machen Sie sich klar, wo Sie heute stehen und wo Sie persönlich hinwollen. Was bei der Firmengründung für Sie gut und richtig war, muss nach einigen Jahren nicht mehr so sein. Wer seine persönlichen Ziele und die Ziele seiner Firma kennt, kann sehr viel besser Prioritäten setzen. Denn automatisch erkennen Sie, welche Entscheidungen oder Aufgaben die richtigen und die wichtigen sind und welche Sie deshalb zuerst anpacken sollten.

Delegieren

Abgeben, was andere besser können

Wenn Sie Mitarbeiter haben, dann ist es klar, dass Sie nicht mehr alles selbst machen. Aber auch wenn Sie alleine sind, können Sie Aufgaben delegieren. Konzentrieren Sie sich darauf, was Sie gut können und gerne machen. Um das andere können sich Buchhalter auf Honorarbasis, die Putzfrau, ein Essenslieferdienst, eine studentische Hilfskraft, eine Werbeagentur und andere Mitmenschen kümmern.

Nein sagen lernen

Nein sagen gehört für viele Menschen zu den schwierigsten Dingen auf der Welt. Weil wir Angst haben, die Mitmenschen zu verletzen. Weil wir denken, es sei unhöflich, egoistisch oder löse Konflikte aus. Das Gegenteil von allem ist wahr. Wer selbstbewusst „Nein“ sagt, erntet Respekt. Und es macht klar, dass, wenn Sie Ja sagen, auch wirklich Ja meinen und nicht zähneknirschend etwas tun, was Sie gar nicht möchten. Ein Nein zur richtigen Zeit – höflich angebracht – kann Ihnen mehr Zeitersparnis als alle anderen Methoden oder neue Maschinen bringen.

So bleiben Sie fit

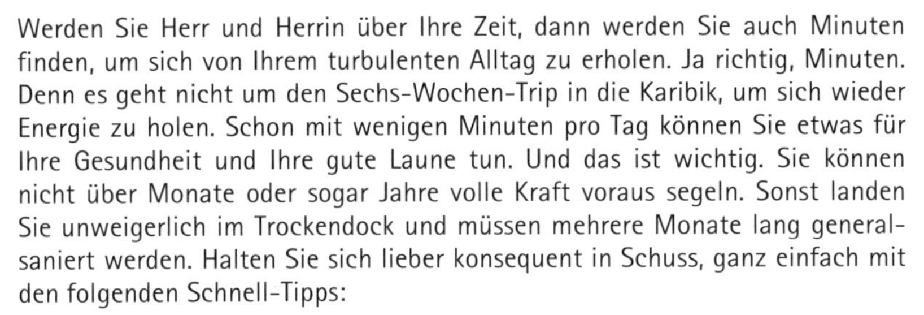

Werden Sie Herr und Herrin über Ihre Zeit, dann werden Sie auch Minuten finden, um sich von Ihrem turbulenten Alltag zu erholen. Ja richtig, Minuten. Denn es geht nicht um den Sechs-Wochen-Trip in die Karibik, um sich wieder Energie zu holen. Schon mit wenigen Minuten pro Tag können Sie etwas für Ihre Gesundheit und Ihre gute Laune tun. Und das ist wichtig. Sie können nicht über Monate oder sogar Jahre volle Kraft voraus segeln. Sonst landen Sie unweigerlich im Trockendock und müssen mehrere Monate lang generalsaniert werden. Halten Sie sich lieber konsequent in Schuss, ganz einfach mit den folgenden Schnell-Tipps:

- Essen Sie regelmäßig und ausgewogen.
- Trinken Sie zwei bis drei Liter am Tag, am besten Wasser.
- Tun Sie etwas für Muskeln und Ausdauer, indem Sie die Treppe statt des Lifts benutzen oder mal eine Besprechung im Laufen abhalten.
- Schlafen Sie ausreichend.
- Relaxen Sie mit Yoga & Co.
- Sorgen Sie für positive Momente und lachen Sie jeden Tag.
- Planen Sie Auszeiten in Ihren Tag ein.

Falle 6: Aufschieberitis, Ausreden, Schönreden

Sie wissen genau, was „eigentlich“ wichtig wäre, und dennoch packen Sie es nicht an? Sie haben tausend Ausreden parat, warum ein Projekt noch nicht fertig ist oder Ihre Rechnungen noch nicht geschrieben sind? Sie biegen sich die Realität immer so hin, dass alles „doch gar nicht so schlimm ist“?
Zugegeben, ein bisschen bummeln und sich treiben lassen tut schon ganz gut. Wenn dieser Schlendrian jedoch in Ihrem Unternehmen einzieht, dann hat er den Konkursverwalter schon im Schlepptau.

Aufschieben bis zum bitteren Ende

Florian Flechtner hat noch ein Problem: Sein Konto ist leer. Besonders seit ihn seine Frau verlassen hat, die bis dato die Rechnungen an seine Kunden geschrieben hat. Jetzt muss Flechtner das selbst tun. Weil er aber nie Lust dazu hat (er sagt „keine Zeit" dazu), liegen die Arbeitsberichte seiner Mitarbeiter rund sechs Monate auf seinem Schreibtisch und in einer Hauruck-Aktion schreibt der Fliesenlegermeister dann so viele wie möglich in einer Nacht runter. Weil sich aber auch die Kunden Zeit mit dem Bezahlen lassen, sieht er sein Geld erst nach Monaten und überzieht somit ständig sein Konto.

Die Bank hat bereits gemahnt. Wenn nicht bald die Konten ausgeglichen werden, müsse der Unternehmer mit Konsequenzen rechnen. Und auch ein treuer Kunde hat so seine Probleme: Hausverwalter Erwin Ackermann, der ihn manchmal zur Renovierung von Wohnungen einsetzt, zahlt dessen verspätete Rechnungen nicht mehr. „Nach sechs Monaten kann ich mich nicht mehr erinnern, was wir abgesprochen hatten. Ich habe den Eindruck, der Handwerker jubelt mir auf diese Weise Positionen unter, die nicht erbracht wurden." ◂

Erledigen tut gut

Ausreden, Aufschieberitis und Schönreden gefährden nicht nur Ihr Unternehmen, sondern verderben Ihnen auch die Laune. Je länger Sie sich vor einer Tätigkeit drücken, desto abschreckender erscheint sie. Die Ablage neu organisieren, neue Werkzeuge bestellen oder – im privaten Bereich – endlich mal die Garage zu entrümpeln sind unattraktive Aufgaben. Aber wenn sie erledigt sind, dann merken Sie zwei Dinge:

1. Es ging schneller als gedacht.
2. Sie fühlen sich super und sind zufrieden mit sich.

Bewusst verschieben statt aufschieben

Sicherlich wissen Sie es längst, Aufschieberitis hat selten mit einem tatsächlichen Zeitmangel zu tun. In Wahrheit ist es Ihr innerer Schweinehund, der Sie bremst und schuld an Ihren schlechten Gefühlen ist. Aber Sie haben ein Mittelchen dagegen: Entscheiden Sie sich dazu, aktiv zu sein und Dinge bewusst zu verschieben, als sie aufzuschieben.

Wer *auf*schiebt, der	**Wer *ver*schiebt, der**
■ wartet einfach mal ab, was kommt	■ trifft aktiv klare Etnscheidungen
■ legt sich nicht fest („irgendwann mal")	■ macht feste Termine („morgen, 16 Uhr")
■ denkt nicht über Prioritäten nach	■ richtet sich nach seinen Prioritäten
■ hat eine (unbewusste) Abneigung gegen die Tätigkeit	■ ist sich seiner Motive (Antriebe) bewusst
■ findet immer gute Ausreden	■ steht zu seinen Entscheidungen und seinem Handeln
■ übernimmt keine Verantwortung	■ weiß, dass er sein Leben und seinen Efolg selbst in der Hand hat
■ sucht die Schuld bei anderen oder äußeren Umständen	■ stellt sich Herausforderungen realistisch und entschlossen
■ redet sich den Ernst der Situation schön	■ geht mit Problemen aktiv um
■ resigniert rasch bei Problemen	

Finden Sie heraus, was Ihr Kernproblem ist, das Sie von einer Tätigkeit abhält, und Sie haben den Schlüssel zur Lösung in der Hand.

Falle 7: Keine Verantwortung für das eigene Leben übernehmen

Rund 80 Prozent der Start-ups machen innerhalb der ersten fünf Geschäftsjahre wieder dicht. Offiziell weil ihnen das Geld ausgegangen ist. Aber Sie wissen natürlich spätestens an dieser Stelle des Buches, dass dies nur die Folge unterschiedlicher Fallen ist. Freuen Sie sich, denn Sie können Ihr Unternehmen weiter Richtung Erfolg führen. Und das auch in stürmischen Zeiten, wenn Sie sich immer vor Augen halten: „Dies ist mein Unternehmen. Dies ist mein Leben. Und ich habe in der Hand, was damit geschieht."
Haben Sie sich schon einmal mit Konkurslern unterhalten, warum ihr Geschäft gescheitert ist? Interessanterweise sagt selten jemand: „Ich habe die Rechnungen zu spät gestellt" oder: „Ich habe zu spät auf Marktveränderungen reagiert". Es ist menschlich und eine Art Selbstschutz, Fehler für Versagen bei anderen zu suchen. Da heißt es dann: „Die Billigkonkurrenz aus China hat uns überrollt", „Säumige Zahler trieben uns in die Insolvenz." Oder: „Die Behörden haben mit immer neuen Auflagen das Geschäft ruiniert."

Pro-aktives Handeln

Erfolgreiche Unternehmer kämpfen mit den gleichen Schwierigkeiten wie ihre Mitbewerber. In den vergangenen Jahren haben alle den Druck der Rezession gespürt, Kunden verloren, manche Aufträge unter den Selbstkosten erledigen und Personal entlassen müssen. Der Unterschied? Die Unternehmer, die mit nassen Füssen durch die Krise gegangen sind, anstatt baden zu gehen, haben pro-aktiv gehandelt. Bei jedem Problem haben sich gefragt:

- Was kann ich in dieser Situation tun?
- Was kann ich daraus lernen?
- Wie kann ich es künftig besser machen?

Natürlich können Sie viele Ereignisse nicht beeinflussen. Aber Ihre Reaktion darauf sehr wohl. Erfolgreiche Unternehmer haben jederzeit ihre Augen und Ohren offen und versuchen, nicht nur zu reagieren, sondern zu agieren. Das ist umso leichter, je frühzeitiger Sie neue Tendenzen und Strömungen erkennen.

Falle 8: Selbstvergewaltigung – Sie zwingen sich zu Dingen, die Ihnen nicht liegen

Manchmal muss man in den sauren Apfel beißen und Dinge tun, die man nicht mag. Aber alles hat seine Grenzen. Und das sind Ihre moralischen, ethischen und auch die persönlichen Grenzen. Wer sich ständig verbiegt, um den eigenen hohen Ansprüchen oder denen anderer zu genügen, verpufft wertvolle Lebensenergie.

Finden Sie Ihre Rolle

Erkennen Sie, wer und wie Sie sind, und nehmen Sie sich so an. Nehmen Sie dafür auch Ihre ganz persönlichen Arbeitsvorlieben unter die Lupe. Im nächsten Kapitel zeigen wir Ihnen, dass ein Team besonders erfolgreich ist, wenn seine Mitglieder verschiedene Rollen erfüllen. Finden Sie heraus, was die Ihre ist und auf welche Art und Weise Sie gerne arbeiten.

Der entdeckende Promoter

Als Konrad Klein dem Kernproblem auf den Grund ging, warum er das Gefühl hatte, „das alles nicht mehr zu schaffen", fand er seine Lösung. In einer TMS-Analyse (Team Management System) hatte er über sich herausgefunden, dass er ein „entdeckender Promoter" (s. S. 189) ist. Er kann hervorragend neue Ideen entwickeln, voranbringen und andere Menschen dafür begeistern. Er ist gut darin, Kontakte zu knüpfen, und hat das große Ganze im Blick.

Seit einigen Monaten konzentriert sich Klein jetzt auf das, was ihm Spaß macht, und bringt der Steuerkanzlei mehr denn je: Er stellt neue Kontakte zu wichtigen Kunden her, hält Vorträge über Neuerungen im Steuerrecht an der Uni und entwickelt neue Methoden, die den Ablauf in der Kanzlei vereinfachen. Steuererklärungen machen ausschließlich seine Mitarbeiter und auch wenn die Branche lästert, dass Klein nicht mal mehr selbst eine Buchung durchführen kann, so hat er für sich den richtigen Weg gefunden. Er bringt der Firma mehr Geld denn je und auch die Familie hat wieder etwas von ihm. ◂

Falle 9: Auf Motivation von außen warten

„Der Applaus ist das Brot des Künstlers“, heißt ein Sprichwort. Aber wovon zehrt ein Unternehmer? Wenn Sie genügend Geld verdienen, dann ist das mit Sicherheit ein Grund, sich täglich in die Firma zu bewegen und auch schwierige Tage und Menschen zu ertragen. Aber was bringt Ihnen langfristig immer wieder den Kick, am Ball zu bleiben? Was motiviert Sie, zu arbeiten? Geld erleichtert das Leben und natürlich haben Sie es sich als risikofreudiger Selbstständiger verdient, dass Ihr Einsatz sich auch in Ihrem Geldbeutel auszahlt. Aber was ist Ihre wahre Motivation?

Was treibt Sie an?

Nehmen Sie an dieser Stelle einen Moment Zeit und einen Stift. Und notieren Sie bitte alles, was Ihnen als Ergänzung dieses Satzes einfällt: „Erfolg bedeutet für mich …“

Was haben Sie über sich herausgefunden? In Seminaren, in denen wir diese Frage stellen, bekommen wir meist folgende Antworten: Anerkennung, Lob/Wertschätzung, Spaß an der Arbeit, Beruf und Privatleben im Einklang, Zeit für sich selbst, selbst gesteckte Ziele erreichen, genügend Geld.

Erfolg fällt nicht vom Himmel. Und genauso wie für Geld müssen Sie auch für andere Erfolge arbeiten. Das heißt zum einen, dass Sie sich Ziele setzen, die sie dann bewusst realisieren. Neben Ihrer Unternehmensvision müssen Sie also regelmäßig Ihre persönliche Lebensplanung überdenken und Ihren aktuellen Ansprüchen und Wünschen anpassen.

Sorgen Sie, wenn Ihnen Anerkennung und Lob von anderen wichtig sind, gezielt dafür, dass Ihre Leistung sichtbar wird. Sprechen Sie mit anderen über das, was Sie stolz macht, initiieren Sie Medienartikel über sich, geben Sie Interviews oder melden Sie sich für Wettbewerbe und Unternehmensprämierungen an. Machen Sie Selbstmarketing für sich. Solange Sie den Bogen nicht überspannen und dabei Ihr eigentliches Geschäft vergessen, lohnt sich das in jedem Fall.

Warten Sie nicht darauf, dass andere Sie motivieren. „Motivation kommt von innen und Glück erzeugst du in dir selbst“, geben wir unseren Seminarteilnehmern mit auf den Weg. Und das ist ganz einfach. Allein dadurch, dass Sie etwas tun, das Ihren persönlichen Erfolg bedeutet (siehe oben), sind Sie motiviert und engagiert.

Belohnen Sie sich

Besonders wichtig und wirksam: Loben Sie sich selbst für gute Leistungen und belohnen Sie sich. Kaufen Sie sich einen neuen Golfschläger, machen

Sie eine Flasche Sekt auf oder gehen Sie mit Ihrem Partner schön essen. Nehmen Sie Erfolg nicht als selbstverständlich, sondern feiern Sie mit einem Geschenk die Früchte Ihrer Arbeit. Freuen Sie sich immer über das, was Sie geschafft haben, anstatt sich darüber zu ärgern, was Ihnen missglückt oder entgangen ist. Sie werden sehen, schon alleine das wird Ihrem Leben und Ihrem beruflichen Erfolg einen enormen Kick geben.

Falle 10: „Ich weiß nicht, was ich will"

Negativspirale

Rund 80 Prozent der Menschen haben keine Lebensziele. Sie existieren, atmen und geben sich damit zufrieden, was das Leben ihnen gibt. Meist, weil sie so gefangen sind in der täglichen Routine und sich keine Zeit nehmen, über Wünsche und Visionen nachzudenken. Ziellosigkeit ist die Ursache für viel Frust und Stress. Denn wie eine negative Spirale zieht sie uns nach unten und verhindert echten Erfolg. Wer nicht weiß, was er will, kann keine Pläne schmieden, keine ersten Schritte gehen, erlebt keine Erfolge und wird dadurch deprimiert.

Als Sie Ihr Unternehmen gegründet haben, da haben Sie die Kraft von Zielen gespürt. Sie wussten, was Sie erreichen wollen, Sie hatten Ihr Ziel vor Augen und haben mit Feuereifer alles in die Wege geleitet, um Ihren Traum vom eigenen Unternehmen zu verwirklichen. Und heute? Spüren Sie immer noch das Feuer, die Leidenschaft, die Sie antreiben?

Leben Sie Ihren Traum und verträumen Sie nicht Ihr Leben. Das garantiert Ihnen nicht nur mehr Lebensfreude, sondern Sie erledigen auch ungeliebte Tätigkeiten schnell und ohne großes Zögern. Wie oft haben Sie schon einen Vormittag verplempert, weil Sie sich nicht aufraffen konnten, endlich die Reisekostenabrechnung zu machen? Wenn Sie wissen, was Ihnen im Leben wichtig ist, dann sorgen Sie automatisch dafür, dass der Kleinkram des Alltags nicht mehr Raum einnimmt als Ihnen lieb ist.

Mit neuen Zielen zu neuer Motivation

Seit Sie Ihr Unternehmen gegründet haben, hat sich viel ereignet und vielleicht haben Sie sich verändert. Auch Ziele können und müssen sich deshalb ändern. Was Ihnen vor einigen Jahren noch gut und wichtig erschien, kann heute ganz anders sein. Unterziehen Sie deshalb Ihre Ziele regelmäßig einem Check: Will ich das immer noch? Aus welchen Grund?

Einmal im Jahr Ziele notieren

Voraussetzung dafür ist, dass Sie Ihre Ziele schriftlich planen. Nehmen Sie einmal im Jahr ein Blatt Papier zur Hand und einen Stift. Lassen Sie Ihren Gedanken freien Lauf, unterdrücken Sie nichts, was Ihnen in den Sinn kommt, und schreiben Sie auf, was Sie machen, sein oder haben wollen:

- für einen kurzfristigen (kommenden zwölf Monate),
- einen mittelfristigen (zwei bis fünf Jahre) und
- einen langfristigen Zeithorizont

aus den Bereichen

- Körper: Gesundheit, Ernährung, Erholung, Fitness, Urlaub etc.
- Kontakt: Familie, Partnerschaft, Freunde, Anerkennung etc.
- Karriere: Beruf, Beziehungen, Fähigkeiten, Statussymbole etc,
- Sinn: Religion, Liebe, Selbstverwirklichung, soziales Engagement, politisches Interesse, etwas Sinnvolles tun etc.

Stecken Sie Ihre Ziele ruhig hoch. Einschränkungen in den Zielen führen zu Einschränkungen im Leben. Suchen Sie sich dann aus, was Ihnen auf Anhieb am wichtigsten erscheint, und verfeinern Sie nach folgenden Kriterien:

Ziele verfeinern

- Formulieren Sie positiv. Negative Aussagen motivieren nicht zum Handeln und können sogar unerwünschtes Verhalten verstärken. Wenn Sie nur wissen, was Sie nicht mehr wollen, dann fragen Sie sich: „Was stattdessen?" und notieren Sie das als Ziel.
- Formulieren Sie in der Gegenwart und ohne Einschränkungen. „Ich bin ...", „Ich tue ...". Vermeiden Sie Worte wie „manchmal" oder „vielleicht". Das sind Erfolgskiller, die sofort Ihre inneren Widersacher aktivieren.
- Formulieren Sie konkret und messbar: „Ich gehe jede Woche einmal abends 60 Minuten lang joggen".
- Stecken Sie einen Zeitrahmen ab. Eine Zeitvorgabe bestimmt maßgeblich, wie motiviert Sie sich daran machen, Ihr Ziel in Angriff zu nehmen. Sonst denkt Ihr Unterbewusstsein: „Alles nicht so eilig". Also etwa: „Ich verdiene heute in zwölf Monaten 10.000 Euro pro Monat." Diese Deadline ist auch wichtig für Ihre Erfolgskontrolle. Große Ziele brauchen natürlich einen großen Zeitrahmen, um realistisch zu sein. Zerlegen Sie sie deshalb in mehrere kleine Teilziele, die Sie dann schneller in Angriff nehmen.

- Begründen Sie, warum Sie das Ziel erreichen wollen. Das gibt Ihnen mehr Entschlossenheit und Energie.
- Übertragen Sie Ihre Ziele in ein Zielblatt, das Sie (mit Datum und Unterschrift versehen) gut sichtbar in Ihrer Wohnung oder im Büro aufhängen. Immer wenn Sie Ihre Ziele sehen, spornt sie das an, am Ball zu bleiben.
- Planen Sie die ersten Schritte – konkret, messbar, mit Deadline. Überlegen Sie sich: Was muss ich als Erstes tun, damit mein Ziel sich erfüllt? Wen kann ich anrufen? Wo finde ich Infos? Planen Sie in kleinen Schritten. Das macht jedes – auch große – Ziel überschaubar und somit erreichbar.
- Machen Sie innerhalb von 72 Stunden den ersten Schritt. Alles, was Sie nicht innerhalb von drei Tagen anpacken, machen Sie nie. Freuen Sie sich über jeden erfolgreichen Schritt und lassen Sie sich von Hindernissen nicht entmutigen. ◂

Die Macht positiver Gedanken

Erfolg beginnt im Kopf. Wer sich ständig sagt: „Das schaffst du nie“, der braucht sich nicht zu wundern, wenn es wirklich nicht klappt. Wenn Sie in einer Krise stecken, dann polen Sie sich jetzt um. Sagen Sie sich jeden Tag und bei jeder Herausforderung: „Das schaffe ich“. Stärken Sie Ihre Zuversicht mit einer fundierten Weiterbildung. Besuchen Sie Seminare, kaufen Sie Fachzeitschriften und Fachliteratur (und lesen Sie sie auch!). Erwerben Sie Fach- und Erfolgswissen. Denn es hängt keineswegs alleine von der super Produktidee oder anderen Umständen ab, wie erfolgreich Unternehmer sind. Es ist vielmehr eine Frage der Einstellung. Und täglich beweisen Macher-Typen, dass sie auch mit einer Gärtnerei, einer Pommes-Bude oder einer WC-Anlage großen Wohlstand erreichen können. Sehen Sie sich als Gewinner, dann werden Sie automatisch ein Unternehmer, der gewinnt. Im Gegensatz zum Unterlasser, der immer verliert.

Beherzigen Sie die folgenden Schritte und Sie werden alles schaffen, was Sie schaffen wollen:

1. Träumen
2. Ziele setzen
3. Nochmals Prioritäten setzen
4. Erste Schritte planen
5. Prioritäten setzen
6. Erste Schritte gehen (Handeln)
7. Belohnen

Fallen im Umgang mit Mitarbeitern

Kennen Sie einen Unternehmer, der nie über sein Personal schimpft? Wir nicht. Die Gründe dafür liegen auf der Hand: Im Gegensatz zu Maschinen haben Mitarbeiter Gefühle, eine eigene Meinung, werden krank oder sind phasenweise demotiviert. Und arbeiten dann nicht so, wie der Chef sich das vorstellt.

Vom Einzelkämpfer zum schlagkräftigen Team

Wenn Sie jedoch mit sicherer Hand die für Sie besten Leute auswählen, die Rahmenbedingungen für ein Team schaffen und die Arbeit so gestalten, dass jeder gefordert ist, dann sind Sie als Team schlagkräftiger als ein Einzelkämpfer. Wenn Sie den Schritt von der Fachkraft zur Führungskraft schaffen, dann gehen Sie harmonisch und produktiv mit Ihren Leuten um. Qualifiziertes und motiviertes Personal wird zunehmend zum entscheidenden Faktor im Wettbewerb. Umgehen Sie die häufigsten Fallen im Umgang mit Mitarbeitern und Ihr unternehmerischer Erfolg bekommt Flügel.

Falle 1: „Das schaffe ich alleine!"

Allein ist fein

Svenska Neri ist mit ihrer ART FOR RENT gut aus den Startlöchern gekommen. Schon wenige Wochen nach der Umstellung auf das neue Konzept hört das Telefon nicht mehr auf zu klingeln, die Kunden loben ihre fachkundige und freundliche Beratung und die Vernissagen sind ein Renner. Die Kasse klingelt.

Nach einigen Monaten hat sich jedoch etwas verändert. Schleichend, aber merkbar. Svenska hat die Freude an der Beratung verloren. Sie will nur noch, dass Kunden irgendetwas mieten und schnell wieder Ruhe geben. Schließlich muss sie heute noch neue Künstler anschauen, die Buchhaltung wartet und gelagerte Exponate abstauben ist auch wieder fällig. Immer häufiger passieren ihr Fehler. Sie bringt gewünschte Kunstwerke von Miriam Becht statt von Marion Bucht und muss zweimal zwischen Lager und dem Kunden pendeln. Von den Hängeschienen hat sie 1.500 statt 150 Stück bestellt und der Lieferant nimmt die Ware nicht mehr zurück. Die Umsatzsteuer-Voranmeldung hat sie vergessen und muss jetzt Säumniszuschlag zahlen.

Die Zeiten, als sie sich jeden Abend stolz in ihrem Büro- und Lager-Loft umsah, sind vorbei. Heute schlurft sie meist um Mitternacht zur Türe hinaus und denkt mit Grauen daran, dass sie in sieben Stunden schon wieder antreten muss. Natürlich weiß sie, dass es so nicht weitergehen kann. Aber Personal will sie nicht einstellen. Zu sehr hat sie bei ihrem früheren Arbeitgeber den ständigen Ärger mit den Kollegen mitbekommen. Und dieses Problem will sie sich nicht auch noch ans Bein binden. Ganz zu schweigen davon, dass sie gar kein Geld dafür hätte. ◂

Einige Zeit nach der Gründung kommt jeder Firmeninhaber an den Punkt, an dem er merkt: „Ich brauche Hilfe!" Das ist zu einer Zeit, zu der meist Anzeichen einer echten Krise spürbar werden. Die erste Euphorie ist verflogen, die Kunden fordern gnadenlos die bislang gewohnte Qualität und Aufmerksamkeit und Sie als Chef kommen aus Ihrem Laden nicht mehr raus. Doch anstatt sich tatsächlich nach guten Leuten umzusehen, reißen sich die meisten Jungunternehmer alle Beine aus. Noch mehr Zeit und noch mehr Energie fließen ins Geschäft, getrieben vom hohen Anspruch an sich selbst: „Das schaffe ich". Ihre Tage und Wochen werden noch hektischer, ihnen unterlaufen noch mehr Fehler, die Kunden monieren oder bleiben gar weg. Sie arbeiten noch mehr, versuchen alles wieder in Ordnung zu bringen, machen sich Vorwürfe, was Sie wieder nicht erledigt haben, und machen sich Sorgen, was morgen alles zu machen ist. Kurzum: Nicht mehr Sie sind der Chef, der sagt, wo es lang geht, sondern Ihre Firma hat das Ruder an sich gerissen. Der Alltag mit all seinen Pflichten hat Sie weggespült und Sie wissen schon lange nicht mehr, wohin die Reise geht. Für Sie ist nur noch wichtig, den Kopf über Wasser zu halten und zu überleben.

Holen Sie sich Unterstützung

An dieser Stelle geben die meisten auf. Wenn sie merken, dass die Firma nicht so weitermachen kann wie bisher, dass sich etwas ändern muss, weil der Alltag einfach anders ist, als sie sich das in ihrem unternehmerischen Anfall gedacht haben, dann sperren die meisten Jungunternehmer zu. Das ist ein Grund, warum am Ende des ersten Geschäftsjahres 40 Prozent aller Neugründungen wieder vom Markt verschwinden. Tappen Sie nicht in diese Falle, alles alleine machen zu wollen, sondern holen Sie sich rechtzeitig Unterstützung. Sinn und Zweck eines Unternehmens ist es zu wachsen und

Arbeitsplätze zu schaffen. Wenn Sie Einzelkämpfer bleiben, dann haben Sie einen Job und kein Unternehmen.
Teamgründer haben es da leichter, weil sie von Anfang an Arbeit und Belastung auf mehreren Schultern verteilen. Und so wundert es nicht, dass Teamgründungen eine höhere Lebenserwartung haben als Einzelkämpfer. Auch weil sich bei ihnen mehr Know-how sammelt und sich die Gründer unter Umständen gut ergänzen.
Natürlich kosten die Suche und das Einarbeiten von Angestellten Zeit. Aber ohne Mitarbeiter ist ein gesundes Wachstum Ihrer Firma schlichtweg unmöglich. Nur wer sich die richtigen Leute für die richtigen Positionen ins Haus holt, kann wachsen und die Zukunft seines Unternehmens sichern. Das belegen auch die Zahlen von *Creditreform*, die die Insolvenzen in Deutschland jährlich auswerten. So hat sich im Jahr 2003 der Insolvenzanteil der Klein- und Mikrobetriebe mit bis zu fünf Beschäftigten auf einen Anteil von 70,2 Prozent weiter erhöht. Den geringsten Anteil am Insolvenzgeschehen haben Firmen mit mehr als 100 Mitarbeitern.

Ohne Mitarbeiter kein Wachstum

Anteil am Insolvenzaufkommen 2003 nach Beschäftigtenzahlen

Beschäftigtenzahl	Insolvenzanteil	Beschäftigtenzahl	Insolvenzanteil
1–5 Personen	70,2 %	21–50 Personen	5,8, %
6–10 Personen	12,6 %	51–100 Personen	1,7 %
11–20 Personen	8,8 %	> 100 Personen	1,0 %

Quelle: Creditreform

Wenn Sie bislang keine Mitarbeiter haben, dann ist es jetzt an der Zeit, einige wichtige Fragen zu stellen. Die folgende Checkliste finden Sie auch auf Ihrer CD-ROM.

Checkliste: Wachstum oder nicht?

Was	Bemerkung
Was sind Ihre Unternehmensziele?	
Welchen Umsatz wollen Sie in zwei, drei und fünf Jahren machen?	

Wie viele Stunden wollen Sie in zwei, drei und fünf Jahren täglich arbeiten?	
Schaffen Sie Ihren Umsatz in dieser Zeit?	
Können Sie Ihre Qualität und Ihren Service halten?	
Ärgert es Sie, wenn ein anderer mit Ihrer Geschäftsidee den Markt aufrollt, nur weil Sie nicht wachsen wollten?	

Beantworten Sie diese Fragen in Ruhe. Und stellen Sie dann die Weichen, um Ihr Ziel zu erreichen. Wenn Sie nicht wachsen wollen, dann ist das auch in Ordnung. Aber bitte beschweren Sie sich dann nicht in einigen Jahren, dass Ihr Job Sie auffrisst und andere Gründer mit Ihrer Idee das Leben genießen und eine Menge Leute beschäftigen, während Sie nach wie vor Tag und Nacht schuften.

Falle 2: Lohn- und Sozialkosten falsch kalkuliert

Mitarbeiter kosten Geld. Nicht nur ihr Gehalt, sondern auch Geld für die Lohnnebenkosten. Leider vergessen dies die meisten – egal ob es der Jungunternehmer in der Krise ist, der von Mitarbeitern Befreiung erhofft, oder aber der Neumanager, der übermotiviert so schnell wie möglich wachsen will und nur das schnell verdiente Geld im Fokus hat. Auf Ihrer CD-ROM finden Sie eine Kalkulationstabelle, damit Sie alle Nebenkosten berücksichtigen.

Falle 3: Angst vor der finanziellen Verpflichtung

Obwohl sich für ein Mitarbeitergehalt eine hübsche Summe ergibt, dürfen Sie nicht auf Personal verzichten, nur weil Sie Angst vor der finanziellen Verpflichtung haben. Die Folge wäre, dass Sie nicht entsprechend den Marktmöglichkeiten wachsen können und ein Mitbewerber Ihnen „Ihre“ Aufträge abluchst.

Die Zurückhaltung der Jungunternehmer ist natürlich verständlich. Schließlich wollen sie sich bei der momentanen Konjunkturschwäche und dem unsicheren Ausgang wichtiger wirtschaftspolitischer Reformen nicht festlegen und bei schwacher Auftragslage keinen teuren Mitarbeiter weiterbeschäftigen. Auch die unzureichende Lockerung des Kündigungsschutzes lässt viele potenzielle Arbeitgeber zurückschrecken.

Zunächst keine lange Bindung eingehen

Einen Ausweg aus dem Dilemma finden Sie, wenn Sie das erste Wachstum Ihres Betriebs mit Mitarbeitern bewältigen, an die Sie sich nicht lange vertraglich binden, z. B. Praktikanten/Hospitanten, Volontäre, Freiberufler, Mini-Jobber, Zeitarbeiter, befristet Angestellte oder über virtuelle Netzwerke.

Experten-Tipp

Gelockerter Kündigungsschutz

Mit der Agenda 2010 will die SPD auch die „psychologische Schwelle bei Neueinstellungen" überwinden. Bisher galt in Handwerksbetrieben und bei kleinen Gewerbetreibenden mit bis zu fünf Mitarbeitern kein Kündigungsschutz. Wurde jedoch ein sechster Mitarbeiter eingestellt (befristet oder unbefristet), dann trat der volle Kündigungsschutz in Kraft. Laut Agenda 2010 gilt der Kündigungsschutz jetzt erst ab zehn Mitarbeitern, allerdings gilt die Neuregelung nur für nach dem 1. Januar 2004 neu Eingestellte.

Dies soll besonders Gründern und Jungunternehmern die Entscheidung zur Personaleinstellung erleichtern, indem sie ohne weitere Verpflichtungen befristete Arbeitsverträge bis zur Dauer von vier Jahren abschließen dürfen. ◂

Vorteile für Sie

Jeder Mitarbeiter soll das Geld, das er Sie als Arbeitgeber kostet, mittelfristig wieder einspielen oder Ihnen andere Vorteile bringen: mehr Freizeit, mehr Freiraum für die strategischen Unternehmensschritte, bessere Konzentration auf andere Aufgaben, mehr Gewinn, z. B. weil Sie mit Lieferanten besser verhandeln, größere (lukrativere) Aufträge, besseres Standing im Markt, professionelleres Image etc.

Zwei Leute – mehr Zeit fürs Wesentliche

Svenska Neri entschließt sich schließlich doch, eine Assistentin einzustellen. Am 1. Juli fängt Frau Müller bei ihr an, eine 45-jährige resolute Frau, die schon seit 20 Jahren in verschiedenen Firmen gearbeitet hat. Jenny ist froh, eine kompetente Frau gewonnen zu haben, und überlässt der „Neuen" vom ersten Tag an das Feld. Endlich hat sie Zeit, sich um alles andere zu kümmern, und kann mal wieder um 19 Uhr nach Hause gehen. ◂

Falle 4: Rechtliche Fußangeln übersehen

Vorschriften beachten

Als Arbeitgeber agieren sie in einem rechtlich stark reglementierten Raum. Wenn andere für Sie arbeiten, dann gelten für die Beziehung zwischen Ihnen Gesetze, Tarifbestimmungen, Betriebsvereinbarungsbestimmungen und natürlich Ihr individueller Arbeitsvertrag. Für diesen gilt Formfreiheit, wobei allerdings bestehende Vorschriften beachtet werden müssen. Lassen Sie, damit Ihnen hier keine Fehler unterlaufen und Sie später Ihr Unwissen ausbaden müssen, neue Arbeitsverträge von einem auf Arbeitsrecht spezialisierten Anwalt entwerfen oder zumindest prüfen.

Hier finden Sie den richtigen Anwalt

Ein Verzeichnis geeigneter Spezialisten finden Sie im Internet unter www.anwalt24.de oder unter www.anwalt-suchservice.de. Über neue Entwicklungen im Arbeitsrecht berichtet der DIHK mit seinem „Infoletter Arbeitsrecht". Unter www.ihk.de finden Sie die aktuelle Ausgabe im PDF-Format sowie die Broschüre „Arbeitsrecht von A bis Z – Ratgeber für Mittelstand und Existenzgründer" (11,80 €). ◂

Inhalt des Arbeitsvertrags

Üblicherweise enthält ein Arbeitsvertrag folgende Angaben:

- Genaue Bezeichnung der Vertragsparteien
- Datum des Vertragsbeginns
- Tätigkeitsbezeichnung
- Tätigkeitsbeschreibung einschließlich Vollmachten
- Vergütung (Höhe, Fälligkeit, Auszahlungweise)
- Sozialleistungen
- Arbeitszeit
- Urlaub
- Regelung für Krankheit oder Tod

- Wettbewerbsverbot
- Probezeit
- Kündigungsfrist
- Gerichtsstandsklausel

Einen Mustervertrag, der all diese Punkte berücksichtigt, finden Sie auf Ihrer CD-ROM. Achten Sie bei Ihrer Ausfertigung unbedingt darauf, dass Sie alle gesetzlichen (z. B. Arbeitszeitgesetz) und rechtlichen (z. B. Tarifvertrag) Bestimmungen erfüllen.

Zweckbefristung

Achten Sie auch auf Sonderregelungen, z. B. bei Saisonarbeitern. Für einen befristeten Arbeitsvertrag müssen Sie die Dauer des Vertrags von vornherein festlegen. Bei saisonalen Personalengpässen kann dies jedoch schwierig sein. Wer weiß schon, wann die Ernte eingefahren ist oder der Biergarten schließt? Der Ausweg heißt: Zweckbefristung nach § 3 Teilzeit- und Befristungsgesetz (TzBfG). Dann ergibt sich das Ende des Arbeitsverhältnisses aus der Art oder der Beschaffenheit der Aushilfstätigkeit, die Sie genau bezeichnen müssen, z. B.: „Max Müller ist befristet bis zum Abschluss der Gurkenernte eingestellt." Wirksam wird diese Befristung jedoch nur, wenn Sie den Mitarbeiter mindestens zwei Wochen vor Zweckerreichung unterrichten. Vergessen Sie das, obwohl der Zweck längst erreicht ist, wird aus dem befristeten Arbeitsverhältnis ein unbefristetes.

Falle 5: Die falschen Leute auswählen

Fast zwei Drittel aller Gründer holen sich Leute ins Boot, die das gleiche Wissen und Können haben wie sie selbst. So heuert der Wissenschaftler einen anderen Wissenschaftler an, ein Programmierer einen zweiten und die Verkäuferin stellt eine weitere Verkäuferin ein. Schließlich gibt das Tagesgeschäft Arbeit für zwei her. Manchmal holen sich Unternehmer auch die Leute ins Team, die den Job machen, den sie am meisten in der neuen Selbstständigkeit hassen: einen Buchhalter.

Fähigkeiten müssen sich ergänzen

Viel besser und weitsichtiger wäre es jedoch, wenn der Techniker einen Kaufmann ins Boot holt, der Kaufmann einen Vertriebsspezialisten, der Vertriebler einen Betriebswirt. Damit garantieren Sie, dass sich die Fähigkeiten und Kompetenzen in Ihrem Team ergänzen. Sie werden bald feststellen: Das Ganze ist mehr als die Summe seiner Teile. Achten Sie dann noch darauf, dass die Mitarbeiter entsprechend ihrer Teamrollen bestimmte Aufgaben machen und Sie haben ein Dreamteam, mit dem Ihnen alles gelingt, was Sie sich vornehmen.

Falle 6: „Ich finde keine guten Leute!"

„Ich finde keine guten Leute" – das ist eine der häufigsten Klagen von Kleinunternehmern. Und damit auch eine der größten Fallen. Denn in der Regel liegt die Betonung nicht auf dem Ich (und beschreibt also das eigene Unvermögen), sondern sie schiebt die Schuld dem Team in die Schuhe. Und vergisst, dass die Person des Unternehmers der dominierende Faktor im Getriebe ist. Er hat es in der Hand, sich die Leute zu suchen, die ihn unterstützen.

Wenn die Ergebnisse einer amerikanischen Studie stimmen, dass etwa 50 Prozent der Fluktuation durch falsches Recruitment bedingt sind, dann lohnt es sich, genauer hinzusehen, woran es liegt, dass ein Jungunternehmer „keine guten Leute" findet. Nämlich:

- an der Denkweise und der Einstellung der Mitarbeiter und
- am Fachwissen der Mitarbeiter.

Lösen Sie sich von dem Gedanken, dass Ihre Mitarbeiter jemals die gleiche Begeisterung und Opferbereitschaft für Ihr Unternehmen zeigen werden wie Sie. Das werden sie nicht. Sie können zwar die Leute für Ihre Firma begeistern und zu Höchstleistungen motivieren, aber so wie Eltern immer ihr Kind am meisten lieben, so ist es auch mit Ihrer Firma. Sie tragen die Verantwortung, ob das Kind zu einer reifen Persönlichkeit wächst oder in den Kinderschuhen stecken bleibt. Ihre Helfer können Sie dabei nur unterstützen. Und dabei ist es natürlich wichtig, dass Sie die gleiche Vorstellung davon haben, auf welche Art und Weise das Kind wachsen soll.

Wenn Sie wollen, dass Ihre Mitarbeiter das tun, was Sie wollen, dann müssen Sie ein Umfeld schaffen, in dem das Tun den Mitarbeitern wichtiger ist als das Nichtstun. Das schaffen Sie, wenn Sie

Machen Sie Ihre Mitarbeiter zu Ihren Verbündeten

- Ihre Mitarbeiter ernst nehmen und sie respektieren,
- ihnen vermitteln, was Ihre Idee des Unternehmens ist,
- sicherstellen, dass sie Ihre Idee verstehen und diese Idee auch hinter ihrer eigenen Arbeit erkennen,
- Leute einstellen, die nicht nur einen Job suchen, sondern die für eine Idee arbeiten wollen,
- Ihren Mitarbeitern die Chance zur persönlichen Entwicklung geben,
- die Idee Ihres Unternehmens selbst mit allen Fasern leben.

Sie haben sich bereits mit der Vision Ihres Unternehmens beschäftigt. Wer sind Sie? Wer wollen Sie in fünf Jahren sein? Sie können das Spiel mithilfe Ihrer Mitarbeiter gewinnen, wenn Sie es schaffen, Ihren Leuten Ihre Idee zu vermitteln. Nehmen Sie sich die Zeit, Ihre Denkweise und alles über die Idee und was Sie Ihnen bedeutet, zu vermitteln. Stellen Sie schon bei der Auswahl geeigneter Kandidaten sicher, dass sie grundsätzlich ähnlich denken wie Sie und sich mit der Philosophie des Hauses identifizieren.

Auswahlprozess als wichtigster Weg, die Idee weiterzugeben

Winfried Wörl, Inhaber der großzügigen Ferienanlage „Wörl-Hof", wählt seine neuen Mitarbeiter nach folgenden Schritten aus:

- Eine interne Firmenbroschüre präsentiert die Idee des Chefs, die Firmengeschichte und schildert Situationen, in den die Idee erfolgreich umgesetzt wurde. Ein anderer Text beschreibt die Eigenschaften, die ein Kandidat für die jeweilige Position haben muss. Bewerber erhalten die Unterlagen in einem Gruppenmeeting.
- In Einzelgesprächen schildert der Kandidat seine Reaktionen und Gefühle zu dieser Idee sowie seinen Werdegang und seine Erfahrungen. Er erläutert, warum er sich für diese Stelle – im Hinblick auf die Umsetzung der Idee – für geeignet hält.
- Der erfolgreiche Kandidat bekommt eine telefonische Zusage und die interne Firmenbroschüre zugeschickt.
- Ein Standardbrief benachrichtigt die abgelehnten Kandidaten.

- An einem Schulungstag bekommt der Neue ausführliche Informationen. Ein Mitarbeiter erklärt nochmals die Idee des Chefs und zeigt (auch in einem Rundgang), mit welchem System die gesamte Firma die Idee täglich in die Tat umsetzt. Er gibt dem neuen Kollegen die Uniform und ein Betriebshandbuch, erläutert die strategischen Ziele, die Organisationsstrategie und die Rolle, die der neue Mitarbeiter dabei spielt.

Fachliche Ansprüche

Dass das Fachwissen die Quelle von Problemen ist, hat wiederum mehrere Ursachen. Viele neue Mitarbeiter bringen nicht das Wissen mit, das Sie zu diesem Zeitpunkt in der Entwicklung Ihres Unternehmens brauchen. Entweder weil Sie sich verstärken, statt sich zu ergänzen, oder weil Sie – um Geld zu sparen – versuchen, mit (billigen) Berufsanfängern eine Top-Arbeit zu bekommen. Wenn Sie sich die Zeit nehmen, die Anfänger ausführlich einzuarbeiten und sie immer wieder weiterzubilden, dann ist das eine probate Möglichkeit, sich selbst gute und motivierte Leute heranzuziehen. Wenn Sie aber erwarten, dass die Anfänger die Arbeit von einem Profi machen, dann werden Sie enttäuscht werden.
Nehmen Sie sich Zeit für eine genaue Prüfung der Kandidaten. In der Praxis erleben wir immer noch viel zu häufig, dass die Auswahl absolut unstrukturiert und für Dritte nicht nachvollziehbar ist. Um einen Bewerber auf seine fachliche und persönliche Eignung zu prüfen, stehen Ihnen folgende Möglichkeiten offen:

- Bewerbungsunterlagen
- Interview/Vorstellungsgespräch
- Psychologische Tests
- Assessment-Center

Einarbeitung nicht vernachlässigen

Aber selbst wenn Sie Leute einstellen, die hoch qualifiziert sind, ist nicht alles eitel Sonnenschein. Der typische Kleinunternehmer ist nämlich überzeugt, Leute mit den besten Zeugnissen erleichtern sein Leben sofort, weil er ihnen die Arbeit einfach nur zu überlassen braucht. Und so sehen wir immer wieder, dass Chefs ihre neuen Mitarbeiter mit einem warmen Händedruck empfangen (wenn überhaupt), dann die Assistentin oder ein anderer Mitarbeiter mit dem Neuen eine Runde durch den Betrieb macht (wenn überhaupt) und der dann an seinem Arbeitsplatz geparkt wird. „Sie wissen ja, was zu tun ist!“

Falle 7: Mitarbeiter kennen Erwartungen nicht

Das weiß er eben nicht! Er kennt zwar seine Facharbeit, aber er weiß nicht, was genau er in Ihrem Unternehmen machen soll. Wer seinen Leuten nicht exakt sagt, was er von ihnen erwartet, wird eine Enttäuschung nach der anderen erleben.

Konkrete Ziele und Aufgaben

Der Knackpunkt dabei ist jedoch, dass die meisten Chefs selbst gar nicht wissen, was sie von den Mitarbeitern erwarten. Denn mit der reinen Funktionsbezeichnung ist es nicht getan. Wenn Sie jemanden anheuern, müssen Sie sich klar machen, was genau diese Kraft in Ihrem Betrieb machen und welche Ziele sie erreichen soll. Welchen Nutzen soll sie Ihnen bringen? Eine Verkäuferin soll verkaufen. Ein Buchhalter die Zahlen ordnen. Gut. Aber was sind Ihre konkreten Ziele? Erst wenn Sie wissen, was Sie von Ihren Mitarbeitern erwarten, können diese Ihre Erwartungen erfüllen.

Management by Objektives (MbO)

Ein etabliertes Mittel in der Mitarbeiterführung ist das „Management by Objectives" (MbO) – das Führen mit Zielen. Hierbei legen der Vorgesetzte und der Angestellte z. B. beim jährlichen Mitarbeitergespräch fest, welche operativen Ziele Letzterer im Rahmen seiner Tätigkeit in einer bestimmten Zeitspanne erreichen soll. Wichtig dabei sind folgende Punkte:

- Die Zielvereinbarung beschreibt einen Ist-Zustand, der zu einem bestimmten Zeitpunkt erreicht ist.
- Die Ziele sind präzise formuliert und messbar (wichtig für die Erfolgskontrolle!) Beispiel: Umsatzsteigerung um fünf Prozent.
- Die Mitarbeiterziele orientieren sich an einer mittel- und langfristigen Unternehmensausrichtung.
- Die Ziele dürfen den Mitarbeiter fordern, aber nicht überfordern.
- Die Erreichung darf nicht zu stark von Kollegen oder von Ihnen abhängen (Eigenverantwortung).
- Drei bis fünf Ziele pro Zyklus reichen aus.
- Die Ziele werden schriftlich fixiert.

Solche Zielvereinbarungen erleichtern den Umgang mit den Mitarbeitern und die Produktivität jedes Einzelnen, da die gegenseitigen Erwartungen klar ausgesprochen sind. Mit diesem „Handwerkszeug" können Sie auch verhindern, dass Sie in die nächste Falle tappen.

Falle 8: Falsche Vorstellung von der Rolle als Chef

Wer erstmals in seinem Leben Chef wird, der hat oftmals ganz falsche Vorstellungen davon, wie er mit seinen Mitarbeitern umgehen muss, um das Beste für alle dabei herauszuholen. Kaum einer nimmt sich die Zeit, sich auf seine Führungsrolle vorzubereiten, und in vielen Fällen steht einer guten Zusammenarbeit sogar das eigene Bild vom „Boss“ im Wege.

Der Chef als „Kumpel"

Sind Sie groß geworden mit der Einstellung: „Alle Unternehmer sind Halsabschneider, die sich auf Kosten ihrer Mitarbeiter ein schönes Leben machen“, dann werden Sie vermutlich ein ganz besonders lieber Chef sein wollen, der eher der Freund und Kumpel von seinen Leuten ist, der bescheiden um Unterstützung bittet und aus Angst, als faul abgestempelt zu werden, die meisten Arbeiten selbst erledigt, statt sie an die Leute zu delegieren, die er eigentlich dafür bezahlt. Leider wird so viel Gutmütigkeit von den meisten ausgenutzt und Sie werden immer wieder von Ihren Mitarbeitern persönlich enttäuscht sein, wenn diese früher oder später Ihr Geschäft wieder verlassen. Sie empfinden das als persönlichen Verrat.

Enttäuschter Freund

Svenska Neri konnte bald weitere Mitarbeiter einstellen, die die Kunstwerke bei den Kunden aufhängen, das Telefon bedienen oder als Projektleiter die Vernissagen organisieren. Aber leider wechseln die Mitarbeiter fast im Jahresturnus. Dabei hält sich Neri für eine gute Chefin. Sie ist mit allen per du, lädt ihre „Jungs und Mädels" fast jedes Wochenende zu sich nach Hause ein, organisiert jeden Monat gemeinsame Ausflüge und lässt im Betrieb allen alle Freiheiten. Jede Kündigung empfindet sie als Verrat an sich selbst und versteht überhaupt nicht, warum die Leute nicht bleiben wollen. ◂

Der Chef gegen den Rest der Welt

Haben Sie von Kindesbeinen an gelernt: „Alle Mitarbeiter sind faul und wollen sich auf Kosten des Unternehmers nur bereichern“, dann werden Sie alles in Ihrem Betrieb so stark kontrollieren und reglementieren, dass Sie „garantiert keiner übers Ohr hauen“ kann. Leider werden Sie aber genau diese Erfahrung machen. Denn wer überall Betrug und Übervorteilung wittert, der nimmt auch nur die entsprechenden Anzeichen wahr – selbst wenn sie lediglich in seiner Fantasie existieren. Oder vielleicht handelt es sich dann auch nur um eine sich selbst erfüllende Prophezeiung.

Der richtige Weg: die Mitarbeiter als Geschäftspartner

Erkennen Sie Ihre Mitarbeiter als das, was sie sind: eine Unterstützung, um die Ziele der Firma zu erreichen. Und behandeln Sie sie als Geschäftspartner. Sie sind weder enge Freunde noch „Feinde“, sondern arbeiten zusammen. Respektieren Sie Ihre Mitarbeiter als Individuen mit Interessen außerhalb der Firma und reduzieren Sie damit die Fluktuationsrate und die Anzahl der Krankheitstage in Ihrem Unternehmen erheblich. Quälen Sie sich nicht mit Ihren Ansprüchen an sich selbst als Führungskraft herum, sondern lernen Sie (z. B. in einem Seminar), wie Sie sich am besten verhalten, sodass es zu Ihrer Persönlichkeit und Ihren Ansprüchen passt.

Gut ankommen

Wie Sie bei anderen Menschen ankommen, entscheidet zu 93 Prozent Ihre Ausstrahlung. Was Sie sagen, trägt nur sieben Prozent zu diesem Eindruck bei, der Rest wird maßgeblich vom Unterbewusstsein geprägt: wie Sie es sagen, wie Sie gekleidet sind, wie Sie auftreten. Erst wenn dies mit Ihren Worten und Taten in Einklang steht, wirken Sie glaubwürdig. Und nur so können Sie Mitarbeiter mitreißend und positiv führen. In jedem Fall werden Ihre Mitarbeiter ein Spiegel ihrer Einstellung sein und sich so verhalten, wie Sie sich auch gegenüber Ihren Kunden, Lieferanten oder dem Ehepartner verhalten: Sind Sie gierig, werden ihre Beschäftigten auf ihren persönlichen Vorteil schielen. Sind Sie schlampig, wird Ihre Firma schlampen. ◂

Falle 9: Menschen nicht entsprechend ihren Fähigkeiten einsetzen

Jeder Mensch ist anders

Gestehen Sie Ihren Mitarbeitern zu, dass sie anders arbeiten und andere Fähigkeiten haben als Sie. Damit meinen wir jetzt nicht fachliche Fähigkeiten, sondern die persönlichen Fähigkeiten, mit denen Menschen ihre Arbeit tun. Untersuchungen haben herausgefunden, dass jeder von uns eine bestimmte Art hat, mit anderen umzugehen, Informationen zu sammeln und zu nutzen, Entscheidungen zu treffen und sich und andere zu organisieren.

Neben fachlichem Know-how machen vor allem diese Unterschiede in den persönlichen „Rollen" Teams erst wirklich erfolgreich. Wenn in einem Team jede Rolle vertreten ist, dann ergänzen sich die Mitglieder und in der Summe entsteht ein schlagkräftiges und motiviertes Dreamteam.

Team-Management-Profil

Das Team-Management-Profil von Margerison-McCann unterscheidet acht Rollen, die ein Mensch in einer Gruppe einnehmen kann. Erfahrungsgemäß bevorzugen manche Menschen einen Aufgabenbereich, in dem sie hauptsächlich beratend tätig sind oder aber ihre organisatorischen Interessen und Fähigkeiten einsetzen können. Wieder andere Menschen mögen beide Tätigkeiten und können beide gleich gut ausüben. Im Allgemeinen jedoch ist die eine oder andere Neigung stärker ausgeprägt.

Mittels eines Test (mehr Infos dazu unter www.Erfolg-Reich-Frei.de) können die Mitarbeiter herausfinden, welche der acht Hauptrollen und welche Nebenrolle sie haben und in welchen Positionen eines Unternehmens sie deshalb am besten arbeiten. Auch für Einzelkämpfer lohnt es sich, die eigene Rolle in einem Test herauszufinden. Denn so erklärt sich sehr viel Unmut und Stress, den man sich selbst am Arbeitsplatz macht, und viele erkennen, dass sie versucht haben, eine Arbeit zu tun, die überhaupt nicht ihrem Typ entspricht. Und das sind die acht Rollen:

Acht Rollen

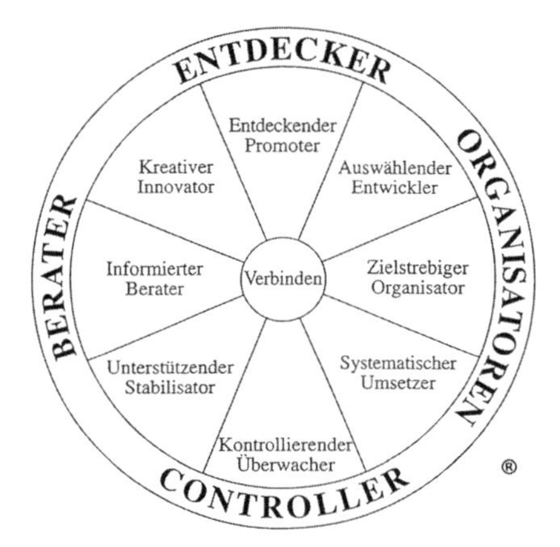

Informierter Berater

- Informierter Berater: Er ist ein Profi im Beschaffen von Informationen und kann sie auf leicht verständliche Weise weitervermitteln. Mit Geduld und Ausdauer trägt er alles Wichtige zusammen. Eine Entscheidung oder einen Rat gibt er erst, wenn er alles weiß. Die Umsetzung der Entscheidung überlässt er den anderen.

- Kreativer Innovator: Er sprudelt über vor Ideen und möchte unabhängig sein, um mit ihnen zu experimentieren und sie ohne Rücksicht auf bestehende Systeme voranzutreiben. Er braucht den Freiraum, Ideen zu verfolgen (z. B. in einer Entwicklungsabteilung), denn jedes Team ist auf kreative Mitglieder angewiesen – auch wenn sie im Augenblick „das Tagesgeschäft stören."

Kreativer Innovator

- Entdeckender Promoter: Er kann Ideen aufgreifen und andere Leute dafür begeistern. Er knüpft schnell Kontakte, erschließt gut neue Informationen und Quellen und bringt auf diese Weise Innovationen voran. Er kontrolliert keine Details, sondern hat einen Blick für das große Ganze. Er verhilft Ideen zum Durchbruch, realisieren sollen sie die anderen.

Entdeckender Promoter

- Auswählender Entwickler: Er übernimmt die Idee und sucht Mittel und Wege, sie umzusetzen. Er prüft anhand praktischer Kriterien, ob der Markt die Innovation verlangt, stellt den Prototyp her oder führt Marktstudien durch. Ihm gefällt es, das Produkt bis zur Marktreife voranzutreiben, die routinemäßige Herstellung langweilt ihn jedoch.

Auswählender Entwickler

- Zielstrebiger Organisator: Er ist ein Macher. Einmal überzeugt von einer Idee, schafft er die Rahmenbedingungen, um sie zu realisieren. Er setzt gerne klare Ziele und sorgt dafür, dass alle die Erwartungen an ihre Rolle kennen. Er macht Dampf, dass Termine eingehalten und Aufgaben zielkonform erfüllt werden.

Zielstrebiger Organisator

- Systematischer Umsetzer: Ihm macht es Spaß, nach Schema F (das ein anderer entwickelt hat) zu arbeiten, und er hält seine Aufgabe für erfüllt, wenn seine Quoten und Ziele erreicht sind. Er liebt festgelegte Verfahren. Routinen werden ihm nicht langweilig. Er will Regelmäßigkeit und seine bestehenden Fähigkeiten einsetzen. Änderungen (z. B. in der Arbeitsweise) hingegen lehnt er ab.

Systematischer Umsetzer

- Kontrollierender Überwacher: Er liebt detaillierte Aufgaben. Er sorgt dafür, dass die Zahlen und Fakten stimmen und dass Arbeiten exakt und nach Plan erledigt werden. Er arbeitet sorgfältig und genau und kann sich lange auf eine spezifische Aufgabe konzentrieren.

Kontrollierender Überwacher

Unterstützender Stabilisator

- Unterstützender Stabilisator: Er ist quasi der Dolmetscher auf allen Seiten. Er verbindet die einzelnen Mitglieder, indem er die physische wie die gesellschaftliche Seite der Arbeit zu unterstützt. Meist hat er eine ganz klare Vorstellung davon, wie das Team geführt werden sollte – geleitet von seinen Werten und Überzeugungen – und kann, wenn er von der Aufgabe des Teams überzeugt ist, zur ungeheuren Quelle der Stärke und Energie werden und ausgezeichnete Verhandlungen führen.

Verstehen Sie jetzt, warum Ihre Sachbearbeiterin Frau Meier nach Schema F arbeitet, und den Eindruck erweckt, bei der Arbeit das „Hirn auszuschalten“? Oder warum Herr Tommsen aus dem Vertrieb immer neue Ideen anschleppt, wie man Kundendaten besser organisieren könnte, aber nie eine konkrete Umsetzung hinbekommt?

Das Beste aus jedem herausholen

Erkennen Sie die verschiedenen Arbeitspräferenzen Ihrer Mitarbeiter – und auch von sich selbst! – und betrauen Sie Ihre Leute mit den Aufgaben, die ihrer Arbeitsweise am besten entgegenkommt. So holen Sie das Beste aus allen Mitarbeitern – und aus sich selbst – heraus.

Außerdem reduzieren Sie damit automatisch zu hohe Erwartungen an die Leistung Ihrer Mitarbeiter. Wenn Sie wissen, was deren Stärken sind, können Sie wesentlich besser delegieren. Und entschärfen die folgende Falle.

Falle 10: Delegieren klappt nicht

Gemeinsam schwach

Svenska Neri hat selbst nach zwei Jahren im Team das Gefühl, ihre Mitarbeiter kosten sie mehr Zeit, Geld und Kraft, als dass sie entlasten. Sie überlegt, alle auszustellen und lieber wieder alleine zu arbeiten.

Delegieren bedeutet loslassen

Je mehr Ihr Unternehmen wächst, desto mehr müssen Sie loslassen. Tätigkeiten und Aufgaben, die Sie früher selbst gemacht haben, müssen Sie an andere abgeben. Das klingt ganz einfach, aber kaum ein anderes Thema ist so oft Anlass für Trainings und persönliche Coachingsitzungen wie die Klage: „Das Delegieren klappt nicht. Alles muss ich selber machen.“

Das hat ganz viele Gründe. Der wichtigste: Der „Anschaffer“ gibt zwar die Arbeit ab, aber nicht die Verantwortung dafür. Doch genau das bedeutet Delegieren: Der Vorgesetzte überlässt den Mitarbeitern die eigenverantwortliche Entscheidung.

Management by Exception

Wer nur den Job überträgt, aber die Kontrolle behält, der betreibt „Management by Exception". Hier darf der Mitarbeiter innerhalb eines sehr stark festgelegten Rahmens Routinetätigkeiten ausführen, z. B. Geld bei Kundenbeschwerden bis zu einem Betrag von zehn Euro sofort erstatten. Bei höheren Beträgen entscheidet der Chef.

Viele Probleme entstehen, weil den Chefs nicht klar ist, was sie wollen.

- Soll der Mitarbeiter eigenständig agieren und entscheiden? (Delegieren)
- Soll er nur nach Weisung agieren? (Ausführen lassen)
- Oder machen sie nicht viel eher Teamwork, bei der alle gefordert sind und sich einer auf den anderen verlassen kann (muss)? (Arbeitsteilung)

Der folgende Test, den Sie auch auf Ihrer CD-ROM finden kann Ihnen einen Eindruck geben, warum Delegieren bei Ihnen möglicherweise nicht klappt. Bitte kreuzen Sie an, welche Aussagen beim Delegieren auf Sie zutreffen, manchmal zutreffen oder nicht zutreffen.

Test: Was erschwert Ihnen das Delegieren?

	Trifft zu	Trifft manchmal zu	Trifft nicht zu
1. Sie hemmt die Angst, der andere könnte es genauso gut oder sogar besser machen, und dann sind sie nicht mehr **wichtig**.	0	0	0
2. Sie empfinden es als **persönliche Niederlage**, wenn Sie Ihre Aufgaben nicht alle mit links schaffen und die Hilfe anderer in Anspruch nehmen müssen.	0	0	0

3. Sie wollen anderen keine Arbeit **zumuten**, die sie selbst nicht gern machen.	0	0	0
4. Sie haben generell ein Problem damit, andere um einen **Gefallen zu bitten.**	0	0	0
5. Sie delegieren Aufgaben und sind **mit dem Ergebnis nie zufrieden**.	0	0	0
6. Sie beauftragen andere Menschen mit Aufgaben, die diese aber **nicht oder zu spät erledigen**.	0	0	0

Auflösung:

Fagen 1 bis 4

Wenn Sie im Selbsttest bei den Fragen 1 bis 4 öfters „Trifft zu" oder „Trifft manchmal zu" angekreuzt haben, dann können Sie – wie die meisten Menschen – nicht richtig „loslassen". Sie sprechen zwar davon, delegieren zu wollen, aber geben (bis auf Handlangerdienste) nicht ab. Das hängt sehr stark mit Ihren inneren Widerständen zusammen. Halten Sie sich jedoch vor Augen:

Sie mindern Ihren Wert nicht im Geringsten, wenn Sie nicht alles alleine machen. Im Gegenteil. Ein guter Chef arbeitet seine Mitarbeiter so ein, dass sie auch ohne ihn zumindest eine Zeit lang klar kommen. Er traut ihnen zu, dass sie die Aufgaben alleine erledigen können, und gibt ihnen die Mittel an die Hand, das auch zu tun. Es ist keine persönliche Niederlage, wenn Sie Arbeiten abgeben. Was wollen Sie lieber sein: ein gestresster Übermensch oder ein zufriedener Mensch, der weiß, was er leisten kann (und will)?

In Falle 9 dieses Kapitels haben Sie gesehen, dass die Menschen verschieden sind und dass viele aus einer Arbeit Befriedigung ziehen, die Ihnen ein Gräuel ist. Verabschieden Sie sich von dem Vorwand, „anderen nicht zur Last fallen" zu wollen. Lernen Sie, Nein zu sagen, und gestehen Sie das auch anderen zu. Sie werden sehen, wie einfach das Leben plötzlich sein kann.

Fragen 5 und 6

Wenn Sie den Punkten 5 und 6 des Selbsttests zugestimmt haben, hapert es vielleicht noch am Wie. Lesen Sie die Checkliste „Delegieren und Teamwork leicht gemacht" (s. u.). Haben Sie diese Punkte bereits berücksichtigt? Wirklich alle? Seien Sie im Umgang mit Ihren Mitarbeitern selbstkritisch, damit Sie ihnen nicht die Lust am Arbeiten verderben und wertvolle Ressourcen ausschalten.

Alle muss man selber machen

Svenska Neri kommt drei Stunden vor der Veranstaltung der Hulten AG in die Halle, in der die Vernissage mit 400 geladenen Gästen stattfinden soll. Vor einem geliehenen Monet pfeift sie den Projektleiter, der seit acht Wochen das Event betreut und noch in voller Aktion ist, zu sich. „Da fehlt ein Scheinwerfer, schaff den ran." In der Küche registriert sie: „Die Vorspeisen sind noch nicht fertig angerichtet, warum dauert das so lange?" Auf der Bühne fehlt das Mikrofon für die Rede des Vorstands: „Wann willst du das denn hinstellen?". Schließlich sinkt sie ermattet auf einen Barhocker mit einem Glas Prosecco in der Hand und murmelt: „Alles muss man selber machen ..." ◂

Beobachten Sie in jedem Fall – und klären Sie das in einem Gespräch –, ob der Mitarbeiter von seinen Fähigkeiten her überfordert oder einfach von seiner verfügbaren Zeit her überlastet ist. Suchen Sie Abhilfe, indem Sie Aufgaben neu verteilen oder die dafür notwendigen Fähigkeiten vermitteln. Bevor Sie eine Aufgabe delegieren, müssen Sie Ihren Leuten schon genau sagen, wie konkret diese Aufgabe Ihrer Meinung nach erledigt werden soll. Sie können nicht erwarten, dass jemand – auch wenn er Ihnen schon länger über die Schulter schaut – auf Anhieb alles richtig und zu Ihrer Zufriedenheit ausführt.

Bessere Ergebnisse mit Checklisten

Viele Firmen haben in Sachen Delegieren sehr gute Erfahrungen mit Checklisten gemacht, wie sie beispielsweise Piloten schon lange nutzen. Dort steht Schritt für Schritt, welche Details bei einer bestimmten Aufgabe zu erledigen sind und auf was zu achten ist. Natürlich kostet das Zeit, diese Checklisten zu erstellen. Aber für Tätigkeiten, die sich ständig wiederholen und von unterschiedlichen Leuten erledigt werden, sind sie ein probates Mittel, um gute Ergebnisse – und einen entspannten Chef – zu erreichen. ◂

Checkliste: Delegieren und Teamwork leicht gemacht

Was	Bemerkung
Sagen Sie konkret, welche (Teil-)Aufgaben zu machen sind (Checkliste).	
Erklären Sie anfangs, wie (mit welchen Hilfsmitteln) diese Aufgabe erledigt werden kann. Gute Hilfe: leicht verständliche „Gebrauchsanweisungen" (Checklisten, Betriebshandbuch) schreiben.	
Geben Sie auch die Verantwortung ab.	
Bestimmen Sie Vertreter bei Ausfällen. Der „Notnagel" müssen nicht Sie sein.	
Lassen Sie den anderen alles nach seinem Rhythmus und Geschmack erledigen. Wenn er Ihre Idee verstanden hat, dann wird das Ergebnis dieser Idee gerecht werden.	
Arbeiten Sie nicht nach.	
Geben Sie dem anderen die Chance, Erfahrungen zu machen.	
Geben Sie eine zweite (dritte, vierte, ...) Chance.	
Denken Sie langfristig.	
Verkneifen Sie sich bissige Bemerkungen oder Tadel, sondern kritisieren Sie bei Bedarf konstruktiv.	
Loben Sie.	
Kontrollieren Sie nicht, sondern motivieren Sie durch Vertrauen.	

Falle 11: Mitarbeiter kooperieren nicht

Viele Menschen interpretieren das Wort „Team“ immer noch als „Toll, ein anderer macht’s“. Das klingt sehr ironisch, aber psychologische Studien belegen, dass Mitarbeiter in einer Gruppe deutlich weniger motiviert sind als Einzelkämpfer. Der Grund für das „soziale Faulenzen“ ist, dass in vielen Fällen der persönliche Beitrag jedes Einzelnen nicht identifiziert und bewertbar ist.

Wenn Sie in Ihrem Unternehmen Teams bilden und mit Einzelaufgaben betreuen, dann beugen Sie als Führungskraft dem schleichenden Motivationsverlust vor:

Dem Motivationsverlust im Team vorbeugen

- Lassen Sie Ihre Teams zielorientiert arbeiten.
- Bilden Sie kleine Teams mit idealerweise fünf bis sieben Mitgliedern.
- Verteilen Sie klare Aufgaben
- Machen Sie die Leistungen des Einzelnen von Anfang an transparent und honorieren Sie nicht nur gruppenbezogen, sondern auch mit individuellen Boni (Feedback, materielle Anreize).
- Zwingen Sie niemals Individualisten oder Karrieristen in eine Gruppe (Prinzip der Freiwilligkeit).
- Geben Sie den Mitgliedern genügend Zeit, sich zu organisieren (z. B. um Rollen zu klären, das gemeinsame Ziel und den Beitrag des Einzelnen zu definieren, Gruppennormen zu bilden und ein Wir-Gefühl zu entwickeln).
- Vergessen Sie nicht, Verantwortung zu übertragen! Das Team darf innerhalb einer vorgegebenen Zeit und mit bestimmten Budget- und Qualitätsvorgaben eigenständig agieren. Sie helfen nur, wenn das Team Sie ruft. ◂

Motivierte und leistungsbereite Mitarbeiter stellen sich nicht per Zufall ein, sondern müssen vom Unternehmer systematisch gefördert werden. Im eigenen Interesse. Denn motivierte Mitarbeiter leisten mehr, identifizieren sich stärker mit ihrer Firma und bleiben länger an Bord.

Permanenter Dialog

Als Vorgesetzter haben Sie hier viele Möglichkeiten, wobei der permanente Dialog mit allen Mitarbeitern die unverzichtbare Basis ist. In Unternehmen bis 20 Mitarbeitern können Sie als Chef den persönlichen Kontakt zu jedem pflegen. Terminieren Sie in jedem Fall wöchentliche Besprechungen („Jour fixe“) oder sprechen Sie regelmäßig mit jedem Einzelnen (zusätzlich zum offiziellen Mitarbeitergespräch). Je größer Ihr Betrieb ist, desto mehr müssen Sie diesen Dialog formalisieren, damit er im Alltagstrubel nicht untergeht. Neben Qualitätszirkeln richten viele Unternehmen ab 100 Beschäftigten ein betriebliches Vorschlagswesen ein. Für kleinere Firmen sind Ideen jedoch auf dem „kurzen Dienstweg“ wesentlich besser und effizienter zu bekommen. Lassen Sie sich trotzdem Belohnungen einfallen, um die Ideenfreude zu fördern.

Motivationsbausteine

Lösen Sie sich von dem Gedanken, dass Sie Motivation „auf Knopfdruck" (z. B. mit einer Feier oder einem Betriebsausflug) herstellen können. Das sind Mittel, die die Motivation zwar fördern, und besonders in jungen Unternehmen, die von ihren Mitarbeitern einen sehr hohen Einsatz fordern, das Sahnehäubchen. Echte Motivation in einem Betrieb entsteht jedoch nicht, weil Sie so tolle Feste veranstalten, sondern sie ist eine Summe vieler kleiner systematischer Bausteine, von denen Sie bereits viele kennen gelernt haben. Gute Möglichkeiten sind außerdem Profit-Center, Erfolgsbeteiligung, Mitarbeiter zu Mitunternehmern machen, Teilzeitbeschäftigungsmöglichkeiten und soziale Absicherungen.

Studien haben gezeigt, dass der unmittelbare Vorgesetzte bei vielen Beschäftigten der größte Demotivationsfaktor ist. Prüfen Sie, wie es hier bei Ihnen steht, und ziehen Sie gegebenenfalls Konsequenzen. Beteiligen Sie Ihre Mitarbeiter gedanklich und gefühlsmäßig am Schicksal des Unternehmens. Leben Sie Ihre Idee und erinnern Sie Ihre Leute immer wieder daran.

Falle 12: Leute um jeden Preis halten wollen

Frisches Blut tut gut

Rechnen Sie jedoch immer damit, dass Ihre Mitarbeiter Sie nach einiger Zeit wieder verlassen. Das ist normal und wichtig. Untersuchungen haben gezeigt, dass Unternehmen mit einer zu geringen Fluktuationsrate Stillstand riskieren. Es kommen keine neuen Ideen und Impulse mehr herein, die Leute schmoren in ihrem eigenen Saft und das kann den schleichenden Tod Ihrer Firma bedeuten. Motivieren Sie Ihre Leute, aber fesseln Sie sie nicht an sich.

Fallen rund ums Organisatorische

Gut, aber schlecht organisiert

Bei Sebastian Seidl eskalieren die Probleme. Sein Kunde, der Großkonzern, lässt immer mehr mangelhafte Touchscreens zurückgehen, Seidl fühlt sich müde und überfordert. Weil der Kunde aber auf Seidls hohes Know-how angewiesen ist, schickt der Großkonzern einen Unternehmensberater ins Haus, der die Organisationsstrukturen ändert und die Seidl GmbH wieder auf den Pfad der Tugend bringt.

Schlamperei ist in vielfacher Hinsicht die Wurzel allen Übels in Unternehmen. Egal ob sie produzieren, Leute verköstigen, Waren verkaufen oder für andere Firmen arbeiten. Wo das Chaos regiert,

- sind die Leute weniger motiviert,
- passieren mehr Fehler,
- fallen Fehler und Verzögerungen nicht gleich auf,
- steigen die Kosten,
- sinkt die Liefertreue,
- springen Kunden ab,
- verlassen gute Mitarbeiter die Firma etc.

Falle 1: Unternehmen versinkt im Chaos

„Wer Ordnung hält, ist nur zu faul zum Suchen." – „Das Genie beherrscht das Chaos." – „Ordnung ist das halbe Leben, aber die andere Hälfte ist schöner." – der Volksmund scheint nicht viel von Ordnung zu halten. Und viele Unternehmer auch nicht. Es ist unglaublich, in welchem Chaos viele Firmen versinken. Und unglaublich, dass deren Chefs dann solche Büroweisheiten stolz über ihren Schreibtisch hängen und ihre Schlamperei als Zeichen von Kreativität verkaufen. Fatal dabei: Das Chaos multipliziert sich überproportional schnell und ist selbst mit gelegentlichen „Hauruck-Aktionen" nicht mehr zu bremsen. Wer nicht rechtzeitig die Reißleine zieht und Strukturen von Grund auf ändert, den zerrt der Schlendrian eines Tages zum Konkursrichter.

Das Genie beherrscht das Chaos?

Seit 55 Minuten sucht Svenska Neri das Angebot an die Hulten AG. Der Kunde hatte statt der aufwändigen Rosendekoration lieber günstigere Blumen für seine Vernissage bestellt und jetzt muss die Rechnung entsprechend angepasst werden. Doch weder in den hohen Stapeln auf ihrem Schreibtisch noch am Boden kann die ART-FOR-RENT-Chefin die dafür nötige Rechnung des Blumenlieferanten finden. Auch der zuständige Projektleiter fahndet seit 40 Minuten vergeblich nach dem Dokument.

Suchen ist teuer

Im Schnitt sucht der Mensch eine Stunde am Tag nach privaten Dingen wie Brille, Portemonnaie etc. In unorganisierten Firmen gräbt er zusätzlich nach Dokumenten, Material, Werkzeugen etc. Die Sucherei kostet den Arbeitgeber somit täglich schnell ein paar tausend Euro.

Wo ist der Hammer?

Bei Sebastian Seidl waren die chaotischen Zustände im gesamten Betrieb schuld an der miesen Liefertreue und den vielen Reklamationen. Das ging schon im Kleinen los: Zehn Mitarbeiter in der Produktion teilten sich fünf Hämmer. Und immer, wenn ein Arbeiter einen Hammer brauchte, begann das Suchen und das Schuldzuweisen.

Die Unternehmensberatung machte Schluss mit dem Schlendrian. An der Längsseite der Produktionshalle richtete der Berater erstmals eine zentrale Werkzeugstelle ein. Dort hat jedes Werkzeug seinen beschrifteten Platz. Und die Mitarbeiter haben gelernt, dass sie nach Abschluss der Arbeit jedes Werkzeug wieder in sein „Zuhause" legen.

Führen Sie in Ihrer Firma eine hohe Grundordnung ein. Stellen Sie sicher, dass jedes Ding seinen Platz hat. Besonders wenn mehrere Mitarbeiter Werkzeug oder auch Fotoausrüstung oder Flipchart gemeinsam benutzen, legen Sie Orte fest, an denen diese Dinge immer aufbewahrt werden. Erziehen Sie sich selbst und Ihre Mitarbeiter dazu, alles nach Gebrauch wieder zurückzubringen.

Arbeiten mit System

Beschriften Sie die Plätze unbedingt mit aussagekräftigen Begriffen (z. B. „Klarsichthüllen weiß“, „Klarsichthüllen blau“ statt „Hüllen“) Das hilft in zweifacher Hinsicht: Wird das Material nachgefüllt, muss nicht lange nach einer freien Stelle für die neue Lieferung gesucht werden – das Ding hat seinen Platz, auf dem es sicher verwahrt ist. Und anschließend finden es alle anderen auch sofort wieder, weil es dort ist, wo es immer ist. Selbst wenn Sie alleine sind in Ihrer Firma, erleichtern Sie sich das Leben mit beschrifteten festen Plätzen. Sie werden sehen, wie viel Zeit und Stress das spart.
Ordnen Sie auch die Unterlagen laufender Projekte ständig. Ganz einfach geht das mit einer Hängeregistratur, auf deren Reiter Sie beispielsweise den Kundennamen oder das Projekt schreiben. Wird das Hängeregister zu voll oder ist das Projekt abgeschlossen, wandern die Unterlagen in einen Ordner, der – aussagekräftig beschriftet – in den vorgesehenen Schrank kommt.

Farben und Bilder erleichtern das Finden

Erleichtern Sie das Suchen und Finden mit Farben und Bildern. Diese sprechen die rechte Gehirnhälfte an und sind schneller und besser einzuprägen als Worte. Kleben Sie an die Fächer ein Bild des Inhalts und erhöhen Sie somit das Tempo und die Freude beim Griff nach dem gesuchten Teil. ◂

Schaffen Sie klare Strukturen, wo was in Ihrem Betrieb zu finden ist. Fassen Sie Werkzeuge und Material nach logischen Überlegungen zusammen und wie Sie im Arbeitsablauf gebraucht werden.

Logische Gruppen bilden

Seidls „Lager" umfasste nach einigen Jahren die gesamte Werkhalle und den Hof. Regale waren zwar vorhanden, aber weil der Boden davor zugestellt war, konnten sie nicht mehr gefüllt werden. Der Berater räumte auf. Rohteile und Material bekamen feste, beschriftete Plätze im Regal. Teile, die zu einem Endprodukt gehörten, kamen zueinander. Auf Karten an jedem Fach stand, bei welcher Restanzahl eine neue Bestellung aufzugeben ist. Das garantiert, dass immer alles auf Lager ist, und verhindert Leerlauf in der Arbeit. ◂

Besonders in Produktionsstätten ist eine klare Organisation und Ordnung der Schlüssel zu Qualität, Liefertreue und niedrigen Kosten.

Durch Ordnung Ausschuss vermeiden

In der Regel ließen die Seidl-Mitarbeiter halbfertige Stücke an ihrem Arbeitsplatz liegen, bis fehlendes Material kam und das Werkstück weiter zu bearbeiten war. Weil es an den Maschinen eng ist, flogen häufig halbfertige Teile zu Boden und gingen kaputt. Schaden: mehrere hundert Euro an Material und Arbeitszeit. Der Unternehmensberater richtete Zwischenstationen ein, auf denen die Arbeiter jetzt die Werkstücke deponieren – mit einem Vermerk, warum es nicht weitergeht.

Dies bietet eine doppelte Kontrolle. Bislang nämlich gammelten die Teile oft wochenlang vor sich hin, weil der Einkauf auch nicht wusste, dass etwas fehlt. Nun sieht der Einkaufsleiter, was „brachliegt", und kann reagieren. Das ist die Notbremse, falls das Bestellkartensystem am Lagerregal (siehe oben) versagt. Und der Chef sieht auf einen Blick, welche Aufträge sich verzögern und kann im Ernstfall den Kunden benachrichtigen.

„Wie soll einer Qualität produzieren, wenn er mit den Füßen im Schlamm steht", hat der Berater bei Seidl es auf den Punkt gebracht. Sorgen Sie in Ihrer Firma also für Ordnung und Sauberkeit und schaffen Sie eine angenehme Atmosphäre. Dazu gehört auch, dass die Wände hell gestrichen sind. Und dass jeder seinen Arbeitsplatz ordentlich hinterlässt.

Besen schwingen

Sebastian Seidl lässt jetzt seine Dreher, Fräser und Schweißer jeden Abend die Maschinen zehn Minuten vor Feierabend abstellen. Dann macht jeder einen bestimmten Bereich sauber und wird regelmäßig anhand einer Checkliste beurteilt. Ergebnis: Alle Arbeitsplätze sind am kommenden Morgen sauber, die Werkhalle ist aufgeräumt, alle Werkzeuge sind an ihrem Platz und – die Mitarbeiter sind motivierter.

Falle 2: Chaotische Arbeitsabläufe

„Der Mensch ist von Natur aus faul", sagt Thomas von Aquin. Ist er das? Betrachten wir die Dinge mal genauer. In der Regel sind die meisten Menschen zumindest zu Beginn einer Tätigkeit noch voller Elan, stürzen sich in die Arbeit und dann werden sie träge. Warum?

In vielen Fällen, weil sie nicht wissen, was sie als Nächstes machen sollen, und keine Lust haben, ständig zu fragen. Oftmals auch, weil es so mühsam ist, eine Aufgabe auszuführen, bei der ständig Informationen oder Teile fehlen. Und schließlich weil sich der Schlendrian eingebürgert hat und sie echtes eigenverantwortliches Arbeiten verlernt haben.
Erfolgreiche Unternehmer wissen: Effizienzprobleme werden nicht von zu langsam arbeitenden Mitarbeitern verursacht, sondern von Strukturen, die nicht auf die Geschäftsprozesse abgestimmt sind.

Chaos bei den Programmierern

Das Bundesforschungsministerium fand in einer Studie heraus, dass rund 50 Prozent aller Unternehmen, die in Deutschland Software schreiben, „ins Blaue hinein programmieren". Sie haben keinen systematischen Weg oder einheitliche Methoden, um neue Anwendungen zu finden. Innerhalb der Entwicklerteams hapert es an Kooperation – dadurch werden Kosten und Termine unvorhersehbar. Außerdem sind Entwicklungsschritte nicht mehr nachvollziehbar und die Anwendungen somit langfristig nur schwer zu pflegen. ◂

Strukturen schaffen

Schaffen Sie als Chef Strukturen, damit alle Mitarbeiter alle Dinge und Informationen haben, die sie für eine Aufgabe brauchen. Finden Sie heraus, wie lange bestimmte Arbeiten in der Regel dauern und welche Utensilien dafür benötigt werden. Beschleunigen Sie das Tempo, indem Sie nutzloses Liegen, Transportieren und Warten ausschalten.
Ordnen Sie die Arbeitsplätze so an, dass jeder Kollege jedes Teil und jede Information so schnell und unkompliziert wie möglich holen kann. Wer erst drei Stockwerke höher gehen muss, um Unterlagen zu besorgen, schiebt den Botengang gerne hinaus oder verliert sich unterwegs in gemütlichen Plauderrunden mit anderen Botengängern.

Produktion optimieren

Wenn Sie einen Produktionsbetrieb haben, dann gibt viele Modelle und Theorien, wie Sie ihre Arbeitsplätze am sinnvollsten anordnen. Und natürlich gibt es verschiedene Programme für Supply Chain Management (SCM), mit denen Sie Bestände und Arbeitsabläufe steuern können. Was für Sie dabei das Beste ist, dafür gibt es kein Patentrezept. Denn die Organisation ihrer wertschöpfenden Arbeit hängt davon ab, wie viele Leute Sie beschäftigen, ob an den Arbeitsplätzen jeweils ein oder mehrere „Produkte" entstehen, ob sie Einzel-, Serien- oder Massenprodukte fertigen etc.

Wappnen Sie sich aber generell gegen die Falle „chaotische Arbeitsabläufe" und erleichtern Sie Ihren Leuten das Arbeiten mithilfe von Durchlaufplänen, Arbeitsbegleitblättern, Checklisten/Kontrollschablonen und einer sinnvollen Arbeitsplatzanordnung. ◀

Auch wenn Sie geistige Arbeit „produzieren" oder mit Waren handeln, kosten uneffektive Arbeitsabläufe Ihre Firma schnell ein Vermögen. Wenn mehrere Menschen an einem Projekt arbeiten, dann verursachen unklare oder fehlende Anleitungen Fehler und Kosten. Da werden bestimmte Arbeiten nicht erledigt, andere doppelt und dreifach. Der Kunde wird von drei Mitarbeitern angerufen, um ihm mitzuteilen, dass die Lieferung da ist (oder sich verzögert), einfach nur, weil der eine nicht weiß, was der andere tut. Und selbst wenn Sie alleine arbeiten, strukturieren Sie Ihre Arbeit so, dass Sie Unterlagen nicht mehrfach zur Hand nehmen müssen.

Im Kleinen beginnen

Eine bessere Organisation beginnt schon bei Ihrem Posteingang. Entscheiden Sie sofort, was mit einem Schriftstück geschehen soll: Papierkorb (Unwichtiges), delegieren (wichtig, aber nicht von Ihnen persönlich zu erledigen), sofort erledigen (wichtig und dringend) oder bündeln (dringend) und später en bloc erledigen (z. B. Telefonate). ◀

Langsam umstellen

Lassen Sie sich und Ihren Mitarbeitern Zeit, sich mit neuen Strukturen einzurichten. Die meisten Menschen sind Bewahrer (83 Prozent). Das heißt, dass diese Leute am liebsten alles beim Alten lassen, Neuerungen ablehnen und vielleicht sogar unterwandern. Informieren Sie Ihre Mitarbeiter rechtzeitig über Sinn und Zweck der neuen Strukturen und gehen Sie dann mit gutem Beispiel voran. Gewohnheiten brauchen in der Regel drei bis sechs Wochen, um sich zu ändern. Setzen Sie Maßnahmen in kleinen Schritten um, machen Sie drei Wochen Pause, damit sich das Neue setzen kann, und gehen Sie dann den nächsten Schritt.

Pünktlich vom Hof

Sebastian Seidl schaffte es, dass innerhalb von drei Monaten die Fehlerquote von 43 auf fünf Prozent fiel und die Liefertreue von 30 auf 70, später sogar auf 90 Prozent stieg. Allein auf das Einkaufsvolumen des Großkunden bezogen, der den Berater schickte, sparte Seidl rund 15 Prozent der Kosten ein. Und die Aktion hatte auch Freizeitwert. War Seidl früher oft bis 22 Uhr im Betrieb, um reklamierte Teile nachzubessern, schwingt sich der passionierte Rennradler heute mit einem guten Gefühl um 18 Uhr vom Hof.

Freuen Sie sich über jede Verbesserung, die Sie machen, anstatt sich darüber aufzuregen, was Sie noch alles vor sich haben. Freuen Sie sich über Erfolge und bleiben Sie geduldig am Ball. Überprüfen Sie Ihre Lösung regelmäßig. Ihr Betrieb verändert sich und entsprechend müssen Sie auch die Abläufe den neuen Anforderungen anpassen. Und vielleicht nach einiger Zeit Ihre Mannschaft neu aufstellen (siehe auch Falle 3).

Falle 3: Zu viel oder zu wenig Hierarchie

Fehler in der Organisation verursachten, so eine Schätzung des Beratungsunternehmens Proudfoot Consulting, im Jahr 2003 rund 67 Prozent aller Produktivitätsverluste. Wo zu starre Hierarchien herrschen, Abteilungen egoistisch ihre Pfründe verteidigen oder Einzelpersonen Angst haben, Budget und Macht zu verlieren, da läuft jedes noch so fitte Schiff auf eine Sandbank auf. Vor lauter Beschäftigung mit sich selbst verlieren Crew und Kapitän die Firmenziele aus den Augen. Und weil sie zu wenig miteinander sprechen, erfahren selbst Firmenchefs von manchen Katastrophen erst, wenn sie schon hereinbrechen. Andererseits verursachen allerdings auch viele Chefs solche Katastrophen, weil sie ihrerseits die Mitarbeiter zu wenig informieren und sich dann gut in der Rolle des „Feuerwehrmannes“ gefallen („Ohne mich sind meine Mitarbeiter aufgeschmissen!“). Erfolgreiche Unternehmen zeigen in ihrer Organisation hingegen folgende Gemeinsamkeiten:

- flache Hierarchien,
- Schlüsselpositionen sind mit eigenständig denkenden, aber teamfähigen Unternehmertypen besetzt,

- kein Abteilungsegoismus,
- rasche Kommunikation nach oben und unten,
- guter horizontaler Info-Austausch über Abteilungs- und Projektgrenzen hinweg,
- gute Verzahnung der Abteilungen z. B. um ein gemeinsames Produkt herum,
- klare Vorgaben,
- Freiheiten in einem gewissen Rahmen.

Kreative Filialchefs

Ein schwäbischer Hersteller von Kettensägen überlässt seinen Filialchefs im weltweiten Vertriebsnetz nicht nur den Verkauf. Sie entwickeln auch technische Ideen, beobachten den Markt und präsentieren die Ergebnisse regelmäßig in der Konzernführung. Auf diesem Weg brachten spanische Kollegen ein Konzept für einen handgetragenen, benzinbetriebenen Olivenbaumschüttler nach Schwaben. Die zentrale Entwicklungsabteilung brachte die Technologie zur Marktreife, die sich inzwischen weltweit verkauft. Zusätzlich entwickelten die Ingenieure aus dieser Idee ein Gerät für die Kaffeeernte.

Unternehmen, die weder von zu starren Organisationsgerüsten noch von willkürlichen Ad-hoc-Absprachen (vorwiegende Führungsstruktur im Mittelstand) blockiert werden, können überdurchschnittlich erfolgreich sein, fand die Unternehmensberatung Horváth & Partners Management Consultants in einer Studie 2004 heraus. Der Mittelweg zwischen Bürokratie und Chaos – die Balance – gilt als Königsweg.

Balance als Königsweg

Bürokratiefalle	
Vollständige Vernetzung aller Prozesse	Vollständige Vernetzung einiger Prozesse
■ Komplexe Hierarchie ■ Alle Abläufe präzise vorgegeben ■ Redundantes, bürokratisches Kontrollwesen ■ Veränderungen schwierig und langwierig	■ Zentrale Abläufe und Schnittstellen sind streng vorgegeben ■ Flexible Geslatung nur bei Randprozessen, wenn Kernabläufe betroffen ■ Veränderungen schwierig und langwierig

<table>
<tr><th colspan="2">Balance</th></tr>
<tr><td colspan="2">Lose Koppelung aller Prozesse</td></tr>
<tr><td colspan="2">■ Klare Verantwortlichkeiten, aber flache Hierarchien
■ Personen, nicht Abteilungen oder Positionen, sind als Schnittstellen bekannt. Vernetzungsgrad nach Relevanz der Prozesse füreinander</td></tr>
<tr><th colspan="2">Chaosfalle</th></tr>
<tr><td>Teilweise Vernetzung einiger Prozesse</td><td>Geringe Vernetzung von Prozessen</td></tr>
<tr><td>■ Abstimmung einiger zentraler Funktionen
■ Mehraufwand wegen Ineffizienz und mangelnder Standardisierung von Abstimmungsprozessen</td><td>■ Absprachen auf Zuruf, wenn sich Notwenigkeit aus Prozessablauf ergibt
■ Unberechenbar lange Abstimmungsphasen
■ Gefahr gegenläufiger Prozesse und mangelnder Risikoerkennung</td></tr>
</table>

Quelle: Horváth & Partner

Falle 4: Unwissendes und chaotisches Personal

Sorgen Sie dafür, dass Ihre Mitarbeiter sich persönlich besser organisieren. Beispielsweise indem Sie eines der begehrten Zeit- und Selbstmanagementseminare spendieren. Achten Sie darauf, Ihre Mitarbeiter entsprechend ihren Fähigkeiten einzusetzen und ihnen entsprechende Aufgaben zu übertragen. Ein chaotisch veranlagter Mensch mag sich prima Ordnungssysteme ausdenken, aber hat nicht das Sitzfleisch, diese Routinen selbst auszuführen. Lassen Sie Ablagesystem und Ablaufroutinen von den Kreativen austüfteln und dann von den systematischen Menschen umsetzen. Das tut der Ordnung, dem Betriebsklima und der Motivation der Mitarbeiter gut.

Vereinfachen Sie außerdem den Informationsfluss in Ihrer Firma. Verzichten Sie auf Protokolle oder ähnlichen Lesestoff. Treffen Sie sich lieber einmal wöchentlich zu einer effektiven Besprechung und motivieren Sie ihre Mitarbeiter zum Informationsaustausch. Legen Sie fest, welche Infos generell wo vermerkt werden (Projektberichte oder Aktenvermerke), wo sie jeweils liegen (z. B. in einem für alle zugänglichen Verzeichnis auf dem Server) oder wie die Info-Kette verläuft (hilfreich: Checklisten).

Die eigenen Mitarbeiter die besten Berater

Halten Sie sich vor Augen: Wenn Sie die Macht von Herrschaftswissen vorleben, dann brauchen Sie sich nicht zu wundern, wenn in Ihrem Unternehmen niemand irgendetwas zu wissen scheint. Beziehen Sie ihre Mitarbeiter aktiv in die Analyse und die Verbesserung ein, und sie werden die neuen Regeln gerne umsetzen. Ein Unternehmer, der mithilfe der Ideen und Kreativität seiner Mitarbeiter sogar den Konkurs abwenden konnte, zog das Resümee: „Die eigenen Mitarbeiter sind die besten Berater."

Falle 5: „Wir liefern, wenn wir fertig sind!"

Lieferschwierigkeiten weit verbreitet

Warum nur haben die meisten Unternehmen ein solches Problem mit einem Liefertermin? Ein Großteil der Handwerksbetriebe und Produzenten liefern nur jeden dritten Auftrag innerhalb der verabredeten Zeit. Das bedeutet, dass zwei Drittel der Kunden in der Luft hängen und beispielsweise – wenn sie auf Zulieferungen warten – ihrerseits Liefertermine nicht mehr einhalten können.

Eine Umfrage der Berufsakademie Stuttgart in der Maschinenbaubranche im Frühjahr 2004 zeigte, dass 85 Prozent der Befragten Zuverlässigkeit verlangen – genauso viele wie Wert auf Qualität legen. Sie können also noch so gut sein, wenn Sie unzuverlässig sind, dann kicken Sie sich ins Aus.

Zwei Gründe, warum Firmen nicht pünktlich liefern, haben Sie bereits kennen gelernt, nämlich mangelnde Ordnung und chaotische Arbeitsabläufe. Knackpunkt bei der Terminplanung ist jedoch, dass sie in den meisten Unternehmen gar nicht stattfindet. Viele Firmenchefs wissen schlichtweg nicht, wie lange sie für eine Leistung brauchen, und können demnach auch keine verbindlichen Zusagen machen. Sie schätzen ihre benötigten Produktionszeiten und damit die Liefertermine nur grob ab. Dabei bietet eine realistische Terminplanung viele Vorteile:

Vorteile einer realistischen Terminplanung

- Der Kunde weiß, womit er rechnen kann.
- Der Kunde lernt, dass Sie zuverlässig sind (und honoriert das mit höheren Preisen).
- Sie können Ihre Maschinen und Mitarbeiter besser auslasten.
- Sie vermeiden Leerlauf.
- Sie vermeiden hektische Stoßzeiten.
- Sie können Ihren Lagerbestand entsprechend dem Verbrauch steuern.
- Dadurch vermeiden Sie Wartezeiten auf fehlende Teile und reduzieren das gebundene Kapital.

- Sie können mehr Aufträge annehmen, weil Sie den Überblick haben.
- Sie können besser kalkulieren, wenn Sie den Zeitaufwand für einen Auftrag exakt kennen.
- Sie machen pünktlich Feierabend.

Pufferzeiten einplanen

Erfassen Sie deshalb unbedingt, wie lange Sie in der Regel – ohne Störungen – für bestimmte Arbeiten brauchen. Rechnen Sie dann bei einem Auftrag einen Puffer für ungeplante Ereignisse (Maschinenschaden, Krankheit, Zulieferung kommt verspätet) hinzu und rechnen Sie vom Liefertermin zurück, wann Sie anfangen müssen, um pünktlich fertig zu sein. Planen Sie auch bei Ihren Lieferanten Pufferzeiten ein. Wenn Sie eine Lieferung am Freitag brauchen, dann sagen Sie, Sie bräuchten sie schon am Mittwoch.

Abgabetermin vordatieren

Gehören Sie zu den Last-Minute-Leuten, die erst in Schwung kommen und eine Arbeit machen, wenn es schon fast zu spät ist? Die den Druck der Deadline und den Rausch einer durcharbeiteten Nacht brauchen für Ihr Selbstwertgefühl? Und bei denen wirklich gar nichts schief gehen darf am Tag vor dem Abgabetermin?

Schlagen Sie Ihrer Aufschieberitis ein Schnippchen und datieren Sie den Abgabetermin in Ihrem Terminplaner vor. Das gilt auch für Steueranmeldungen oder Berichte für die Bank. Wenn Sie beispielsweise am Mittwoch liefern sollen, dann notieren sie als Deadline den Montag. Das schafft Ihnen den Freiraum, bei Krankheit o. Ä. doch noch pünktlich zu liefern, und schenkt Ihnen die Zeit, mit gutem Gewissen einen weiteren Auftrag anzunehmen.

Natürlich kann es auch bei einer ausgereiften Terminplanung und einer guten Organisation zu Engpässen kommen. Der Unterschied ist aber, dass Sie das dann rechtzeitig erkennen und als Ausnahme dem Kunden rechtzeitig mitteilen können. Wenn sie generell zuverlässig sind, dann sehen Ihre Kunden Ihnen eine einmalige und gut begründete Verspätung schon mal nach.

Denken Sie daran: Der Kunde will von Ihnen eine bestimmte Leistung pünktlich erhalten. Wie Sie das anstellen und mit welchen Schwierigkeiten Sie dabei zu kämpfen haben, ist ihm völlig egal. Er hat genügend eigene Probleme. Verschonen Sie ihn mit Ausreden und weitschweifigen Erklärungen. Das Ergebnis zählt. Punkt.

Falle 6: Teurer und uneffektiver Einkauf

Bestellungen bündeln

Fast jedes Unternehmen verbrennt laufend Geld und Arbeitszeit. Und zwar im Einkauf. Der Grund: 50 Prozent aller Order sind Einzelbestellungen und oftmals kauft jeder Mitarbeiter bei einem anderen Lieferanten. Das kostet nicht nur Zeit (Anbieter recherchieren und bestellen), sondern verhindert auch Mengenrabatte. Schaffen Sie besonders für Büromaterial, Hygieneartikel oder Werkzeuge Routinen, wann und bei wem bestellt wird. Ordern Sie nicht, wenn etwas fehlt, sondern achten Sie auf kostengünstiges Einkaufen.

Echter Vorteil

Eine Faustformel sagt, dass eine Einsparung von einem Prozent bei den Material- bzw. Materialgemeinkosten ebenso viel Zusatzgewinn bringt wie eine Umsatzsteigerung von 20 Prozent.

Schaffen Sie Einkaufsstrategien und sorgen Sie dafür, dass diese von jedem Mitarbeiter verinnerlicht und im einkäuferischen Tagesgeschäft befolgt werden. Vernetzen Sie sich gezielt mit Lieferanten. Die Zeit der Einzelkämpfer ist vorbei.

Einkauf an Mitarbeiter delegieren

Nehmen Sie sich im Einkaufsalltag als Chef dann allerdings zurück und konzentrieren Sie sich auf wirklich wichtige Entscheidungen. Schon oft brütete der hoch bezahlte Firmenchef zwei Stunden über diversen Büromaterialkatalogen und suchte das billigste Druckerpapier heraus, aber für die neue Marketingstrategie nahm er sich keine Zeit. Auch wenn es um eine Anschaffung jenseits der Routine geht, lassen Sie die Fachleute entscheiden, was gekauft wird. Geben Sie ein Budget vor und Sie schlagen damit zwei Fliegen mit einer Klappe: Der Mitarbeiter kauft das, was ihm die alltägliche Arbeit wirklich erleichtert, und ist zudem motiviert, weil er selbst etwas Wichtiges entscheiden durfte.

E-Procurement

Die Kosten für einen Beschaffungsvorgang lassen sich um bis zu 90 Prozent reduzieren, wenn Sie elektronisch bestellen (E-Procurement). Dies ist möglich, wenn alle Mitarbeiter durch Intranet miteinander verbunden sind und direkt von ihrem Arbeitsplatz aus Produkte oder Dienstleistungen aus einem oder mehreren elektronischen Produktkatalogen heraussuchen, Preise vergleichen und schließlich ordern. Ein Desktop Purchasing System kann die Einzelbestellungen der Mitarbeiter sammeln und leitet sie zentral an vertraglich angebundene Lieferanten weiter. Hilfe beim Aufbau elektronischer Lösungen bietet das Netzwerk der Kompetenzzentren Elektronischer Geschäftsverkehr. Kontaktadresse: www.bmwi-netzwerk-ec.de.

Falle 7: Veraltete IT

Wahrscheinlich denken Sie, veraltete IT sei für Sie noch kein Thema, schließlich haben Sie doch eben erst losgelegt und sich mit neuer Hard- und Software eingedeckt. Dennoch wollen wir Sie anregen, das Thema im Hinterkopf zu behalten. Veraltete Geräte und Software sind in vielen Unternehmen eine tickende Zeitbombe. Zu langsam und in einer Programmiersprache geschrieben, die nurmehr Ruheständler beherrschen, wird der IT-Schrott zum Wachstumshemmnis und bedroht die Wettbewerbsfähigkeit.

Auch Große nicht gefeit

Ausgerechnet Deutschlands größter Chiphersteller Infinion erlitt einen herben Schlag – nur weil die Computersysteme nicht ausreichend vernetzt waren. Somit hatte das Top-Management nur eingeschränkt und verzögert Zugriff auf wichtige Kennzahlen wie Lagerbestände, Auftragseingänge oder Verkäufe und – so berichtete die Wirtschaftswoche – deshalb 2001 den sich abzeichnenden Nachfrageeinbruch in der Chipindustrie schlicht übersehen. Auch Autogigant DaimlerChrysler sei mangels leistungsfähiger IT-gestützter Frühwarnsysteme nicht in der Lage gewesen, gravierende Abweichungen des Geschäfts von den Planzahlen bei Chrysler und Mitsubishi rechtzeitig zu erkennen.

IT-Lösungen, die mitwachsen

Achten Sie in Ihrem Unternehmen rechtzeitig darauf, dass Sie Technik installieren, die mitwächst. Und dass Sie Komponenten wählen, die offen sind für andere Anwendungen und Schnittstellen. Geben Sie lieber in der Anschaffung ein wenig mehr Geld aus für wachstumsfähige Lösungen. Denn sonst stehen Sie möglicherweise in einigen Jahren vor dem Problem, dass

Sie das gesamte System austauschen und alle Daten neu erfassen müssen. Und das, während der normale Geschäftsbetrieb weiterlaufen muss.
Kaufen Sie aber nur das, was Sie wirklich brauchen. In der Regel nutzen beispielsweise die Anwender von Word oder Excel nur zehn Prozent aller Funktionen. Schöpfen Sie die Möglichkeiten vorhandener Software aus und halten Sie Ihre Architektur so simpel wie möglich.

Falle 8: Datenverlust

Computerabsturz und Datenverlust kosten viele Stunden Arbeit und damit bares Geld. Denn in dieser Zeit sind Sie lahm gelegt, können keinen Umsatz machen, keine Aufträge bearbeiten. Ganz zu schweigen davon, dass Ihre Daten vielleicht auf Nimmerwiedersehen verschwunden sind und Sie damit wertvolles Firmenkapital verloren haben.

Daten täglich sichern

Gewöhnen Sie sich unbedingt an, regelmäßig Sicherungskopien Ihrer Daten zu machen. Wenn Ihr IT-Fachmann nicht sowieso eine abendliche Sicherung auf Magnetband o. Ä. eingerichtet hat, dann sichern Sie Ihre Festplatte mindestens einmal pro Woche z. B. auf wiederbeschreibbare CD-ROMs, die Sie mit Datum versehen im Schrank aufbewahren. Wenn Sie im Turnus von vier Wochen die alten CD-ROMs überspielen, haben Sie immer eine komplette Datensammlung von einem Monat. Sichern Sie zusätzlich wichtige Daten auf verschiedenen Medien (DVD, CD-RW, Zip, USB-Karte etc.).
Rufen Sie bei Problemen mit Ihrer Computeranlage Spezialisten, die sich damit auskennen. Doktern Sie nicht selbst daran herum, das kostet Sie zu viel Zeit und Nerven. Machen Sie lieber Umsatz! Unter dem Strich ist es günstiger, wenn Sie Ihre Arbeit machen und ein anderer das Problem löst. Das kann auch heißen, dass Sie eine (teure) Hotline anrufen und innerhalb von Minuten den Fehler beheben können, für den Sie sonst alleine die ganze Nacht gebraucht hätten.

Nachwort

Sie haben jetzt jede Menge Fallstricke und Hindernisse kennen gelernt und erfahren, wie Sie sich daraus befreien können. Und vielleicht haben wir die Lust in Ihnen geweckt, jetzt sofort alles umzukrempeln und Ihr Unternehmen in bestimmten Bereichen auf die richtige Bahn zu bringen.

Aber stopp. Nehmen Sie sich nicht zu viel auf einmal vor, denn sonst bleiben Sie auf einem Berg unerledigter Arbeiten sitzen. Suchen Sie sich lieber zwei bis drei Tipps heraus, die Sie sofort umsetzen möchten, und gehen Sie dazu innerhalb der nächsten 72 Stunden den ersten Schritt. Haben Sie das erfolgreich eingefädelt, dann suchen Sie sich die nächsten Tipps heraus und gehen wieder innerhalb der folgenden 72 Stunden die ersten Schritte.

Mit diesem Vorgehen sichern Sie, dass Sie immer wieder Erfolgserlebnisse verbuchen können, die Sie zu neuen Schritten anfeuern und verhindern, dass Sie sich in einem Wirrwarr neuer Routinen, Abläufe oder Ideen verzetteln.

Nehmen Sie dieses Buch immer mal wieder zur Hand. Ihr Unternehmen ändert sich und in einem Jahr können ganz andere Dinge für Sie wichtig sein, Dinge, denen Sie beim ersten Lesen wenig Beachtung geschenkt haben, weil Sie sich nicht angesprochen fühlten.

Machen Sie nicht die Augen zu, wenn Probleme auftauchen, sondern seien Sie offen für Veränderungen. Bilden Sie sich weiter, tanken Sie Fach- und Erfolgswissen und gönnen Sie sich Auszeiten für sich und Ihre Familien. Dann haben Sie die beste Grundlage für ein erfülltes und erfolgreiches Leben als Ihr eigener Chef.

Stichwortverzeichnis